广播电视创新规划教材

中外电视节目创意与比较

（第二版）

李灵 编著

WUHAN UNIVERSITY PRESS
武汉大学出版社

图书在版编目(CIP)数据

中外电视节目创意与比较／李灵编著. -- 2 版. -- 武汉:武汉大学出版社,2025.5. -- 广播电视创新规划教材. -- ISBN 978-7-307-24567-9

Ⅰ.G222.3

中国国家版本馆 CIP 数据核字第 20240WT286 号

责任编辑:王智梅　　　　责任校对:汪欣怡　　　　版式设计:马　佳

出版发行:**武汉大学出版社**　（430072　武昌　珞珈山）

（电子邮箱:cbs22@ whu.edu.cn 网址:www.wdp.com.cn）

印刷:武汉中科兴业印务有限公司

开本:787×1092　1/16　印张:14.5　字数:338 千字　插页:2

版次:2015 年 8 月第 1 版　　2025 年 5 月第 2 版

2025 年 5 月第 2 版第 1 次印刷

ISBN 978-7-307-24567-9　　定价:49.00 元

作者简介

李灵，现任职于湖北卫视，电视制作人、纪录片导演。武汉大学文学硕士，英国威斯敏斯特大学访问学者。以创新思维深耕电视内容，致力于节目研发、纪录片创作及电视理论著述领域。学术代表作有《中外电视节目创意与比较》《中国电视剧》。电视作品代表作有专题片《文艺沙龙》、音乐竞演真人秀《七星情歌会》、纪录片《中国No.1》系列、《守艺》系列以及大型文化纪录片《百年戏码头》等，作品多次获国家和省部级荣誉。

再版前言

时光如梭，承蒙广大读者的厚爱，本书在出版后受到了众多关注。应武汉大学出版社之邀，再版此书，以此回馈热爱电视创意的读者朋友。

写此书的缘起是 2010 年，我在英国伦敦学习，某天在上电视创意与想象力课程时，来自 BBC 的节目制作人罗伯先生授课，在谈到策划一档优秀电视节目的首要条件时，白发苍苍的老先生毫不犹豫地写下了这个词：Creative（创意）。当时的英国是世界电视节目创意的中心，电视公司的制作人都在进行着天马行空的发散思维和一个又一个"头脑风暴"训练。也是那几年，国内各大卫视的节目研发和制作人员几乎每天在学习、接收来自海外的大量电视节目模式。

从英国学成回国后，我在某卫视研发部工作，带领着一支年轻的团队进行各类节目的研发和创意制作，参与并见证了这个蓬勃发展的节目创意时代。十多年来，行业环境、技术环境和人文环境不断更新、变迁，我国的电视节目创意呈井喷式发展，从海外引进多元的节目模式，进行本土化的思考与实践，是这些年的创意热点，也是业内人士研究探讨的议题。在引进原版节目模式的同时，大量本土原创的优质节目也开始出现，部分节目成为"现象级"节目，模式输出到海外。

多年来，笔者对国内外品牌电视节目进行了追踪和研究，来自国外的电视节目，究竟是凭借什么秘诀成为全世界电视人学习借鉴的对象？众多敢为人先的创意人员，率先研发了一大批优质原创的电视节目，这些电视节目又是如何走出了一条独具中国特色的创意之路？

在全球经济文化一体化的大前提下，国内的电视市场竞争愈加激烈，几十年来，各大电视台推出的各类型的电视节目此起彼伏，这些曾经的尝试与创新，在电视节目的创意发展史上留下了印迹，也为后来者提供了更多的借鉴与经验。

随着互联网的快速发展和普及，在媒介融合的背景下，电视台等传统媒体与互联网平台等新媒体互相借鉴，优势互补，推出了不少既具有厚实内容又具有时尚"网感"的节目，极大丰富了电视节目创意的内容。

《中外电视节目创意与比较（第二版）》将研究视野进行了拓展，补充了笔者近十年来对中外电视创意的追踪解析，希望在更深更广的时空中，总结电视创意发展规律，解决中国电视创意的实践问题。

时至今日，全球已经进入全媒体时代，制作电视节目更注重原创性与专业性。中国要迈向电视产业大国行列，更需要注重节目模式的创新，因为模式一旦出来，它的应用和销售也有可能成为电视这个行业一个新的竞争领域和增长点。在全球的电视节目市场，这种模式不仅具有先导优势、占位优势，还能够吸纳更多收视市场资源，获得专属版权利益。

在长期的工作实践中我发现，创作与教学往往是在两个空间里发生的，既能够创作，又能够教学，需要既有创意的灵感和制作的技能，又有案例的积累和教学的方法，这些要求在现在的学界和业界都是比较困难的。本书一方面从微观层面切入，对中国电视创意产业进行归纳总结，预测其未来发展，为电视从业人员提供实战参考；另一方面也希望弥补理论研究的空白，为相关院校专业学生提供有益的学习教材。

感谢读者朋友十多年来的关注，促使我记录下电视节目创意这个不算久远但足够精彩的发展历程。同时也希望读者朋友们能认识到，引进海外电视节目模式是我国电视业学习国外先进、科学的节目生产机制、创新节目形态的一种过渡性选择，也是一个重要发展阶段。但通过引进，实现节目创意研发的升级再造，建立起原创节目的开发机制，才是我们真正的目标。在校学生正处于创意思维最为活跃的年龄，如何在这一阶段通过课堂学习掌握电视创意的基础，理解电视节目制作中创意所起的灵魂作用，正是本书孜孜以求的。

李　灵

2025 年 1 月 18 日于武汉

目录

CONTENTS

上编　中外电视业发展总论

上编侧重于理论综述，阐述学习本书需要掌握的理论基础。内容包括全球化浪潮下的中外电视体制新变化和发展新趋势，媒体融合环境下中外电视的竞争核心，中外电视节目创意的现状，电视节目创意的科学方法，电视节目模式的构成，模式交易流程与市场变化等。

中编　中外电视节目比较

中编将理论综述与案例分析结合，对中外经典电视节目进行比较解析，按照节目类型划分篇章，每一篇章选择具有代表性的节目，将中国电视节目模式与国外同类经典模式对照，从节目基本信息、内容介绍、节目分析、收视表现等几个方面进行比较解析。

下编　国内原创节目的兴起

　　下编侧重于观察研究，从引进海外模式到自主创新，也是国内电视台逐渐认识到节目模式真正价值的过程。本编对具有代表性的国内原创节目进行剖析探讨，研究国内原创节目如何走出一条独具特色的创意之路。

第九章　综艺真人秀节目

第十章　原创文化综艺类节目

终编　中外电视节目创意趋势综述

全球电视的发展大致经历了三个阶段：

第一阶段：起步期，20 世纪 30—50 年代。

第二阶段：成熟期，20 世纪 60—90 年代。

第三阶段：大发展阶段，进入 21 世纪以来。

全球电视起步于 20 世纪 30 年代。1936 年 11 月，英国广播公司（BBC）建立了电视台，在全世界率先定时播放电视节目。1941 年 6 月，美国哥伦比亚广播公司（CBS）和美国广播公司（ABC）在纽约的电视台分别获得了联邦通信委员会签发的执照，成为美国第一批商业电视台，宣告了美国电视业的正式诞生。第二次世界大战期间，电视产业陷入停顿，直至战后重新开始。

第二阶段是电视产业的成熟期，全球电视产业以迅猛的速度和带有地域特色的形态发展起来，出现了公营机构和民营企业并驾齐驱的态势。

第三阶段是进入 21 世纪的全球传播大发展时期，全球化、数字化成为最显著的特征。电视媒体集团跨国发展，越来越依赖于国际市场。同时，由于受到新媒体的冲击和影响，市场竞争日趋激烈，迫使各国电视产业在运营方式等方面不得不改变策略。

第一章　中外电视发展概况

第一节　中外电视体制新变化

中外各国经济基础、政治体制的不同形成了当今世界电视业的地区格局，每一个国家为了促进电视产业的发展，都制定了相应的政策和法规，也正是不同的政策和法规，让各个国家的电视产业呈现出富有本民族魅力和风格的特征。

随着全球数字化进程的加速，电视市场正面临着新的发展趋势，传统电视媒体与新媒体的融合成为主流，电视节目的形式和内容也在不断更新和拓展。同时，新兴市场的崛起和技术的进步，也为全球电视市场带来了新的机遇和挑战。各国政府对电视产业的政策和法规也在不断调整和变化，世界电视的新格局正在逐渐形成，将对未来的电视产业产生深远的影响。

一、中外电视的不同体制

自世界电视业诞生以来的一个世纪里，前期的发展一直相对平稳。然而，到了 20 世纪 80 年代，随着信息技术、市场经济的发展以及新自由主义思潮①的兴起，经济全球化浪潮席卷而来，给电视

---

① 新自由主义（Neoliberalism）是 20 世纪 70 年代以后在西方盛行的一种政治、经济思潮，是以"撒切尔主义""里根经济学"为代表的一整套新自由主义思想和政策。

业带来了巨大的变革和挑战。在市场经济的发展推动下，电视媒体逐渐成为一种产业。这一转变使得电视节目的制作和播放更加面向市场需求和观众口味，同时也带来了更加激烈的竞争。为了适应市场的变化和满足观众的需求，电视媒体需要不断创新和改进，包括节目内容的多样化、传播方式的拓展以及商业模式的创新。

新自由主义思潮的兴起也深刻影响了世界电视业的发展。20世纪70年代末开始，新自由主义思潮在西方盛行，这一思想主张减少政府对经济和社会的干预，加大市场自由和私有化，导致了西方政府对电视媒体的管制力度下降和范围缩小。在这种背景下，电视业中重视市场竞争的声音开始上涨，公共电视系统也受到了影响，欧美许多国家的公共电视系统开始解禁、自由化和私有化，政府对媒体和电视业的监管力度和监管范围下降，电视媒体更加注重经济效益和市场竞争力。

在经济、政治、文化等多重因素的影响下，各国的电视业从体制到运行模式都进行了不同程度的改革，逐步形成了当今世界的三大电视体系。

1. 以私有制为主体的完全商业化运作体制

电视业以私有制为主体的完全商业化运作体制的代表国家是美国，完全商业化运作体制的特点是媒体保持独立，纯粹以营利为目的，收视率是媒体的生命线，市场竞争激烈，节目非常丰富多彩，但容易因片面追求收视率而导致媚俗倾向产生。

垄断竞争是美国整个电视业运作的基本模式。1996年2月，美国国会通过了《1996年电信法》，取消公司进入其他电信领域的种种限制，允许媒体跨机构、跨行业兼并，媒介市场逐渐形成了垄断的局面。长期以来，美国五大广播公司——美国广播公司（ABC）、哥伦比亚广播公司（CBS）、全国广播公司（NBC）、福克斯广播公司（FOX）、哥伦比亚及华纳兄弟联合的广播公司（CW）控制了美国的电视市场。

2003年，美国联邦通信委员会增加了新的规定，决定放松在媒体所有权方面禁锢了几十年的限制，提高全国性电视台所有权的上限，允许一家公司拥有最多覆盖全美45%的家庭的电视台。联邦通信委员会还结束了报纸和电视交叉所有权的限制，允许一家公司在同一社区拥有电视台和报纸。联邦通信委员会的新规定进一步促进了传媒公司的发展，目前全球排名前十的传媒公司大部分发家或兴起于美国。

2. 公私兼顾的双轨制运作体制

公私兼顾的双轨制运作体制以西欧各国和日本为代表。20世纪80年代以后，西欧和日本正式确立了公私兼顾的双轨制运作体制——公营台按原先的模式继续运行，私营台则以美国私营台的模式进行商业化运作。公营台和私营台的实力不相上下，而且都是大的电视公司之间的垄断竞争。如意大利是公营的意大利广播电视公司（RAI）与私营的菲宁维斯特集团（Fininvest）平分意大利观众市场；法国是公营的电视二台、三台、四台和私营的电视一台、五台、新频道六家电视台瓜分法国电视市场。英国是公营BBC三个电视频道和ITV三个电视频道（三、四、五频道）平分英国电视市场。日本是公营的NHK和四大私营电视网——东京广播公司（TBS）、日本电视广播网公司（NTV）、富士电视公司（FTV）、全国朝日广播公司（ANB）角逐日本电视市场。

很多国家的媒体之所以坚持双轨制，主要原因有以下三个方面：首先，在政治上，可以防止极少数人或少数集团垄断、控制全国舆论。公私并存的双轨制有助于保持政治的多元化，保护民主制度。其次，在经济上，公私并存，相互竞争，但从不同渠道获得收益，避免在有限的广告市场上恶性竞争。再次，在文化上，保护传承本民族文化传统，尤其是公营台的存在，对保护本民族文化，避免外来文化、低俗的商业文化的冲击具有重要作用。

3. 以中国为代表的完全国有的有限商业化运作模式

完全国有的有限商业化运作体制在世界上尤其是第三世界仍具广泛的代表性，实行有限商业运作模式的初衷是把市场的竞争机制引入电视业，在确保电视业国有制，确保电视台宣传好党和政府政策的前提下，增加电视台的活力。这种体制的基本特点是：①电视台的所有权完全属于国有。②电视台是政府的宣传机构，即党和政府的喉舌，电视台的宣传报道必须和政府的施政纲领保持一致并经政府的批准，电视台义不容辞地承担着宣传政府的重大理论、方针、政策的职责。③在此前提下，要尽量满足观众对信息和娱乐等的需求。

中国的电视业在经营管理和商业运作方面，也采用了"事业性质、企业化管理"的模式。这种模式既保证了电视节目的公益性和社会效益，又能够通过市场化的方式进行经营和管理，提高电视业的竞争力和效益。同时，也促进了电视业在经营上的商业化运作，推动了电视产业的快速发展。

二、全球化背景下的中外电视体制新变化

21世纪以来，全球化、市场化、媒介资产的集中垄断和新技术的影响，共同引发了剧烈的市场重构，世界电视业发生了巨大变化。这一变化无论对于以欧洲为主体的公共电视系统还是以美国为代表的商业电视系统，都具有难以预计的深刻影响，并凸显出电视市场运作的新特点。

中国已经成为全球最大的电视市场之一。中国政府对电视产业的扶持力度不断加大，推动了电视产业的创新和发展。同时，中国电视市场也面临着新媒体的冲击和竞争，传统电视媒体正在积极探索与新媒体的融合之路。

全球化的背景下，电视市场更加开放和多元，各国的电视机构都在努力适应全球化的市场环境，提高自身的竞争力，以提供更具吸引力的电视节目和服务。同时，全球化也使得媒体传播范围更加广泛，新闻报道、电影、音乐等可以迅速跨越国界，电视业的竞争日益激烈，各国都在探索新的体制和模式以适应这一趋势，新体制的建立和完善不仅包括市场、技术、内容等，还涉及政策、法规、标准等方面。

1. 政府不断完善对商业广播电视产业的内容监管

以商业竞争为手段获得生存发展的商业广播电视是以广告播出费为主要收入来源，出售播出时间，以营利为目的的商业广播电视台之间存在着为取得更多利润而争夺受众的激烈竞争。这种竞争一方面有利于改进节目质量，促进信息交流，另一方面也存在为追求高收听率、获得高额利润而播出色情、暴力内容的现象。

怎样做到既不影响影视业的发展，又能尽量防止节目低俗化现象不断加重，成为美国联邦通信委员会（FCC）的重要职责和难题。美国对电视传播内容限制较少，但是低俗节目同样要受到严格的管制。美国制定了保护青少年免受淫秽色情节目内容和暴力内容侵害的一系列法律，《1990年儿童电视法》和《1996年儿童电视法修正案》主要是针对儿童电视节

目的监管。这些法律规定了儿童电视节目的内容和广告发布时间，禁止在儿童电视节目中播放不良内容和广告。对于违反规定的行为，联邦通信委员会可以采取相应的处罚措施。《2005年广播电视反低俗内容强制法》和《2005年淫秽与暴力广播电视内容控制法》则更加具体地对广播电视节目内容进行了监管。这些法律规定了广播电视节目中禁止播放的低俗内容、淫秽和暴力内容的具体标准，以及相应的处罚措施。

2003年，FCC通过了一项新的规定，要求广播电视运营商将一部分频谱用于公共服务。这一规定被称为"频谱转向"（Spectrum Turnover）政策，旨在释放广播电视运营商的频谱用于其他更紧急或更迫切的用途，如公共安全、医疗保健和教育等。

美国对于媒体内容的管控一直在不断加强和完善，其中涉及的法律和规定是比较复杂和多样化的，并不限于上述提到的法案。同时，具体的法律内容和执行方式也可能因时代和政治环境的变化而有所调整。未来，随着技术的不断发展和市场环境的变化，商业广播电视产业制度也将继续进行相应的调整和转变。

2. 欧洲传统的双轨制（公营与私营并存）电视体制出现失衡，公营媒体的市场化运作特征越来越明显

全球化背景下，欧洲电视业为了提高自身的竞争力和适应市场需求，推出了一系列新的体制和政策。以英国为例，随着经济全球化和世界市场一体化时代的到来，英国政府意识到，只有让英国广播公司（BBC）融入世界市场，参与市场竞争，才能适应全球国际电视迅速发展的形势，为此英国政府在1994年的白皮书中提出了大力发展国际电视的新政策。其主导思想是促进英国广播公司参与商业竞争；支持英国广播公司在全球进行商业扩张，尤其是国际电视业务；确立英国"在世界媒介发展中的领先地位"。根据这个精神，英国广播公司调整了自己发展国际电视的战略。它采取了联合有实力的传播企业共同向世界发展和调整内部的对外电视广播机构的措施，加快了向世界扩展的速度。

虽然BBC没有商业压力，但会面对来自其他商业电视台的竞争，近年来，BBC开始了多形态的商业运作，如出售曾经播出过的资讯节目和娱乐节目版权等。所以，当前BBC的国际国内两部分业务的模式已经有所转变，国内部分仍是公营模式，国外部分广播由政府委托经营，电视则是商业经营模式。BBC的改革体现了坚持在政府的宏观统筹下，发挥竞争优势，发挥市场作用的必要性。

3. 以中国为代表的众多发展中国家的国有媒体加速市场化转型，趋向"制播分离"

"制播分离"这一概念最早起源于20世纪90年代的英国，原意是指电视播出机构将部分节目委托给独立制片人或独立制片公司来制作。为了鼓励创意产业的发展，英国政府在1990年出台了相关规定，所有电视频道中，至少有25%的节目必须从独立制片商手里购买。所以，在竞争与利润的驱动下，独立制片公司大量出现，形成了一套套成型的创新经验与流程，并且敏锐地感知着社会的动态。同时，它们的节目在全球电视节目市场上颇具吸引力，是英国电视出口的主力军。

一方面，全球化为中国电视业带来了更广阔的视野和更丰富的信息来源，提供了更多的机会。另一方面，全球化使得中国电视业需要面对更激烈的竞争和挑战，加速了中国电视业的变革和创新，在全球化背景下，为了更好地适应市场需求和发展电视产业，中国电视业进行了新的体制和政策探索，逐步推行制播分离，电视节目的制作与播出分别由不同

的单位负责，以实现更加专业化、精细化的管理。

我国的电视制播分离作为新的发展模式是由一系列的政策引导开始的：2009 年 8 月 27 日，国家广播电视总局印发了《关于认真做好广播电视制播分离改革的意见》，明确了除新闻类、时政访谈类、监督调查类的电视节目外，电视台其他节目都可由节目制作公司策划、制作、编辑、包装、推广和销售的机制。在这之后一个标志性的案例就是在 2012 年夏季，浙江卫视播出了被称为"中国第一档真正制播分离的综合节目"的《中国好声音》。2013 年 11 月 9—12 日召开的中共十八届三中全会通过《中共中央关于全面深化改革若干重大问题的决定》，其中第 39 条明确提出，要在坚持出版权、播出权特许经营前提下，允许制作和出版、制作和播出分开；2014 年 8 月 18 日，习近平总书记在中央全面深化改革领导小组第四次会议上的讲话中指出，要"着力打造一批形态多样、手段先进、具有竞争力的新型主流媒体，建成几家拥有强大实力和传播力、公信力、影响力的新型媒体集团，形成立体多样、融合发展的现代传播体系"①。这些都为下一阶段的电视制播分离指明了方向，就是要与推进媒体融合发展、打造新型主流媒体有机地结合起来。

通过制播分离，电视台可以将精力更多地专注于内容制作，提升产品的质量和创新能力，并且将内容通过多种平台进行传播，如电视、互联网、移动设备等。电视台既是一个内容播出平台，更是一个内容制作平台，内容永远是根本，是决定其生存和发展的关键所在。可以预见，随着中国制播分离政策的日益明晰、实践的日益成熟、管理的日益完善，电视台的制播分离改革将从探索变成一种常态。

第二节 中外电视发展新趋势

以云计算、大数据、人工智能为代表的新技术正深刻改变着全球电视业的面貌。这些技术的应用使得电视节目的制作和传输更加高效、精准和智能。随着互联网的普及和数字化转型的加速，媒体融合已经成为电视业发展的必然趋势。在媒体融合的推动下，电视媒体不再局限于传统的电视屏幕，而是向电脑、手机、平板等多种终端延伸，实现全媒体传播。

可以说，当前的电视已经不再是单纯的电视，广电也不再是传统的广电，当前的广电机构更像是一个复合型媒体机构，或一个复合型产业平台。从传统的有线电视到网络电视，从单一的节目播出到内容生态圈的打造，从硬件设备到终端服务，21 世纪的头 20 年，世界电视行业发生了翻天覆地的变化。

一、电视产业的多元化

电视产业从最早的有线电视发展到现在的网络电视，是一种从硬件到软件的转换。网络电视的出现，不仅拓宽了电视节目的来源，还实现了"视听"的互动和"多屏互联"。观众能够更加便捷、高效地观看自己喜欢的内容。电视节目已经不再是单一的节目播出，而是需要从电视设备到终端服务，再到整个生态圈的打造，如算法推荐、内容传播、多屏互动等。

---

① 习近平：《在中央全面深化改革领导小组第四次会议上的讲话》，《人民日报》，2014 年 8 月 19 日。

进入 21 世纪已经 20 多年，全球电视的产业化已经成熟。各国政府相继出台相关政策，为电视产业提供宽松条件和有利环境，世界电视已经形成了完整、成熟的产业链。如美国既是电视产业的大国，也是全球电视产业发展的领头羊，广播电视体制非常健全。英国广播公司（BBC）拥有世界上独一无二的"公共服务广播"体系。除了欧美国家，亚洲国家也在崛起，如韩国电视产业的产业链已经相当成熟，以电视产业为龙头，带动了诸如音像、旅游、整容、出版等一系列产业的发展和成熟。中国的电视产业经历了快速的变革与发展，市场规模不断扩大，传统媒体与新媒体融合发展，多元化内容不断创新，技术创新推动产业升级，产业国际竞争力不断提升。

电视业在经历了产业化进程之后，产业的多元化发展成为新的趋势，主要表现在内容创作、传播渠道、商业模式、国际合作四个方面。

1. 内容创作的多元化

首先，内容创作的多元化表现在对新技术的应用上，算法推荐已经是现在电视节目制作中非常重要的一环。利用人工智能和大数据技术，可以对观众的观看行为进行分析和预测，从而制作更加符合观众需求的节目内容；互动式内容创作也开始发展，通过互联网和移动设备，观众可以更加直接地参与内容创作和节目制作。其次，内容创作的多元化表现在电视节目内容和形式的创新上。因为电视节目制作更加专业化、精细化，注重用户体验和参与感，所以在电视节目内容创作上也更加注重原创性和特色化，突出本土化和个性化，满足不同受众群体的需求。

2. 传播渠道的多元化

随着科技的发展，电视节目的传播渠道也在不断拓展。除了传统的电视频道之外，网络电视、视频点播、社交媒体等都成为电视节目的传播渠道。特别是流媒体平台的兴起，电视节目得以突破时间和地点的限制，实现全球范围内的传播。社交媒体平台如国内的微博、微信，国外的 X、Meta 等也成为电视节目传播的重要渠道，观众可以在这些平台上观看短视频、直播等形式的电视节目，并与他人进行交流互动。传播渠道的多元化不仅拓宽了电视节目的传播范围，也提升了观众的观看体验和参与感。

3. 商业模式的多元化

电视产业的商业模式也呈现出多元化的特点。传统的广告收入和收视费收入仍然是主要的营利模式，同时，随着数字技术和网络的发展，新的商业模式也在不断涌现。如电视制作公司通过向其他电视台或网络平台销售版权，获得收入；电视台通过提供会员专享服务，如高清画质、无广告观看等，吸引用户成为会员，获得持续的收入；电视制作公司开展多项业务，如影视制作、艺人经纪、活动策划等，实现多元化经营；电视产业还会与其他产业融合，比如与电商、游戏、教育等产业融合。这些商业模式在电视产业中相互交织、相互补充，实现创新和发展。

4. 国际合作的多元化

电视节目是电视业的主要产品，也是一个电视媒体机构核心创造力的集中体现，世界电视业已经从单纯输出节目，走向了输出节目类型和模式的产业化，例如英国的选秀节目

《英国达人》节目模式已经被复制到全球数十个国家；日本创造的游戏节目《穿越墙洞》的版权也为其他国家的电视业争相购买。

如今，内容共享和联合制作成为新的合作趋势。各国电视台共同研发、制作电视节目，共享版权和收益，实现互利共赢。这种合作方式不仅可以提高节目质量和降低成本，还可以扩大节目的影响力和市场份额。

总的来说，全球电视产业的多元化发展是一个不可逆转的趋势，多元化的趋势不仅体现在内容创作、传播渠道和商业模式等方面，还表现在市场格局、产业结构和国际合作等方面。中外电视产业都在不断地拓展市场，与不同国家和地区的电视台、制作公司等进行合作，以实现资源的共享和优势的互补。

二、构建可持续发展的内容生态圈

随着观众需求的多样化和科技的发展，中外电视业都在探索如何通过观众参与和互动提升节目的观赏价值，使得观看电视成为更加富有参与感和个性化的体验。许多国家的电视台和视频网站都在构建可持续性的内容生态圈，全面开发用户需求，为用户量身打造电视互动生活。

以下是中外电视台和视频网站构建内容生态圈的案例：

HBO 电视网

HBO 电视网是美国的付费电视频道，以高质量的原创剧集和电影而闻名，占到了 90% 的美国付费频道的市场。HBO 电视网提供了大量优质的原创内容，包括电视剧、电影、纪录片等。专注于付费，专注于质量内容，HBO 电视网构建了一个可持续的内容生态圈。

HBO 通过与优秀的制作人和编剧合作，创作出了一系列独具特色的电视剧和电影。HBO 在 20 世纪 90 年代推出了三部现象级电视剧《魔界奇谭》(*Tales from the Crypt*)、《梦》(*Dream On*)、《拉里·桑德斯秀》(*The Larry Sanders Show*)，成为 HBO 进军原创内容初期的三大现象级产品，在这之后，HBO 逐渐找到了自己的原创内容的准确定位。21 世纪，《都市女孩》(*The Girls*)(2012—2017) 和《权力的游戏》(*Game of Thrones*)(2011—2019) 这两部热播美剧让 HBO 锁定了新一批观众，完成了品牌更新迭代。如今，HBO 创建了独立制片公司，不但为本电视台制作内容，也为其他无线电视台输出内容。另外，在国际化道路上，HBO 走出了美国，开拓了欧洲、亚洲、南美市场，扩展了自己的传播版图。不过，HBO 虽然已经在流媒体大力布局，但由于起步太晚，目前在网络流媒体的订阅用户逊色于 Netflix 等公司。

BBC 电视台

英国 BBC 电视台是老牌传统媒体，以高质量的新闻、纪录片和文化节目而闻名。在互联网的冲击下，BBC 较早踏上转型、融合的道路，从内容生产的组织架构入手提升融媒体生产力量间的协同效应，同时以平台建设和工具应用优化融媒体内容生产流程，开拓社交战

场，加码短视频内容，全面开启融媒体时代。

BBC 在构建内容生态圈中，最显著的一个例子就是采用"'360°'传播策略"，所谓"360°"是指工作人员无论是在内容策划还是在节目制作中，都必须做到同时考虑广播、电视和网站各个平台的需求以及固定设备和移动设备的需要。节目的相关视频由记者和编辑采集制作后，需要考虑作品在多个平台上发布，包括 Meta、BBC 新闻网以及 BBC TV，甚至出现在 Snapchat 上，以游戏的形式和观众进行互动。

当前，BBC 的用户重点发展对象为年轻人群体，为此推出了短视频平台 BBC IDEAS，希望能通过个性化的内容以及良好的用户体验来塑造他们的使用习惯，进而培养新一代的用户群体。BBC IDEAS 的整体定位是偏向于公共服务性质的精品短视频内容平台。为英国本土居民尤其是青少年提供历史、科学和哲学等启蒙和教育类信息。内容题材包罗万象，大多基于现实中的现象和事实进行展示或探讨，如"怎样平衡工作和生活""无人驾驶汽车的道德教育""民粹主义的短暂历史"以及"是否所有人都应该学会写中文"，等等。

"分享"是 BBC 转型的核心战略理念之一。基于这一理念，BBC 大力开展新媒体平台建设和技术研发，鼓励用户建立博客、播客、微博、社交区和讨论区，大量采用观众和读者发布的内容。BBC 近些年在数字平台改建过程中不断扩展反馈和分享通道。例如，在 iPlayer 上设置专门的反馈平台、开辟 UGC 通道等，通过交流和互动，与受众建立更为紧密的关系，同时丰富消息来源和新闻视角，提升用户黏性和参与感。

Netflix

Netflix 是全球领先的美国在线视频流媒体平台之一，作为众多互联网视频公司的学习对象和追赶者，Netflix 不仅在内容制作和分发方面表现出色，还具备了科技巨头和媒体巨头的双重身份。这种双重身份使得 Netflix 能够利用先进的技术和数据分析工具，重新定义传统媒体行业的一些做法。

如 Netflix 倡导的"影响力经济"，就是对传统"注意力经济"的一种颠覆和创新。"影响力经济"是指通过打造高质量的原创内容，吸引和留住用户，并推动社会价值观的传播，从而产生商业价值。在传统的媒体行业中，媒体机构往往注重如何吸引和保持用户的注意力，以此为广告商创造价值。然而，Netflix 通过大数据和算法推荐，将用户的需求和兴趣与内容进行精准匹配，从而提高了用户对内容的参与度和黏性。这种做法不仅为 Netflix 带来了更高的用户价值和满意度，还为其在广告、订阅等商业模式上创造了更多的可能性。

Netflix 在全球化过程中对区域内容生态圈及全球文化传播产生了深远的影响。无论是宏观的原创内容战略、全球化运营战略，还是与付费运营商合作的市场策略、面向上游的垂直并购举措，及其在大屏互动方面的微观产品运营策略，特别是其大数据能力与内容投资的对接，都非常值得认真研究和学习借鉴。

亚马逊 Prime 视频

亚马逊 Prime 视频是美国亚马逊公司推出的视频流媒体服务，亚马逊一直利用提供优质独家的视频内容服务为手法，吸引人们成为亚马逊 Prime 会员。该会员一年的会费为 119 美元，不

仅可用于观看线上的电影和电视剧，还可用于享受亚马逊自家平台上的购物优惠、音乐、图书，以及免费物流等。

如今，亚马逊 Prime 会员已经达到了 1 个亿。在拥有了如此众多的潜在消费者后，亚马逊开始从内容提供转向内容商品化消费。不同于 Netflix 或者 HBO，亚马逊拥有自己的线上购物平台，可以非常容易地推广影视内容的周边商品，在用户观影的同时，吸引用户在平台上进行购物消费。

为了扩大内容生态圈的影响力，亚马逊积极与其他平台进行跨平台整合。如与 Netflix 等竞争对手合作，允许用户在 Prime 视频中观看其他平台的独家内容。这种合作有助于提高 Prime 视频的市场份额和用户满意度，以保持其内容生态圈的领先地位。

湖南卫视

湖南卫视一直以来都是中国电视行业的领军者之一，背靠湖南广电强大的内容和渠道生态，湖南卫视将电视媒体融入长视频、短视频、内容电商三个核心赛道，由湖南卫视、芒果 TV、金鹰卡通与小芒电商组成了超芒融合生态，实现了全媒介、全场景、全触点、全链路的深度融合，构建了一个可持续的内容生态圈。

湖南卫视和芒果 TV 实现了电视剧采购、广告经营、综艺生产等全面的融合。这种融合是通过交叉任职、资源集约化、机制市场化、人才年轻化等机制逐步促成的。湖南卫视和芒果 TV 还储备了强大的内容制作团队。双平台融合后，自制综艺制作团队、影视制作团队、新芒计划战略工作室，总共上百个，这些团队和工作室的成立，为湖南卫视和芒果 TV 提供了源源不断的内容资源，也为观众带来了更多优质的节目。众多王牌爆款节目如《乘风破浪的姐姐》《歌手·当打之年》等都是湖南卫视的融合实践。

有了好内容，湖南卫视还打通了为好内容创造和兑现更多价值的路径，金鹰卡通和小芒电商的加入，开启了芒果全媒介、全场景、全触点、全链路的融媒体整合，四平台的融合将芒果生态建设成为全景式的营销生态，为品牌带来全人群、全场景、全链路的营销服务。

湖南卫视的融合发展，是为打造内容生态圈而做的改革尝试，是中国广播电视行业的大事件，对于国内主流媒体的转型路径来讲也是一条必经之路。

第三节　中外电视的竞争核心

21 世纪全球电视业的竞争异常激烈，随着全球传媒产业融合的不断推进，并购、合作等跨界融合使不同传媒产业间的边界渐趋模糊，新媒体的发展壮大在一定程度上对传统媒体产生了影响，原来电视的"一家独大"逐渐被新媒体消解，不仅从受众的时间上进行消解，而且让整个产业链都发生了变化。

电视媒体的竞争不再是单点的竞争，而是越来越复合的竞争，既包含了渠道的竞争、内容的竞争，也包含了收视、广告和品牌的竞争。这种竞争是立体且多维度交织在一起的，既有国际大背景的冲击，又有新媒体与传统电视媒体的竞争与融合；既有电视媒体之间的竞争与整合，又有电视媒体与报纸、杂志等媒体的竞争与渗透。

在所有的竞争中，内容竞争是一个根本点，优质内容能够提高收视率、提升观众的结构价值、提升广告的溢价能力以及品牌的整合能力，从而形成持续发展的动力。

随着数字电视技术的发展，新媒体不断冲击、融合和替代电视传媒的部分功能，电视机、电脑、手机的三网融合已经实现。面对传媒技术的变迁和新媒体的发展，电视媒体的内容创意已经成为关系电视的生存与发展挑战的大问题。

一、内容创意是中外电视的核心竞争力

在电视行业中，内容一直是最为重要的核心竞争力，也是各家电视机构互相竞争和争夺观众认可的基础。因此，拥有优质的内容资源并进行创新，是各家电视机构获得市场竞争优势的必备手段。

国际上，优秀的电视节目均不是独立的个体创意，它代表的是一类模式，电视节目模式是一种具有工业属性的产业。全球电视竞争的核心就是模式的内容创意。内容创意已经成为电视文化创意产业的一个核心特征，是电视产业能够发展的动力源泉。

产业的更新是伴随着产品的更新而不断前行的，要创新一个节目，不只是要生产一种能够经得起市场检验的文化产品，而是需要推动电视行业不断发展。所以，节目创意与电视行业是互相促进的关系。目前，发达国家研发和出售的一些节目的创新模式，已经成为电视内容生产的主要运作形式之一。要保持在全球电视业竞争中的优势地位，就必须不断探索新的创意和节目形式，紧跟时代潮流，满足市场需求。

经过数十年的发展，全球电视的节目模式已经在一个相对完善的商业电视产业运作中，形成了非常成熟的生产和销售链条。在这个产业链中，内容创意是实现产业价值的第一推动力，没有内容，就没有这个产业链。所以，不断推出独创和新颖的节目模式，已经成为中外电视的主要竞争手段。

二、内容创意是融媒体的核心竞争力

融媒体时代，传播者与受众的界限进一步消融，甚至双重身份互换或兼具，每个人都可以成为信息的生产者和传播者，而且信息的传播速度和范围也得到了极大的扩展，海量信息被生产和传播，各类信息平台的承载量达到天文数量级。

这种状况带来了很多问题，其中最突出的问题就是内容同质化。由于信息生产和传播的门槛降低，大量的重复信息和雷同的内容充斥在各种媒体平台上，这种现象不仅浪费了宝贵的资源，也使得信息过载和信息噪音成为人们获取有效信息的一大障碍。此外，尽管海量信息得以生产和传播，但信息的权威性和公信力却往往缺乏保障。这些问题的存在不仅影响了用户获取有效信息的效率和质量，也损害了新媒体的公信力和可持续发展能力。

1. 以内容为王

融媒体要解决以上问题，就必须对传播内容进行优化，用优质内容树立媒体口碑，促进媒体的融合与发展。所以，媒体融合不能只是技术转型，而是依旧要以内容为王，通过打造优质内容来吸引用户。

"内容为王"是媒体行业最为人熟知的基本理念之一，由美国传媒大亨萨默·雷石东

提出，他认为"传媒企业的基石必须而且绝对是内容，内容就是一切"①。随着媒体融合不断向纵深推进，技术驱动带来媒体发展的巨大变革。通过对新媒体的观察可以看到，"内容为王"永不过时，但需要赋予其新内涵和新动能，以技术思维、产品意识和传播导向做好新媒体时代的内容生产。

融媒体时代，融合是手段而不是目的。面对竞争激烈的媒体市场，技术的进步固然可以使媒体在短时期内得到发展，但从宏观和长远角度来看，只有好内容才能帮助媒体平台抢占受众，"内容为王"之于媒体依然像产品之于企业，是媒体安身立命之本，更是媒体的核心竞争力。

对于新型媒体来说，"内容为王"不仅要求内容具有高质量和深度，而且需要内容、服务和技术联合，更好地运用个性化推荐算法，根据用户的兴趣和阅读习惯，为用户提供更加精准的内容推荐，以用户为中心进行内容生产，提升优质内容的生产动力和获取流量的能力，进而提高正面宣传的质量和效果。

2. 用更好的数据，讲更好的故事

用更好的数据，讲更好的故事。这句话可以概括融媒体时代技术与内容的关系。为了保证内容创新，把故事讲得更好，要努力打造适合全媒体发布的内容。许多国家的电视媒体都通过运用更好的数据和技术手段、更好的讲述故事的方式，提升了新闻报道的质量和影响力。这些媒体在数据和故事叙述方面的实践经验，可以为其他电视媒体提供借鉴和参考。

美国主流媒体把内容生产统称为讲故事，综合运用文字、图片、音频、视频等传播手段，通过报纸、杂志、广播、电视、网络媒体、手机短信、移动客户端、社交媒体多渠道传播。美国有线电视新闻网（CNN）开拓了网络视频、手机移动视频等传播形态，与社交网站、视频网站合作，抢占传播阵地。在 2020 年的美国总统大选中，CNN 开展了一场全面的报道行动。他们不仅在电视上播放精简的新闻摘要，还通过手机应用程序和网站提供大量的原创报道和深度分析。利用 X、Meta、Instagram 等社交媒体平台发布最新的新闻报道和专家评论，并在 YouTube 上分享了一系列原创纪录片。这些纪录片以深层次的视角探讨了选举的主题和影响。

英国广播公司（BBC）的报道也非常注重数据和故事叙述的结合。2021 年，BBC 报道了一项关于气候变化的研究。这项研究显示，由于气候变化导致极端天气事件的增加，全球粮食生产正面临严重威胁。BBC 首先收集了大量的数据，包括过去几年全球极端天气事件的次数和影响、粮食生产的趋势和预测等。它还采访了多位气候科学家和研究人员，了解气候变化对粮食生产的具体影响机制，然后将数据和故事叙述相结合，通过视频、图片和文字等多媒体素材，展示了当地农民和农业专家对气候变化和粮食生产的反应和应对措施。最后，BBC 利用数据可视化技术，将复杂的数据转化为易于理解的图像和图表。它制作了一个动态折线图，展示了过去几年全球极端天气事件的数量和频率，并预测未来可能的情况。同时，BBC 还通过动画和视频等形式，展示了气候变化对粮食生产的影响过程和后果，让观众深入了解故事背后的细节和情感。

对于电视媒体和新媒体来说，数据是非常重要的工具，可以帮助媒体机构更好地整合

---

① 韦健黎：《融媒体时代，依旧"内容为王"》，《国防时报》，2021 年 9 月 6 日。

和优化各种媒体资源，包括文字、图片、视频、音频，等等。媒体机构可以通过数据来了解受众的需求和市场趋势，从而制定更加精准的媒体传播策略，优化生产和传播过程，讲述更好的故事。

第四节　中外互联网内容创意综述

2010 年开始，随着智能手机和移动互联网的普及，移动端的内容消费需求急剧增长。在这个阶段，国外一些移动端的内容创作和分享平台开始崛起，如 Instagram、Snapchat 等。这些平台以图片和视频为主要内容形式，满足了用户对于视觉内容的消费需求。同时，一些直播平台开始出现，如 YouTube Live、Periscope 等，用户可以实时观看和参与直播内容。

2015 年左右，随着大数据、人工智能和云计算等技术的不断发展，国内外互联网平台的内容创意竞争变得激烈。国外的 Amazon、Netflix、Meta、X、YouTube 等互联网平台都积极参与内容创意的竞争，通过提供各种类型的媒体内容来吸引用户并获取收益。中国的网络视频市场主要由几家大型平台主导，包括爱奇艺、腾讯视频、优酷、哔哩哔哩等。这些平台通过购买版权、独家播放权等方式竞争优质内容资源，同时加大对自制内容的投入，中国网络综艺在这一时期进入发展"快车道"，节目在数量、质量、投资、制作团队规模上都达到了较高水平，部分综艺顺利完成了由视频网站向电视台的反向输出。一些新的内容形式也不断涌现，如短视频、Vlog、互动式剧情等，为内容创作者提供了更多的创作空间和商业机会。

一、中外互联网内容创意的特点

通过互联网提供的视频内容，如电影、电视剧、综艺节目、动漫、体育赛事、直播等视频传输内容统称为"网络视频"，内容产业的繁荣和互联网的发展和推广，共同催生了在互联网上提供视频流有偿或无偿播放、下载服务的行业，即网络视频行业。

互联网平台参与节目内容创意的竞争主要体现在内容创新、个性化推荐、社区参与、跨界合作、实时互动、数据驱动、用户体验、适应性和灵活性、整合营销以及版权保护与合作等方面。

1. 短视频发展迅猛

全球短视频市场在过去的几年中呈现出爆炸性的增长。随着智能手机的普及和互联网速度的提升，用户对于短小精悍、生动有趣的内容越来越感兴趣。短视频与社交、信息获取、娱乐休闲、碎片化阅读、垂直业务等不断融合，形成了新兴的网络综合体。

在许多国家，短视频已经成为人们日常生活中不可或缺的一部分。用户通过观看、分享和创作短视频来娱乐、学习和交流。短视频平台的用户通常具有年轻化、移动化和多元化的特点，他们对于新鲜事物和流行文化非常敏感。短视频在商业领域也具有广泛的应用。品牌和企业可以通过短视频平台发布广告、推广产品和服务，与消费者建立联系。此外，短视频平台也提供了多样化的商业模式，如付费订阅、虚拟礼物、广告分成等。

各国的主要互联网平台都在积极布局短视频，市场竞争激烈。美国 Meta、Instagram 等多个平台都推出了短视频服务。Netflix、Hulu 等传统流媒体平台也不断涉足短视频业务。短视频平台 TikTok 已经超过了 Instagram，成为美国青少年最喜欢的应用程序之一。这表明短视频已经成为年轻人生活中不可或缺的一部分。

国外知名的短视频平台主要有以下几个：

TikTok

TikTok 是字节跳动旗下短视频社交平台，是一款在全球广受欢迎的短视频应用，TikTok 的页面和抖音很类似，其优化算法和底层逻辑等与抖音有许多互通之处。用户可以创作和分享短视频，包括音乐、舞蹈、挑战、滤镜和其他特效。TikTok 的短视频通常只有 15~60 秒，这种短时视频的形式容易在快节奏的生活中吸引年轻人的兴趣，并获得用户的喜欢。

TikTok 经常出现各种流行趋势和话题热点，用户能够通过创建与这些趋势相关的视频来获得更多的关注和支持，从而快速获得大量的粉丝和观众。TikTok 的用户注册量早已经超过了 Meta，覆盖了世界 150 个以上的国家和地区。可以说，TikTok 是全世界范围内提高较快的社交平台之一。

Instagram

Instagram 是一个以图片和短视频为主的社交平台，用户可以通过图片和视频分享自己的生活、经历和创意，并利用丰富的滤镜和编辑工具为自己的作品增添艺术感和个性。

Instagram 的短视频功能与社交功能紧密结合，用户可以通过点赞、评论、分享等方式与其他用户进行互动和交流，形成自己的社交圈子。Instagram 的短视频功能使得流行文化和互联网趋势在平台上迅速传播，例如舞蹈挑战、音乐 MV 等，这些潮流趋势让用户的参与感和归属感变得更强。同时，Instagram 也是一个品牌展示平台和购物推广渠道，许多名人、品牌和企业纷纷入驻 Instagram，通过发布精心设计的短视频来展示自己的形象和产品。

YouTube Shorts

YouTube Shorts 是 YouTube 将长视频平台转变为包含短视频内容的平台的最新尝试。YouTube 于 2020 年 9 月开始对其进行测试，现在已可供用户使用，内容包括电影、电视节目、音乐视频、纪录片和其他用户创作的短视频。这些创作者通过发布有趣、创意和个性化的短视频获得了大量的关注和粉丝。此外，YouTube 还推出了一系列的短视频奖项和活动，以鼓励更多的创作者参与和创作优秀的短视频作品。

中国短视频行业自 4G 网络开始普及后便实现高速发展，并且诞生了抖音、快手等数亿用户量级的平台，在移动互联网时代建立起强大的影响力。除了抖音、快手之外，还有微博视频、微信视频、哔哩哔哩、小红书、美拍、秒拍、梨视频、好看视频、西瓜视频等数十个短视频平台。这些平台各有特点和优势，用户可以根据自己的需求和喜好选择适合自己的平台来创作和分享短视频。

短视频对传统媒体产生了巨大的冲击，因为现代人的时间越来越碎片化，而短视频可以在短时间内提供大量信息，满足人们的需求。传统媒体纷纷转型，一些媒体已经推出了自己的短视频平台，例如电视台的 App 等。这些平台通常包括新闻、娱乐、教育等内容，以吸引年轻用户和提高品牌影响力。

无论选择怎样的方式与短视频融合，传统媒体都需要注重制作高质量的短视频内容，以满足用户的需求和提高品牌影响力。

2. 中外网络自制节目的兴起

网络自制节目的类型和电视节目的类型基本类似，包括自制综艺真人秀、脱口秀、文化专题节目、纪录片等。网络自制节目和电视节目都属于电视广播的范畴，但在传播途径上有所不同，一个是互联网，另一个是广播电视网，它们在制作上都涉及导演、编剧、摄像、剪辑、声效、特效、演员、制片统筹、策划、道具等方方面面。

2015 年以来，中国网络节目的数量和种类呈现出爆发式增长的态势。各大网络视频平台每年推出的综艺节目超过百部。其中影响力比较大的有以下两类：

（1）综艺真人秀节目：以爱奇艺制作的《中国有嘻哈》《偶像练习生》《热血街舞团》，腾讯视频制作的《创造 101》《明日之子》，优酷制作的《这！就是街舞》等节目为代表。

（2）脱口秀节目：以腾讯视频制作的《吐槽大会》和《脱口秀大会》、爱奇艺制作的《奇葩说》为代表。

除了以上两大类外，我国网络自制节目还包括网络剧、微电影、纪录片等多种类型。视频网站的自制节目在选择上更倾向于综艺类，原因在于市场的需要，越来越多的观众转向网络平台观看节目，尤其是年轻人。相较于电视综艺，网络综艺的目标受众群有着鲜明的"网生"特色，他们中的很多人是在互联网普及后成长起来的"90 后""00 后"，青少年流行文化中的游戏、二次元、弹幕、应援等元素成为网络综艺创意的重要来源。

作为国外主要的视频网站之一，YouTube 在自制节目方面一直努力寻找自己的核心竞争力，2016 年 YouTube 启用网红博主作为主创，联合专业的制作团队，共同打造内容创意。在 YouTube 上红极一时的网络电影《惊吓 PewDiePie》（*Scare PewDiePie*），就是以 YouTube 博主 PewDiePie 的视角展开的现实冒险影片。YouTube 特意邀来美剧《行尸走肉》（*The Walking Dead*）的主创共同制作，希望将影片打造成冒险家的恐怖乐园。YouTube 在内容创意上种类繁多，受欢迎的还有无剧本的真人秀节目《练个啥呢？》（*What are You Training For*）、科学实验类节目《慢动作的人》（*Slow Motion People*），改编自电影《舞出我人生》（*Step Up*）系列的《舞出我人生：浪潮》（*Step Up：Wave*）和科幻剧《脉冲》（*Pulse*）等。

作为美国最大的流媒体平台，Netflix 在 2012 年就制定了付费用户战略，国际上的各大网络视频公司纷纷学习其成功经验，并把这种会员付费订阅模式称为"Netflix 模式"。2013 年，Netflix 开始推出原创作品，不仅在自制电影和自制剧上享誉世界，自制的节目品质也很高。Netflix 制作了大量的高质量纪录片，如《我们星球上的生命》（*Life on Our Planet*）、《美国工厂》（*American Factory*）、《全美缉凶：波士顿马拉松爆炸案》（*Manhunt：Boston Marathon Bombing*）、《极简主义：时机已到》（*The Minimalists：Less is Now*）、《监视资本主义：智能陷阱》（*The Social Dilemma*）等。这些纪录片涵盖了政治、经济、自然、历史、人文等主题。

除了聘请专业的制作团队外，Netflix 对纪录片的内容和题材有严格的筛选机制，确保其符合 Netflix 的品牌形象和文化价值观。同时，Netflix 还会考虑观众的需求和兴趣，选择具有吸引力和价值的主题和内容。2018 年，Netflix 制作了一部引起业界广泛关注的美食真人秀《美食不美》(Ugly Delicious)，这部真人秀并没有将镜头对准做工精细或者食材难得的美食，而是围绕食物的历史地理文化变迁，从地理位置、天气土壤到饮食结构、战争迁徙、食物融合等方方面面进行探究，以其独特的视角、深入的调查和高质量的制作，让普通的食物变得灵动而富有内涵，对电视节目的内容创意具有重要的借鉴意义。

二、互联网平台参与节目创意产业市场

网络自制节目带来的一个深刻改变是它对整个节目创意产业的冲击。传统的节目模式交易主要是各个节目制作公司与不同国家和地区的电视台之间的商业交易。然而，现在的合作与交易路线正在变得更加多元。

传统平台和互联网平台在购买节目模式时采取的策略有所不同。网络平台一直关注的是目标受众是谁，他们关注哪些类型的节目，以及如何留住现有的受众。原创内容无疑是所有平台的关键价值之一，因此网络平台需要更多原创精品内容来联系潜在的业务合作伙伴，以推动国内乃至全球范围内的合作。

自 2017 年以来，科技巨头如 Netflix、亚马逊、Hulu 和苹果开始大规模投资原创内容制作，每年的投入高达上百亿美元。这种巨大的节目研发投资为内容创作者提供了广阔的创作空间，同时也对传统的节目创意产业产生了深远的影响。传统的节目制作方更多地考虑如何将节目销售给电视台，而现在他们更加关注如何将节目销售给 Netflix、亚马逊等新型内容平台。这些平台对综艺节目的兴趣日益浓厚，导致电视节目产业市场正在经历巨大的变革。

对于节目制作与发行公司而言，网络平台相较于传统电视台具有诸多优势。首先，网络平台为制作公司提供了一个试验站，节目新创意能够得到充分展现和及时反馈；其次，网络平台在制作时间上更加充裕和灵活；此外，网络平台能够迅速扩大传播范围和影响力，使得节目能够触及更广泛的观众群体。随着版权交易范围的扩大，网络平台不仅是节目的购买者，也可能变成出售者，将网络自制的成功节目模式出售给电视台，这一趋势也预示着节目创意产业未来的多元化和全球化发展趋势。

第二章　电视节目创意

第一节　电视节目模式综述

随着信息与传播技术的迅猛发展和普及，卫星和有线网络不断扩容，地面数字电视、网络电视、手机电视等新媒体蒸蒸日上，促使国际电视市场从频道资源紧缺的状况，逐渐转向资源充裕甚至饱和的"电视多频道时代"（Age of Multi-Channel Television）。①

面对新的市场环境，欧美电视媒体所采取的应对措施是：对内容做到"物尽其用"。一方面，大胆采用观众熟悉的材料和已成功节目的经典元素，在创意的指导下，通过比较经济的方式将它们与其他材料糅合成新节目，以得到复制以往成功的机会。另一方面，在日益健全的知识产权法的保护之下，将同样的内容多次售卖到不同播放渠道，甚至不同国家和地区。"电视节目模式"（Television Program Format）的节目运作和运营方式日益受到重视，并得到空前发展。

一、电视节目模式的概念

早在20世纪50年代，"模式"这个词就应用于电视业，电视

---

① Albert Moran, Understanding the Global TV Format, Intellect Books, UK, 2006, p. 11.

节目的模式化实践也开始出现。《牛津英文辞典》引用了 1958 年英国报纸《旁观者》(*The Spectator*)的描述:"主要的表演者……不得不自己写剧本,当她打算留心别人的评论而改动模式(Format)时,她被告知,不管有多么糟糕,她都必须继续下去。"①

1960 年,美国作家协会也给出了一个类似的解释:"电视模板为系列电视节目框架的书面材料;其规定主角做什么,并且在每一集中哪些框架将被不断重复。"②从以上内容可见,早期的模式定义主要集中于表演类、剧情类的节目,而不太适用于新闻、娱乐节目等随机变动性较强的节目。

电视节目模式(Television Format)直到 20 世纪末才兴盛起来,20 世纪 90 年代,英国制片人查理·皮尔逊(Charlie Parsons)构思了一个全新的节目:让一群人在一个特定的场所,为了 100 万美元的奖励而相互竞赛,查理·皮尔逊将这个创意卖给了节目模式生产和销售商恩德莫尔(Endemol)公司,恩德莫尔公司将查理·皮尔逊的创意制作成了电视节目《鲁滨逊漂流记》,并销售给了瑞典一家电视台。1997 年该节目在瑞典播出,接着被美国引进,以《幸存者》命名,在 CBS 播出,引起了轰动,以查理·皮尔逊的创意为基础的《幸存者》模式很快在全球数十个国家成功销售。这是较早将电视节目进行模式化生产的典型案例。

时至今日,全球电视业对"电视节目模式"的概念定义为:节目模式是对节目的具体样式——节目形式和内容的各种基本组成元素的组合设计版式进行的标准化提炼。在电视作为文化工业的生产流程当中,经过提炼后的节目模式,就可以成为电视节目生产流水线上的某一种标准化生产的样板、模板。一个成熟的节目模式会有标志性特征,体现在叙事引擎、环节设定、装置/道具、灯光、舞美设计、镜头运动、主持人的风格/台词、参与者的构成、节目包装元素等多个元素。

二、电视节目模式的构成要素

电视节目模式为电视创意提供了一套可以进行工业化生产,并将无形的创意转化为有形的电视产品的机制。电视节目创意作为一种具有工业属性的文化产业,商业化是其典型的标志。商业化的具体表现就是——将节目内容、制作方式和品牌管理抽象化,整理出一套"节目模式"(Format)。这套"节目模式"可以卖给不同国家,制作出符合当地观众口味的本地版。

具体来说,一套完整的"节目模式"必须包含以下基本元素:

1. 节目模式概述(Paper Format)

节目版权方一般会用 6~10 页的篇幅来概述节目的基本设想、内容、总体规划和风格。

---

① The Oxford English Dictionary(2nd), Vol. VI, Clarendon Press, Oxford, 1989, p. 85.
② 罗莉:《电视节目模板的法律保护》,《法律科学——西北政法学院学报》,2006 年第 4 期。

2. "节目模式圣经"（Program Format Bible）

这套"圣经"包括：①整套录播的节目；②未经播出的内容：剧本、原声音乐、拍摄脚本，甚至实现电子特效的电脑软件等诸多幕后信息；③如何处理节目情节、如何选角、如何编排预算等，是一套完整、详细的节目制作手册，通常有几百页，用于指导节目方方面面的操作，回答任何关于产品、市场推广、促销和发行方面的疑问。

3. 节目产品咨询服务（Production Consultancy Services）

由节目模式版权方向购买方提供系统性建议和帮助的服务。当购买方对原始节目的改变进行到特定阶段时，版权方将派出一名"飞行制片人"，也就是指导节目操作的专家，亲临现场指导，减少可能会犯的错误。

4. 节目蓝图和技术说明书（Blueprint and Specifications）

帮助模式改编产品的稳定，并加强模式的品牌效应。

5. 节目软件和数据图表（Computer Software and Graphics）

这些程序将促进图标、节目字幕和特效的产品效益，也能帮助包含与产品这部分相关的费用。

6. 节目字幕（Titles）

节目字幕也包含在软件和数据图表中，由节目版权方提供，包含节目名称、标志性Logo，宣传语等内容。

7. 节目音响、音乐（Sound）

节目版权方在向购买方提供模式操作手册时，明确规定在什么地方使用什么样的背景音乐，包括节目的片头音乐、宣传片音乐等标志性音乐。

8. 节目剧本、台本（Scripts）

节目台本包含节目中的故事所需要的所有细节，包括故事情节、人物性格以及场景细节等。

9. 节目观众统计和收视数据资料（Dossier of Demographic and Ratings Data）

版权方提供原有节目播放的时间段、目标受众、收视率和受众层面统计。这类数据可以告诉购买方关于节目的详细信息，了解节目的目标观众，为购买方成功制作节目提供进一步保证。

10. 节目时间编排及相关资讯（Scheduling Slots and Related Information）

节目版权方提供节目模式在不同国家和地方制作的历史记录，实际上是对节目不同受众群的试验和测试，对于节目购买方安排节目编排时间非常有价值。

11. 节目样片（Sample Program）

节目版权方必须向购买方提供完整的节目样片，展示节目模式的视听效果，节目样片也是节目进行修改或者重复制作的参考标准。

12. 节目插入片段（Insertable Footage）

节目版权方提供一些已经拍摄好的片段给购买方，可以直接剪辑到改编后的新节目里面，所以，经常有一组镜头在新版和原版节目里重复出现，不过，这类节目插入片段一般只在游戏类节目和选秀类节目等类型中出现。

三、电视节目模式交易

电视节目模式的交易起源于 20 世纪四五十年代。1947 年 4 月 24 日，英国广播公司（BBC）现场直播的电视节目《无知是福》（*Ignorance is Bless*）是第一个根据广播节目模式授权改编的跨国电视节目，该节目模式源于美国纽约电台播出的《无知的下场》（*It Pays to Be Ignorant*）。1950 年 2 月 2 日，美国 CBS 电视网播出了游戏节目《我的台词是什么》（*What's My Line*）。1951 年，英国 BBC 电视台支付 300 英镑的授权费用制作了这档节目，这是第一档真正跨国传播的电视节目模式。

1952 年，巴尔的摩电视台播出的儿童节目《游戏屋》（*Romper Room*）获得成功后，美国多家电视台前去购买节目授权，节目方根据美国当时兴起的授权连锁经营模式，授权美国各地电视台制作节目的不同版本，并开发出衍生商品如书、玩具等。《游戏屋》的全球售卖标志着节目贸易这一新商业许可模式的诞生。

20 世纪 90 年代，一些全球性电视节目运营商，如恩德莫尔（Endemol）、皮尔森电视公司（后成为 Fremantle Media）、BBC 环球等相继成立，使得一批在全球范围内取得成功的超级节目模式开始出现。1999 年，在蒙特卡洛电视节上出现了第一个电视节目模式交易市场。在贸易平台建设方面，美国全国电视节目制作人协会（National Association of Television Program Executives）的电视节目贸易展、戛纳世界视听与数字内容交易会（MIPTV）和世界视听内容交易会（MIPCOM）等，都为电视节目模式的交流和贸易提供了重要平台，促成了这一时期国际电视节目模式的扩张和全球化。

21 世纪以来，节目模式已经和节目成片一样，成为国际视听内容交流和交易的重要内容。节目模式的价值不光体现在节目创意层面，也体现在制作技术的传授和品牌价值层面。所以，模式所出售的不光是节目的创意，更重要的是如何实现这些创意的生产方式，涉及一系列的计划、流程、方法和技巧。

节目模式是一种贸易产品，是一种可以在电视产业各个参与者间进行交易的知识产权商品。与其他知识产权类特许经营商品的商业模式类似，节目模式开发商一般通过授权的方式与各地的电视节目制作商达成交易。开发商授予制作商一定时期内使用某个节目模式制作节目的权利，授权期通常为 1~3 年，如果授权期内制作方并没有制作这档节目，那么制作权利会在到期后回到开发商手中。如果制作方制作了节目，在授权期到期后享有优先续约权，但授权费用会有一定比例的上升。如果制作商选择不续约，这档节目模式便可能被授予给其他制作商。

在全球化的背景下，一档成功的电视节目往往是一个具有全球知名度的品牌。在获得模式授权的情况下，制作方可使用节目品牌作为营销手段，在寻找节目赞助商和广告商、提升节目知名度等方面都如虎添翼。在全球电视节目模式出口领域，英国占据领先地位，其出口量远超其他国家。美国、荷兰和阿根廷紧随其后，也是重要的节目模式出口国。此外，德国、西班牙和意大利等国虽然较晚涉足这一领域，但发展速度迅猛，它们的电视节目模式出口业务增长迅速，令人瞩目。亚洲的电视节目模式交易也在壮大，日本的动漫产业以其独特的风格和内容在全球范围内拥有广泛的影响力，许多日本动漫作品被全球各地的电视台购买并播放；韩国的综艺节目也在全球范围内广受欢迎，节目模式交易已经是全球电视产品行业的重要部分。

第二节　中外电视创意大国

电视节目模式创意大国包括美国、英国、荷兰、韩国等国家。这些国家在电视节目创新方面有着独特的特色和优势，例如美国拥有众多知名的电视节目模式，如《美国偶像》《幸存者》等；英国则是电视节目模式创意的源头之一，如《英国偶像》《达人秀》等；荷兰以《荷兰好声音》等节目模式而闻名，韩国以《无限挑战》Running Man 等综艺节目模式而受到广泛关注。中国电视节目创意产业近年来得到了快速发展，正在经历从模式输入大国到创意大国的国际化进程。

一、英国：电视创意大国

全球电视节目模式创新，首当其冲的是英国，英国有 2000 多家独立制片公司，每年大约有 3 万个新节目登上电视屏幕试播，近百个节目模式对外出口，节目模式出口量占到全球的 45%。创意产业是英国政府优先考虑的经济增长领域之一，英国政府规定，BBC每年支出节目经费中的 25% 用于购买独立制片人的节目。在过去的 10 年中，创意产业的增长速度超出英国整体经济增速的 1.5 倍，每年贡献 1080 亿英镑的附加值。英国政府计划到 2030 年创意产业规模将增长 500 亿英镑，并增加 100 万个工作岗位。[1]

曾经活跃在中国电视荧屏上的不少节目模式就源自英国，如江苏卫视的《非诚勿扰》，其原型是英国的 *Take Me Out*，东方卫视的《中国达人秀》，其原型是英国的 *Britain's Got Talent*，在全球化的商业时代和无缝隙的传播时空中，文化产品生产、文化输出和引进的全球性合作机制已然成熟。

1. 从"世界工厂"到"创意大国"的转换

众所周知，英国是世界工业革命的发源地，从 19 世纪末到 20 世纪，英国都是世界上传统的制造业大国。然而，从 20 世纪 90 年代到现在，短短几十年，英国就从"世界工

---

① 《英国推出创意产业支撑计划》，《新华财经》，2023 年 6 月 14 日。

厂"转换成了"创意大国",这个过程是如何发生的呢？

20 世纪 90 年代，英国经济长期处于停滞状态，社会就业压力空前增大，政府和国民都急需突破经济发展困境，找到新的经济增长点。在这种形势下，以约翰·霍金斯教授为首的英国专家学者率先提出"创意产业"这个概念，通过创意打造全新的制造业，英国也是全球最早提出"创意产业"的国家。经过十多年的努力，英国的创意产业逐渐发展成为驱动经济的新引擎，现如今，英国创意产业增长速度已达到全球之冠，并与金融服务业一起成为英国知识经济的两大支柱。即使在经济萧条的 2009 年，作为英国创意产业核心部分的英国电视行业依旧逆市而上，创造了 9% 的出口增长率，产品出口到世界各地。

随着英国的电视产品的出口，"英国创意"更多地替代了"英国制造"的标签，创意产业正成为英国的"新名片"。

2. 政府对创意产业的政策支持

为了保障创意产业的顺利发展，英国政府和各电视机构都出台了相关政策。英国政府每年都会拨出数百万甚至上亿的资金用于文化创意产业的支持和发展。这些经费被用于资助各类文化创意项目、企业和公共机构，推动文化创意产业朝着高质量、创新、多样化等方向不断发展。同时，这些资金还用于培养创意人才，提高产业的竞争力和核心竞争力。优惠税收政策是英国政府在支持文化创意产业方面的另一种手段。

英国还拥有完善的版权保护制度，这是创意产业正常经营的基础保障，也是保护企业知识产权最有效的手段。英国在知识产权保护方面有着悠久的历史，1709 年制定的《安娜女王法令》引领了知识产权立法之先。1990 年的《广播电视法案》要求所有英国电视台每年至少有 25% 的节目由独立制作公司制作。这些法律法规为制播分离状态的形成提供了支持，催生了英国独立制作公司的繁荣。1998 年，英国政府出台《英国创意产业路径文件》，明确提出"创意产业"（Creative Industries）的概念，积极采取措施推动创意产业的发展。此外，英国政府还严厉打击非法拷贝和盗版。英国法律规定，独立制作公司在售卖节目后可依然拥有版权。在这些真正的法律框架保护之下，电视节目创意制作机构就能放心大胆地创作，并充分享用这些成果所带来的丰厚收益。

3. 创新的环境和人才

英国的电视创意，经过长期发展、训练已经形成一种创意文化。英国拥有许多优秀的创意人才，他们在全球电视节目创意领域具有很高的声誉和影响力，这些人才的汇聚为英国电视节目创意的研发提供了强大的动力。

英国文化创意产业在全球范围内展开一系列的合作与交流。政府支持英国文化创意产业走出去、走向世界，进一步拓展英国文化创意产业的经济规模和市场前景。通过这些交流，不仅可以吸引外来艺术家和创意人才，还可以为英国文化产业提供更多的技术探索和文化内涵等方面的探索与发展。

为了培育出一批有创新、有技术、有经验、有责任心的专业人才，英国的文化创意产业开设了包括文化创意管理、文化金融等专业课程。这些课程不仅为学生提供了专业的技能和机会，也为产业提供了源源不断的人才支持，并且为行业的持续发展提供了坚实的基础保障。也正是英国电视行业的创新理念与创新环境，驱动着英国电视创意迭出、精品不断。

4. 深入细致的市场调研

英国电视创意产业在市场调研方面有着深入细致的传统。这种市场调研不仅涉及观众需求和市场趋势的分析，还涉及节目创意和制作过程的各个环节。首先，英国电视行业注重观众需求和市场趋势的研究。通过市场调研，电视公司可以了解观众的喜好、收视习惯和市场需求，从而有针对性地策划和制作符合市场需求的电视节目。例如，通过对观众的调查和分析，英国电视公司能够了解观众对不同类型节目的偏好，从而调整节目内容和形式，提高节目的吸引力和收视率。其次，英国电视行业注重节目创意和制作过程的调研。在节目创意阶段，制作公司会进行创意测试和观众反馈，了解观众对节目创意的接受程度和意见反馈，从而调整和完善节目创意。在节目制作过程中，制作公司也会对拍摄现场、制作流程和效果进行详细调研，确保节目的制作质量和效果。

此外，英国电视行业还注重对竞争对手的调研。通过对竞争对手的节目内容、形式、制作成本和营销策略等方面的调研，电视公司可以了解自己在市场中的地位和优势，从而制定更加合理和有效的竞争策略。电视制作机构会从行为、态度、信念、消费等维度入手，深度调查和缜密分析复合播出机构要求的人群规模、性别比例、家庭结构、收入状况、作息时间、语言习惯、餐饮偏好、娱乐方式、心理期待、过去他们曾追捧过哪些节目等，然后根据这些庞大的数据库进行研究分析，提炼出精粹的节目元素，再进行重组和创新，寻找差异化，准确定位，打造核心竞争力，以吸引目标受众。这样一种"信息搜集—研析—反馈"调研机制对于节目再造和流程创新而言显然是非常重要的。

5. 使用科学的方法：头脑风暴和随堂练习

头脑风暴是创意产业普遍采用的一种思维方法，通过随机关联、接龙游戏等思维方式为创意团队提供一个个新的视角、新的元素、新的组合。随堂练习则是在节目创意出来后，由两组不同背景的团队进行正方和反方的交互辩论、互相批评，从不同视角和层面来发现问题，以弥补可能存在的设计漏洞和思维空缺。

英国电视创意产业在头脑风暴方面有着独特的做法和经验。在充分了解客户（电视台节目购买编辑、受众）需求的前提下，激发创作人员的创新思维，尊重每个人思想中的闪光点，形成"创意种子"；再辅以团队的系统逻辑整合办法，构想"节目蓝图"；通过专业化的分工（流程、技术、环节设计等）对创意实施过程进行掌控和细化，来实现"节目价值"，最终实现对节目样式的成功创新。

一个节目的诞生要经历两个阶段，第一阶段是从点子到完整的创意案，这个阶段是天马行空的奇思妙想，是想象和创意化的阶段。第二阶段是从创意案到一套规范的操作方法和制作流程，这个阶段是把创意工业化，是实现和规模化阶段，这一阶段的操作文本就是本书前文提到的"节目模式圣经"（Program Format Bible）。

在英国，每一个电视制作人每天都在进行天马行空的发散思维，进行着一个又一个的"头脑风暴"训练。这是因为在各大独立制片公司，以能力为基准的公司内部制作人提拔机制不仅要看他们制作节目的能力，还要看他们在节目中的创新程度。"头脑风暴"是一门非常重要的课程，也是英国电视人创意产生的法宝。

综上所述，英国之所以能够成为全球电视节目创意的研发"盛产"基地，主要得益于其创新环境、完善的法律法规和财政激励政策、历史积淀与创意人才以及科学创意方法论等多方面的因素，这些因素共同为英国电视节目创意的研发提供了强大的支持和推动。

二、美国："节目辛迪加"的电视模式创意特色

美国虽然未能形成像英国这样的全球节目模式原创研发基地，但因其特有的文化创意产业的强大商业机制，能将优秀文化产品全球推广并形成高度市场化和产业化的垄断格局，最突出的代表案例就是从英国引进《美国偶像》的节目模式，随即进行了有序有力的全球行销传播，使得这些著名的电视节目不仅在自己的国度内获得巨额的经济收益和深刻的社会影响力，还能够通过版权贸易传播到世界各地，有些特别流行的节目模式还畅销全球多个国家和地区。

美国的电视模式创新制度值得借鉴。美国电视业的"节目辛迪加"现象是一种节目分销系统，它打破了传统电视网对优秀节目资源的垄断，通过同时向多家电视台售出某个节目播放权的方式，实现了节目资源的多样化，降低了节目交易中的垄断和有效竞争，有利于规模不大的独立电视台获得优秀的节目资源。1970年，美国联邦通讯委员会（FCC）颁布了《财政利益和辛迪加法案》（*Financial Interest and Syndication Rules*），禁止电视网过多播放自制节目，禁止从外购节目中获利。辛迪加组织首先以现金或以物易物的交易方式从节目制作商处获得节目的额外销售权，再向电视台出售节目播出权，买卖之间的收益则成为辛迪加组织的盈利。节目所有权在电视网播出一定数量的轮次后自动回到制作公司手里，任何其他途径销售（包括辛迪加）的利润都由制作公司获得。法案保护了节目源的丰富多样和制作商利润，鼓励了节目交易中的价值竞争，由此促进了节目模式创新。

"节目辛迪加"模式虽然是市场销售模式，却直接促成了美国电视模式创新。美国采用商业电视体制，比之英国电视，美国电视制作商更倾向于采用已经市场检验的成熟模式加以改良或模仿而非原创。

在节目辛迪加系统中，分销商（通常是节目的制作公司）每天或每周在一个固定时间通过卫星把没有问世过的新节目传送给购买了播出权的电视台，各电视台一般也会在当天，常常是在接到节目的第一时间把节目播出去。这种"一稿多投"的办法扩大了节目影响，增加了节目价值。

三、荷兰："小国家"创造"大模式"

荷兰虽然从国土面积上看是一个"小国家"，却位列全球三大电视制作大国之一，仅次于英国和美国。其电视节目模式在全球范围内被广泛采用。荷兰电视节目模式具有持续创新、多元化风格、精细制作、全球化传播和产业协同等特点，这也使得荷兰在电视节目模式创意领域具有很强的实力和影响力，也为其在国际市场上的竞争提供了有力的支撑。

世界电视业内知名的"荷兰模式"基本都是由约翰·德摩尔和他的团队创造的，他于1994年创办了国际模式公司恩德莫尔（Endemol），后来又一手创建了另一家国际模式公司

塔尔帕(Talpa)，德摩尔和他的团队是繁荣的荷兰创意产业的一个缩影。荷兰人有非常活跃的创意思维，这与其兼容多元的文化环境与颇具特色的公共电视体系有关。荷兰有十几家公共电视频道，而节目内容都是由不同的公共电视机构提供的。这些机构在内容上各有所长，同时根据各自节目创作、经营的情况，获得分配一定的公共频道时段。这促使电视内容生产者既保持充分的多元性，又有强烈的创新意识。

为了促进创新，荷兰的公共电视台还设立了"电视实验室"制度，自 2009 年起，每年 8 月，NED3 频道会安排一周的晚间时段播出各个机构提供的新节目样片，根据观众反馈来决定节目能否获得整季预定，很多成功的节目模式从中脱颖而出。

荷兰原创的电视节目模式以真人秀为主，主要由约翰·德摩尔和他的团队创造，其中具有代表性的有以下几档节目：

社会实验类真人秀 *Big Brother*(《老大哥》)

Big Brother 于 1999 年首播，直至 2023 年，*Big Brother* 节目模式仍然在英国、澳大利亚等国家制作播出。节目主要特征是一群陌生人以"室友"身份住进一间布满了摄像机及麦克风的屋子，一举一动都将被记录下来，剪辑处理之后在电视上播出。选手们在拍摄期间互相竞赛、投票、淘汰。最终留下来的人将赢得大奖。节目的独特之处在于它将参赛者的私人生活和公共生活放在了同一个舞台上展示，让观众能够看到参赛者真实的一面。节目的核心概念是通过封

闭式的生活环境来展示参赛者的真实情感和生活态度。该节目的成功也推动了全球真人秀节目的发展，成为许多国家和地区电视台的热门节目。

音乐真人秀 *The Voice of Holland*(《荷兰好声音》)

The Voice of Holland 于 2010 年 9 月 17 日在 RTL4 播出。直至 2023 年，该节目模式仍然在美国、英国、德国、泰国、澳大利亚等国家制作播出。*The Voice of Holland* 模式的创新之处在于，观众可以通过观看选手表演和教练选拔过程，了解选手的音乐才华和个性特点。节目模式的特点是采用盲选方式，评

委们只能听到选手的音乐才华而不能看到他们的样子，在 Youtube 的 The Voice 频道里，点击率最高的就是选手盲选的视频片段。很多选手的演唱也是顶级的，在节目里经常出现震撼全球的好声音，The Voice 模式在电视节目领域开创了新的思路，在荷兰和全球范围内都备受欢迎，成为一档国际流行的节目模式。

游戏益智类真人秀 *1 VS 100*(《以一敌百》)

1 VS 100 被誉为是"平民的智力比拼"。每期节目邀请一位挑战者作为"1"，而其他参与者则是"100"。节目开始后，挑战者需要在有限的时间内回答一系列问题，每答对一个

问题，就可以获得一定数量的积分。而其他参与者则可以参与讨论和猜测答案，如果答错，则会被淘汰。如果挑战者在规定时间内答对所有问题，则可以获得巨额奖金，并成为当期节目的冠军。节目的特色在于它不仅考验挑战者的智力和反应能力，还通过让观众参与其中，将益智游戏和互动娱乐完美结合。*1 VS 100* 的节目形式也具有很高的商业价值，成为许多品牌和广告商进行品牌推广和营销的重要平台。

四、日本：卡通文化影响电视节目创意

日本虽然不是电视模式输出大国，但在电视模式创新方面有着自己的特色。日本有许多著名的电视节目模式，如儿童节目《超级变变变》，由日本电视台制作，自 1979 年以来一直在播出。这个节目最大的特色是它的创意和乐趣，通过各种道具和背景来创造不同的场景和角色；富士电视台制作的《料理东西军》是一个介绍世界各地美食的节目，这个节目的特色是通过各种不同的烹饪比赛和品鉴会来展示不同国家和地区的菜肴；以东京为主题的旅游节目《东京友好乐园》，由 NTV 电视台制作，这个节目通过介绍东京的各种旅游景点和文化活动来展示这个城市的魅力和文化；东京电视台制作的《深夜食堂》是一个以美食为主题的节目，节目模式曾经被引进到国内，这个节目的特色是通过各种不同的美食和文化来展示城市中不同人的生活和情感。除此之外，日本还有许多其他著名的电视节目模式，如《超级明星》《全能住宅改造王》等。

日本有几样文化产品具有全球性的竞争优势：一是漫画，二是动画片，三是电子游戏。日本动漫已经成为影响世界的"软实力"，不仅包含动漫核心产业，还包含视频网络游戏，相关的娱乐和艺术，以及各种衍生物，形成了以动漫为核心的产业链，如漫画工作室、动画工作室、版权代理事务所、印刷出版企业、图书发行企业、电视台、杂志社、动漫衍生品生产、销售渠道甚至动漫主题公园。衍生产业受动漫核心产业推动，反过来又大大增加了核心产业的吸引力，共同形成日本影响世界的软实力。

日本的漫画和卡通文化对日本人的行为方式、外在形象甚至青年时尚都有很大的影响。这种影响自然也渗透在电视节目制作的各个环节。卡通文化在电视节目制作中得到了广泛应用，许多节目都会借鉴动漫的元素，包括角色设定、场景设计、音乐配乐等。这些动漫元素的融入使得电视节目更加生动有趣，也增加了观众的观赏体验。

日本的卡通文化中的人物设定非常多元，各种不同的角色形象都可以在电视节目中找到。这种多元性的人物设定可以让观众更容易产生共鸣和情感共鸣，也可以让节目更加丰富多彩。卡通文化注重独特的视觉效果，这种效果可以在电视节目中得到体现。例如，一些节目中会使用动漫特有的画风和色彩，以及特殊的摄影技巧和特效，从而增强节目的视觉冲击力和观赏价值。在日本的电视娱乐节目、新闻节目等各种节目中，都能看到卡通方式的表现。

五、韩国：不断翻新的电视节目模式

韩国是一个娱乐业比较发达的国家，其电影、电视剧、音乐、游戏等都已经在亚洲以至世界范围内引起了很大的反响，其中广播电视行业已经居亚洲前列。娱乐电视在亚洲范围内有一定的影响，并有着鲜明的模式特色。韩国电视娱乐节目类型众多，脱口秀类如《夜心万万》《香槟酒》《甜蜜之夜》《强心脏》等；游戏类如《出发梦之队》《X-man》《奇迹的胜负》等；婚恋类如《情书》《我们结婚了》等；综艺类如《人气歌谣》《音乐银行》等。这些电视娱乐节目多半由 KBS、MBC、SBS 三大电视网制作播出。

韩国的电视娱乐节目模式不仅在韩国本土取得了巨大的成功，也在全球范围内得到了广泛的关注和喜爱。它们的成功不仅在于节目的创意和制作质量，更在于对观众情感的把握和引导，以及对社会热点的关注和呈现。

韩国具有代表性的电视节目模式主要有以各种挑战任务为主轴的《无限挑战》、户外真人秀 Running Man 和《两天一夜》、情感真人秀《我们结婚了》《情书》、音乐真人秀《我是歌手》和亲子真人秀《爸爸去哪儿》等。

六、中国：节目模式获得国际影响力

很长一段时间以来，国内的电视台、网站靠引进海外爆款节目模式打造本土综艺节目。《爸爸去哪儿》《中国好声音》《最强大脑》这些高收视率节目，都是引进国外的节目模式，近年来，中国涌现了不少原创精品节目。文化综艺类节目《国家宝藏》《上新了·故宫》，综艺真人秀《声临其境》《乘风破浪的姐姐》，都以独到的内容设置与精美的舞台效果，迸发出别样的魅力。这些节目让世界看到了"中国制造"电视节目的原创力。

最近几年，国产原创综艺不断推陈出新，在主题选择、创意设计和艺术审美越来越具国际化视野。国际媒体和制作公司将目光聚焦中国综艺，购买制播版权。浙江卫视《我就是演员》与美国 IOI 公司签署模式销售协议，福克斯传媒买下优酷《这！就是灌篮》的模式版权，英国 The Story Lab 收购了《声临其境》综艺形式的国际发行权，这种从模式引进到模式输出的转型，实现了中国文化的主动输出，增强了中国文化对外传播的自信。

第三节　节目创意的方法与流程

作为文化创意产业，节目模式的不断创新，是电视作为文化工业的生产属性。全球电视业的竞争的核心就是模式的内容创意。国际上受欢迎的电视节目均不是独立的个体创意，它代表的是一类模式，节目模式的创意是电视产业能够发展的动力源泉。

每一个成功的电视节目模式一定有关键内核，这也是电视节目得以迅速而广为流行的内在基因。所有可以大量输出和交易的文化产品都必然具备这样的基因内核，这正是需要研习的关键之所在。我们在学习英美这些发达国家电视节目模式的同时，更应该深入探究这些国家盛产大量原创节目模式的内在因素与合理逻辑，找到研发节目的诀窍。

一、电视节目创意的源头

几乎每个初次接触到"电视节目创意"这个概念的人都会思考：创意到底是从哪里来的？创意的源头在哪里？

作为一名创意人员，要观察生活、了解受众。要观察消费者的思维和行为模式，了解消费者在做什么、想什么。英国有不少节目都是来自对普通人的观察。如 BBC 的一档关于园艺的节目 *Ground Force*。大多数英国人都很喜欢园艺，但当时的园艺节目模式单一，为此，BBC 雇佣人员进行调研，发现很多年轻人由于工作忙碌而无暇打理花园，因此会买小盆栽以更便捷地装饰房子，这个园艺打理的竞赛类节目就此诞生。

另外，还要了解媒体规章制度、科技的变化。这些也会带来制作方式的变革。例如便携式摄像机让女性也能担任摄像，并更近距离地捕捉人们生活中的黄金时刻。

从风靡全球的多档流行的电视节目中，我们可以归纳出其中创意的来源。

1. 融合

媒介高度融合是近几年理论研究中的热点，也是媒体行业未来发展的方向。单从电视行业来说，其触角已经延伸到互联网和移动终端等。

从微观角度来分析电视节目，融合也是不可扭转的趋势。例如观众厌倦了纯娱乐节目，就需要在娱乐节目中加入纪录片的元素、名人元素、访谈元素等，通过不同元素的融合，丰富节目的内涵，拓宽表达渠道，形成更佳的收视效果。所以我们现在看到的王牌流行节目都已经不再是纯粹的某一种类型。多元素融合是节目样式创新时必须要重点考虑的，电视节目也可以从其他领域获取创意灵感。例如，电影、戏剧、音乐、舞蹈、艺术等领域的创意和表现形式，都可以为电视节目提供新的思路和元素。

2. 冲突

冲突是永恒的主题，几乎所有的文化产品中对立和冲突都是必不可少的，无论是小说还是电影、电视剧，都是通过对立和冲突营造扣人心弦的情节，在好莱坞工业标准化的大片制作流程中，每隔 3~5 分钟必定有一个冲突，以此保持观众的注意力，吸引观众持续观看。电视节目也一样，需要"冲突和对立"来锁定关注度和高收视率。防止观众中途转台，冲突可以是语言上的、肢体上的乃至价值观念上的，关键在于对后续情节展开的精彩铺垫，并一直吸引住观众的注意力。

3. 互动

我们现在正处于一个互动、多维、融合的传播时代，因此不能再"单向的线性式"传播，而是要"双向多点的互动式"传播。通过节目的展开引起观众的同步思考是一种很好的互动方式：要让观众参与其中，感同身受，选秀节目就是以这种真人秀的互动方式组成庞大的观众规模，并让他们有现场体验感，也有的是让观众亲身参与游戏赢得大奖，从而拉近受众和电视的距离，并通过网络、短信平台等方式进行密集互动。

4. 认同

这里所说的"认同"有两种含义。一方面是观众自我认知上的认同，以普通人为表演者或嘉宾的节目，很容易受到普罗大众和草根阶层的欢迎，这是因为在节目中他们仿佛能看到自己或自己熟悉的人群。这种心理上的认同感会引领他们继续收看；另一方面是价值观念上的认同，正在高速发展的社会形态必然存在多元的价值观，人们总是倾向于和自己观念接近的人群交流分享，因此电视节目中所表达的不同层群的价值观内容，必然会引起相同或不同价值观人群的围观和评论。

5. 突破

追求突破的渠道方式多种多样，如内容题材、节目形态、制作手法、灯光音响、主持人、演播厅布置各方面都可以成为节目创新再造的起点。国内诸多成功的电视节目模式基本就是从国外借鉴原型后，再从这些点、面着手创意和突破的。随着科技的发展，新的拍摄技术和制作形式也为电视节目提供了更多的创意空间。例如，虚拟现实技术、增强现实技术、直播技术等，都可以为电视创意带来更多的创新和惊喜。

6. 悬念

在所有精彩的影视文本中，叙事的路线一定是层层跌宕、悬念四起的，这样的剧情叙事结构安排始终牵引着观众的思绪。同步放飞想象的翅膀，这是故事叙述的一种巧妙方式，善于不断地设置悬念，让观众在节目中时刻有"代入感"，不断在自我潜意识中提出问题，保持对问题结局的期待感，随着剧情的伸展延续，情绪和思维高度集中，这恰是衡量一档电视节目精彩程度的文本标签。

二、电视节目创意的原则

在现代管理学中，"产品生命周期"是对各行业都适用的一种企业发展规律，包括媒体行业在内，无论是广电集团还是电视台都有生命周期，只有不断推出新的管理模式和节目产品，才能持续发展，基业长青。节目模式创新是电视台在激烈的收视竞争市场中获得独特竞争优势和持续发展力的重要手段。如果不能与时俱进，那么即使已是王牌节目，也会被淘汰出局。

仔细研究那些在全世界流行的节目模式，虽然各个节目都有其特点，但仔细分析，我们还是能找到这些节目模式背后所遵循的创意原则和方法。

1. 逆向思维

电视节目的创意可以使用逆向思维来产生新的想法和方案。逆向思维是一种打破常规、反向思考问题的方法，它可以帮助我们突破传统思维的限制，提出更具创意和新颖的解决方案，从而制作出更具吸引力和竞争力的电视节目。《百万英镑从天而降》（*The Million Pound Drop*），是英国独立电视台（ITV）最受欢迎的综艺节目之一，节目给参与者提供了 100 万英镑的诱人奖金，但是必须经过 7 个问答环节，钱才能属于他。每个问题有

4 个疑似答案，参与者必须将这 100 万英镑放在他认为正确的答案上，如果押得不对，钱就会掉下去被工作人员收走。这其实是一个很普通的智力竞猜赢大奖节目，主创人员没有循常规思路去策划，而是做了大胆的创新。先给参与者 100 万英镑现金，并成捆地放在演播室道具台上，由参与者根据自己认为正确的答案搬运、触摸、押放，钱掉下还是保留，这种感官的刺激所造成的巨大心理压力大大增强了节目的节奏感和刺激感。节目运用了逆向思维，一个流程上的小小改变，造成了节目效果的截然不同。

以下是几个使用逆向思维进行电视节目创意的方法：

（1）反转节目形式：常见的电视节目形式是主持人通过讲解、演示等方式向观众传递信息。而逆向思维可以将这种形式反转，让观众通过参与、互动等方式来获取信息，例如"密室逃脱""闯关游戏"等节目形式。

（2）颠倒角色关系：在电视节目中，主持人、嘉宾和观众通常有明确的角色关系。而逆向思维可以将这种关系颠倒，让观众成为嘉宾或主持人，或者让嘉宾成为观众，例如"全民观察""草根主持人"等节目形式。

（3）逆向解读热点话题：逆向思维可以从不同的角度和方向对热点话题进行解读和分析，从而产生新的观点和思路。例如，"反转新闻"可以对热点事件进行逆向解读，可以逆向分析社会现象等。

（4）反向塑造品牌形象：电视节目的品牌形象通常是通过正面宣传和营销来塑造的。而逆向思维可以从反向角度出发，通过展现节目的缺点或不足来塑造独特的品牌形象，例如"毒舌电影""吐槽大会"等节目形式。

2. 制造悬念

这是电视节目最常用到的手法，在大型综艺节目和一些纪录片和访谈节目中，悬念制造不仅体现在环节设计上，更贯穿于问题设置和故事展开的全过程。由 ZODIAK 旗下 RDF Media 公司制作的热门节目《秘密百万富翁》就是一个经典案例。

该节目以慈善为主题，真实记录一个富人帮助弱势群体的全过程。节目选择有慈善意愿的富人，把他（她）放到需要帮助的社区和环境中，隐藏其身份，只给基本的生活保障，让富人去感受穷人的生活，并最终确定他（她）想要帮助的人，节目最后亮明其身份，开出支票给选定的受助者。整个节目笼罩在悬念之中，富人能否适应贫穷的生活环境是个悬念；受助者是谁是个悬念；最后的结果会怎样是个悬念。

以纪录片的形式制造悬念是创作者为了激活观众"紧张与期待的心情"，在艺术处理上采取的一种积极手段。它包括"设悬"和"释悬"两个方面，前有"设悬"即百万富翁进入特定环境后的种种未知故事，后必有"释悬"即穷人得知生活在一起 10 天的那个人的真正身份和目的时的惊喜和感动。该节目在故事发展中间只亮开谜面，藏起谜底，在节目最后再予以点破，合乎逻辑的剧情发展和展示人物命运的强烈反差，牢牢吸引住了观众，节目最后悬念的破解给观众心理带来极大的满足。

3. 设计冲突

在电视节目中，可以创造多样化的冲突类型，如性格冲突、价值观冲突、利益冲突等。这些冲突类型可以增加节目的丰富性和观赏性，使观众对节目产生更多的情感共鸣。通过合理的情节设计和表现手法，强化冲突的紧张性和真实性，巧妙安排冲突的发展，让冲突在合适的时机升级或解决，让观众对节目产生更多的情感投入和参与感。

在电视节目创意中，展示冲突可以运用多元化的表现手法。英国职场创业真人秀节目《学徒》从 1 万多名报名者中精选出来的 16 名候选者分成两组，完成 12 次艰巨任务的对抗，在每一次对抗后，获胜的一组受到嘉奖，比如享受一顿奢侈的美餐，一次精彩的表演。失败的一组将接受艾伦·休格和其智囊团的分析和批评，并且有一个人要被淘汰出局。队员为了让自己留下来，会在感情和理智的交织中产生冲突，个人之间的冲突，个人与集体间的冲突，还有就是两队集体之间的冲突。产生矛盾、激发冲突是这类真人秀节目吸引观众的要素。栏目策划人员在选择参赛选手时也有目的性，选手当中有投资人、心理学家、前自行车冠军、房地产中介、会计和来自创意艺术或快餐产业的企业家。在人物职业、经历、性别、个性的差异性上实现多样性，也是为节目能够产生冲突做准备。

不同群体或个人由于认识、看法、观念、情绪、情感上的差异，处理问题时容易引发冲突。所以，可以通过设计不同职业和经历的人物角色，增加冲突的可能性。不同的人物可能会有不同的价值观、兴趣爱好和处事方式，产生不同的冲突和火花，从而吸引观众的注意力并提高节目的观赏性。

4. 强化反差

在电视节目创意中，可以通过人物形象的反差来增加观赏性。例如，可以让一个严肃的职业人士与一个天真无邪的孩子进行互动，或者让一个高傲的人与一个谦逊的人进行对比。这种反差可以产生有趣的冲突和情节，吸引观众的注意力。也可以通过环境与情境的反差来增加观赏性。将人物放置在一个与他们日常生活截然不同的环境中，如极端气候、荒野等，增加节目的紧张感和戏剧性。或者让一个人在语言上表现出强硬的态度，但在行为上却表现出软弱或无助的情况。通过语言和行为的反差也可以增加观赏性，产生幽默感和悬念。还可以通过展示不同人物之间的价值观，让一个人坚持传统价值观，而另一个人则持有非常开放和前卫的价值观，这种反差可以引发观众的思考和争论，增加节目的深度。

强化反差是电视节目创意中一个重要的技巧。通过人物形象、环境与情境、语言与行为、价值观以及期望与现实等方面的反差，可以增加电视节目的趣味。反差会带来戏剧效果。这种差异化在英国的很多节目中被运用，有些节目甚至直接用反差作为主元素来进行创意。比如，《60 分钟改变》是一个改变室内装修的节目，体现人与人之间的真挚感情，房间前后截然不同的变化给房间主人带来惊喜；《从流行歌星到歌剧明星》是 ITV 连续做了 3 年的周末大型综艺节目，节目让流行歌曲明星去干他们不擅长的事情，强化了的反差增强了节目的戏剧效果。

5. 会讲故事

讲故事是电视节目创意的核心。一个好的故事能够吸引观众的注意力，引发情感共鸣。故事是塑造人物形象的重要手段，通过讲述人物的经历和冲突，观众能够更深入地了解人物的个性、价值观和情感。故事中的冲突和转折点可以有效地推动情节发展，使节目更具吸引力和紧张感。

在策划电视节目时，首先要确定故事核，即节目的核心故事。故事核应该具有吸引力和独特性，能够吸引观众并传达节目的主题和价值观。情节是故事的骨架，通过构建情节，将故事核展开成一系列具有逻辑性和紧张感的情节。要注重塑造具有个性和情感的人物形象。通过人物的言行举止，展现他们的性格、价值观和情感，以增加观众对人物的共鸣和关注。通过运用影像、音乐、音效等手段，可以增强故事的感染力和表现力。例如，运用镜头语言展现人物的情感变化，运用音乐营造氛围和增加紧张感。

情感是故事的核心。在电视节目创意中，要注重强化情感表达，通过故事中的人物情感和情节发展来触动观众的情感共鸣和思考。同时，要注意把握情感表达的尺度，避免过于煽情或过于平淡。

分析成功的节目样式，会发现"讲故事"手法被普遍使用，如大型真人秀类型的节目，从个体到参与的团队都是一个讲故事的过程，故事情节随着节目的进程不断展开。每一个参与者都在这出大戏中担任角色，参与者的情绪变化、和团队成员的关系处理，以及面对评委时的心理变化，无不是在讲述故事的经过，只是这个故事发生在某个特定的时间段内而已。

纪实性（事实类）真人秀节目更是以某个故事线索展开，如在英国 Channel 4 热播的电视真人秀育儿节目《超级保姆》，用真实记录的手法讲述超级保姆乔帮助家长改变孩子的故事。节目有矛盾、有冲突、有惊喜。电视节目的选材很广，家族历史、历史地理、烹饪和食物、家居装饰、旅游探险、艺术、婚恋、健康保养、亲子关系，这些内容都可以用讲故事的表现手法，设计成某种节目模式推向市场。

电视节目的创意方法还有很多，在内容主导原则下，电视从业者科学详细地研究大众收视心理、习惯和趋向，围绕观众的需求开发节目。在研究节目模式中不难发现，那些创新表现手法并不是单一存在而是被综合运用的，很多节目中交织着悬念、故事、反差、冲突，形式服务于内容。在制作时，细化节目的操作流程，对一个节目环节点的设置、一段同期声的使用、一组镜头的剪辑，都要求严格按照节目规范的脚本执行到位，细节上不走样是节目流畅和故事展开的保障。所有想法的达成要建立在制度、规范、细节等环节的管控之上，当我们明白该如何执行并保持创意的一贯性时，就能够做出一档优秀的电视节目。

三、电视节目创意的流程

从创意出炉到节目推广的整个过程通常包括以下几个步骤：

1. 理念先行

在制作一档电视节目之前，首先要有一个明确的理念或主题。这个理念可以是关于节目内容的，也可以是关于节目形式的。这个理念应该具有吸引力和独特性，能够吸引观众并引导节目制作的方向。节目创意首要的理念是"The Audience's Insight"，即"观众的洞察力"。节目创新，必须切切实实地了解观众。比如英国的专业团队在节目创新之前，非常注重受众调查，对受众进行细分，甚至为此请专门的调查公司做调研，了解他们的文化程度、喜好、家庭结构、收入、职业等。在此基础上，去展开"头脑风暴"。

2. 受众分析

制作公司需要通过第三方调查公司或者通过自身资源和渠道，了解以下受众信息：

（1）目标受众有何特点，喜欢哪些节目要素，讨厌哪些节目要素？

（2）当下社会流行的文化热点，是否能踩准或引领热点？

（3）最近成功的同类节目，其成功的原因；受众为何追捧它，其背后体现的社会心理。

3. 明确创意原则

（1）本节目的创意核心点是什么？

（2）哪些人会被这个节目打动？

（3）为何现在推出这个节目？

（4）节目风格要素的确定：包括画面、音乐、人物、节奏等风格。

（5）节目投入产出比：总成本和广告收益的财务比较。

（6）收视预估。

在明确创意原则的基础上，进入创意的头脑风暴环节。

4. 头脑风暴

在确定了理念之后，需要进行创意头脑风暴来产生更多的创意和想法。这个过程可以通过小组讨论、个人思考、跨界思维等方式进行，以激发创新思维和多样性。在头脑风暴中评估和筛选创意时，可以采用多种方法进行全面而系统的评估。这些方法包括市场需求分析、创意测试、财务分析、技术可行性评估和综合评估等。通过这些评估方法，可以筛选出具有潜力的节目创意，为后续的制作和推广打下良好的基础。

5. 制定节目方案

这个阶段主要任务是，根据创意头脑风暴的结果，对大量发散性创意进行筛选，制订一个详细的节目方案。这个方案包括节目的主题、内容、形式、嘉宾、拍摄地点等方面，同时需要考虑节目的预算和时间安排。

6. 制作节目

根据节目方案，开始进行节目的制作。这个过程通常包括录制、剪辑、后期制作等方面，需要制作团队紧密合作，按照既定的计划和要求完成。

7. 推广宣传

在节目制作完成后，需要进行推广宣传，以吸引更多的观众。这个过程可以通过社交媒体、传统媒体、口碑传播等方式进行，需要制定有效的宣传策略和营销计划。

8. 观众反馈与改进

在节目播出后，需要及时收集观众反馈和评价，以便对节目进行改进和优化。这个过程可以通过调查问卷、在线评论、社交媒体等方式进行，需要认真分析反馈意见并采取相应的改进措施。

四、电视节目创意中的头脑风暴

在电视节目创意的头脑风暴中，激发参与者的积极性是关键。要为参与者创造一种舒适、轻松的氛围，从而使其更容易地表达自己的想法。在头脑风暴中，鼓励使用幽默和娱乐的方式来激发参与者的兴趣和热情，使参与者更容易提出新的想法。为参与者提供必要的资源，如纸张、笔、白板等，以便他们可以记录和展示自己的创意。对每个参与者给予奖励和认可，以肯定他们的努力和贡献。可以是一个简单的口头表扬或是一个小奖品，但一定要让每个人知道他们的想法是被重视的。鼓励团队成员之间的互动和合作，以激发更多的创意。可以组织小组讨论或分组合作，让参与者互相交流想法，共同解决问题。合理设置头脑风暴的时间限制，并确保每个人都有足够的时间来表达自己的想法。鼓励不同领域和背景的参与者跨界思维，提出不同角度的见解和建议。这些原则可以帮助电视创意团队在头脑风暴中激发灵感，产生更多的创意，提高创意的质量和数量。

1. 头脑风暴的方式

在电视创意中，头脑风暴通常采用以下几种方式：

（1）小组讨论：在小组讨论中，创意人员和制作团队成员围坐在一起，就某一主题展开讨论。他们可以自由发表意见，分享想法和观点，通过互相启发和交流，产生新的创意和方案。

（2）研讨会：研讨会通常由电视公司或制作公司组织，邀请业内专家、学者和创意人员参加。在研讨会上，与会者就某一主题进行深入探讨和研究，分享经验和观点，共同寻找新的创意和解决方案。

（3）工作坊：工作坊是一种类似于研讨会的形式，但更加注重实践和应用。在工作坊中，与会者通常会进行实际操作和演示，展示自己的创意和作品，并与其他参与者进行交流和讨论。

2. 头脑风暴的原则

头脑风暴时，小组人员要进行封闭式会议，集中提出大量创意方案，这个阶段最主要的是尽可能多地提供各种创意，头脑风暴的成员需遵循以下原则：

（1）所有成员不要受任何拘束，大胆提出任何想法。

（2）其他成员决不打断他人发言，决不说任何否定性、怀疑性词句。

（3）指派专人记录每个创意。

（4）每个人有充分发言时间。

（5）有决策权力的人不参与发言，不主导发言。

进行头脑风暴时，创新也是有技巧的。其中最简单的叫"革命性思维方式"，即先识别出一种观点，然后对其进行逆反处理。例如在策划歌曲类选秀节目时，可以不断挑战常规："是否可以用年纪大的做主持人或选手？为何最好的才能获胜？为何要在演播室？为何要比音乐？"然后再混合真人秀、游戏等多种类型，看是否会有新的组合方式。这个打破挑战、逆向操作的过程，往往能够激发出好节目的创意。

五、电视节目创意团队

电视节目创意团队是指由一组专业的创意人员组成的团队，他们负责研究市场需求、提出创新的节目理念、制定节目规格和脚本，并参与节目的制作和推广。这个团队的任务是创造高质量、具有吸引力和影响力的电视节目，以满足观众的需求并实现商业目标。电视节目创意团队通常包括策划、编剧、导演、制片人、摄像师、灯光师、音效师和剪辑师等成员，他们各自具有专业的技能和经验，并密切合作，以确保节目的顺利制作和成功播出。

（1）策划：策划是电视节目创意团队的关键成员，负责制定节目的整体策略和规划。他们通常负责研究市场趋势、观众需求和竞争情况，以提出创新的节目理念和概念。策划还负责制定节目规格、预算和时间表，并与导演、编剧和其他团队成员密切合作，确保节目的顺利实施。

（2）编剧：编剧是电视节目创意团队中的核心成员之一，负责编写节目的剧本和故事情节。他们需要根据策划提供的要求和指导，创作出引人入胜的故事内容。编剧还需要与其他团队成员密切合作，如导演、制片人和演员等，以确保剧本能够成功地呈现在电视屏幕上。

（3）导演：导演是电视节目创意团队的领导者和决策者，负责整个节目的拍摄和制作工作。他们需要根据策划和编剧提供的剧本和创意，制定拍摄计划和视觉风格。导演还需要指导演员的表演、摄像师和灯光师等团队成员的工作，以确保节目的质量和效果。

（4）制片人：制片人负责整个电视节目创意团队的运作和协调工作。他们需要制定预算、安排日程、管理资源和协调与其他团队的合作。制片人还需要与导演、编剧和其他团队成员密切合作，以确保节目的顺利制作和成功播出。

（5）摄像师：摄像师是负责电视节目拍摄的关键成员，需要熟练掌握各种摄像技术和设备。他们需要根据导演的要求和指导，选择合适的镜头和拍摄角度，捕捉最佳的画面效果。摄像师还需要与其他团队成员密切合作，如灯光师、音效师和剪辑师等，以确保画面的质量和效果。

（6）灯光师：灯光师是负责电视节目灯光效果的专家，需要根据节目的风格和要求，选择合适的灯光设备和设置。他们需要根据导演的要求和指导，创造出合适的灯光效果和氛围，以增强节目的视觉效果和情感表达。

（7）音效师：音效师是负责电视节目音效设计和制作的关键成员，需要熟练掌握各种音效技术和设备。他们需要根据节目的要求和指导，选择合适的音乐、效果和声效，创造出合适的氛围和情感表达。音效师还需要与其他团队成员密切合作，如导演、制片人和剪辑师等，以确保音效的质量和效果。

(8)剪辑师：剪辑师是负责电视节目后期制作的关键成员，需要熟练掌握各种剪辑技术和软件。他们需要根据导演的要求和指导，将拍摄的画面、音效和其他素材进行剪辑和处理，以创造出完整的节目内容。剪辑师还需要与其他团队成员密切合作，如导演、制片人和音效师等，以确保剪辑的质量和效果。

电视节目创意团队不仅需要具备丰富的创意和想象力，还需要具备扎实的专业知识和技能。他们需要不断关注市场趋势和观众需求，以便创造出符合市场需求的高质量电视节目。优质的电视节目创意团队都有良好的节目创新氛围，节目创新和创意部门是制作公司的核心机构，团队的老板很少会轻易否定一个点子，即使是双方辩论，也一定要在持反对意见的基础上说出完善的建议。通过这种方式磨砺出来的点子，才是可以经得起市场考验的创意。

第四节 中外节目模式合作历程

中外电视节目模式的合作历程是一个不断探索、学习和创新的过程。从最初引进国外模式，到与国外电视机构合作制作，再到结合本土文化创新发展，中国电视节目模式在不断升级和优化。在这个过程中，中国电视业逐渐掌握了国际先进的节目制作理念和流程，提高了自身的节目制作水平，并开发出具有中国特色的电视节目模式。这些努力为中国电视产业的发展注入了新的活力，也为全球电视节目的多元化和创新发展作出了贡献。

2010年至今，中国各电视台引进的节目模式已多达上百档。这些引进的节目模式大多被各电视台当作竞争主力，成为周末黄金时段的主打节目。从自发到自觉，从简单模仿到购买或合作开发、正式引进版权的进化过程，也是国内电视台逐渐认识到节目模式真正价值的过程。

1. 借鉴模仿节目模式

20世纪90年代，中国电视节目主要以综艺表演类和游戏娱乐类节目为主。其中，综艺表演类节目包括歌唱类、相声小品类等，通过选拔优秀的歌手和表演者来展示才华，并通过比赛形式评选出优胜者。相声作为中国传统文化的一种形式，在这个时期也得到了广泛传播和发展，涌现出很多经典作品，如《曲苑杂坛》《综艺大观》等。

随着改革开放的深入，中国观众对于新颖、有趣的电视节目有着极高的需求。借鉴和模仿成功的节目模式成为一种快速提升节目质量和吸引力的途径。当时，我国台湾地区的综艺节目在制作水平和节目形式上相对较为先进，1990年播出的综艺节目《正大综艺》就借鉴了台湾地区的《绕着地球跑》的节目模式，并且与泰国正大集团合作制作，设计和制作方式上复制了原版节目的模式，这种模式在当时是一种比较新颖的尝试，也为我国大陆地区的综艺节目发展带来了一定的启示和推动作用。

1993年开播的《新闻调查》借鉴的是美国哥伦比亚广播公司1968年创办的新闻杂志节目《60分钟》，1998年开播的《幸运52》借鉴的是英国的游戏节目 *Go Bingo*，2004年开播的《超级女声》模仿的是《美国偶像》。随着中国电视节目制作水平的提高和观众需求的多样化，中国电视节目也逐渐开始注重创新和本土化。在引进国外节目模式的同时，也开始注重结合中国国情和传统文化进行创新和改造，以满足观众的需求和提升节目的竞争力。

2. 购买版权，合作开发模式

进入 21 世纪，中央电视台、湖南卫视等电视台率先从海外引进节目模式，打造出了《幸运 52》《赢在中国》《舞动奇迹》等成功节目。2010 年，中国电视业开始大批向版权商正式引进海外节目模式，这些海外节目模式的成功刷新了全国卫视收视率和收视份额的数据，也创下了广告收入的新高。这一年东方卫视开播的《中国达人秀》节目版权购自英国的弗莱蒙特（Fremantle Media）传媒公司，节目录制全程由英国制作团队进行包装和监督，无论是舞台设计，还是赛制流程，几乎和《美国达人》《英国达人》等节目完全相同。2012年 7 月 13 日，荷兰音乐真人秀节目 The Voice of Holland 的中国版《中国好声音》在浙江卫视播出。许多名不见经传的学员登场，以歌声征服了观众。2013 年，湖南卫视引进韩国的音乐真人秀《我是歌手》和亲子真人秀《爸爸去哪儿》一炮而红。2014 年，浙江卫视从韩国引进了明星户外真人秀——《奔跑吧兄弟》，截至 2023 年，这档节目已经连续制作播出了 9 季。制作团队在引进的过程中不断探索创新，在保证节目游戏环节趣味性的同时，更加注重引入当地的风土人情，体现当地人文文化，使传统文化渗透在节目里，找到了一条适合中国电视真人秀节目的发展之路。

节目模式交易是全球电视产品行业的重要部分，支付模式版权费的买方，会得到一本"模式宝典"，宝典里面除了整套录播的节目之外，还会有未经播出的内容、剧本、原声音乐、拍摄脚本甚至实现电子特效的电脑软件等诸多幕后信息。节目模式版权商带来的不仅是经过海外市场检验的节目设计，也会派出"飞行制片人"提供指导，让制作过程少走很多弯路。而他们提供的原节目中的素材，如音乐、视觉设计、电脑特效等，更能为本土制作方直接使用，节省了制作成本。更重要的是，在全球化的背景下，一档成功的电视节目往往也是一个具有全球知名度的品牌。在获得模式授权的情况下，制作方可使用节目品牌作为营销手段，在寻找节目赞助商和广告商、提升节目知名度等方面都更有优势。

3. 跨国联合研发模式

为了克服海外模式在中国本土播出的"水土不服"，国内卫视与海外节目模式公司共同研发节目，称为"跨国联合研发"。近些年来，越来越多的国际模式公司、制作公司和电视台开始展开深度合作，这也让跨国联合研发成为行业内节目模式领域备受关注的合作方式。

在世界正变得越来越全球化的今天，电视模式产业与其他经济产业一样，在全球视野内进行商业活动。所以不同国家的模式创作者进行合作，可以创造出更加具有国际吸引力的模式。跨国联合研发已经成为全球模式创新领域的重要手段，跨国联合研发通常涉及多个国家的电视台、制作公司、技术研发公司等机构的合作。这些合作伙伴可以共同投入资金、技术和人力资源，共同开发和推广新的节目模式和制作技术。这种合作方式能够有效地降低研发成本，加速创新进程，提高创新成果的市场竞争力。

跨国联合研发的另一个优势是能够促进不同文化之间的交流和融合。在合作过程中，不同国家的合作伙伴可以相互学习、交流和借鉴彼此的经验和做法，从而促进文化的交融和创新思维的形成。这种跨文化交流和合作也能够为模式创新带来更多的灵感和可能性。

当然，跨国联合研发也存在一些挑战和风险。例如，不同国家的合作伙伴之间可能存在语言沟通、文化差异、技术标准不统一等问题，需要加强沟通和协调。此外，合作过程中也可能会面临知识产权、利益分配等挑战。因此，在跨国联合研发中，需要建立良好的合作机制和协议，明确各方的权利和义务，以保障合作的顺利进行。

近些年来，已经成功的联合研发模式有以色列喀斯喀特（Keshet）公司与俄罗斯 NTV 共同研发的《特技车神》，美国 A+E 电视网络与英国维珍传媒联合研发的《代际红娘》，湖南卫视与恩德莫尔联合研发的音乐游戏类节目《嗨唱转起来》，浙江广电与韩国 SBS 联合制作的《奔跑吧兄弟》（第一季）等。对于国内电视台来说，联合研发可以吸收海外节目模式公司先进的理念与工作思路，促使卫视节目研发创意能力与国际接轨，为最终制作原创节目积蓄实力。与单纯的购买现成模式或委托开发相比，卫视在联合研发中的参与度更高。在学习经验的同时，各大卫视能根据自身的经济、技术、人力、物力等实际情况与条件，对节目有更好的掌控能力。

4. 中国模式输出到海外

一段时间以来，国内一部分综艺节目采用版权引进或创意借鉴等形式进行制播。虽然这种节目生产模式可以有效降低商业风险，但从长期来看，自主创新和本土化创作才是提高中国综艺节目制作水平，实现中国文化价值输出的关键所在。2016 年 6 月，国家新闻出版广电总局发布了《关于大力推动广播电视节目自主创新工作的通知》，就加强自主创新、引进模式管理等做了进一步明确。政策引导、创作生产上发力之后，中国原创综艺开始深耕多个垂直细分领域，涌现了《声临其境》《国家宝藏》《这！就是街舞》等高品质节目。如今，国内原创节目模式无论在数量、品质、收视和影响力上，都已经与引进模式不相上下。许多节目不仅在国内取得了很高的收视率和口碑，也在全球范围内产生了一定的影响力。

在引进海外模式的过程中，中国各大卫视纷纷成立自己的节目研发中心、节目模式库、组织学习和培训，加大对模式研发的资金和人员投入力度。随着中国优秀节目制作团队的研发制作经验不断丰富，原创节目增多，中国节目模式开始在国际节目交易市场上崭露头角，先后有多档节目模式输出到海外。

时间	节目名称	版权归属	购买公司
2015 年	《超级战队》	江苏广播电视总台	欧洲 Nice 娱乐集团（Nice Entertainment Group）
2015 年	《极限挑战》	上海广播电视台	FOX 卫视中文台，美国旧金山 KTSF 电视台，台湾八大电视台，马来西亚 NTV7 电视台
2017 年	《天籁之战》	上海广播电视台	荷兰恩德莫尔集团（Endemol Shine）
2018 年	《国家宝藏》	中央广播电视总台	荷兰恩德莫尔集团（Endemol Shine）

时间	节目名称	版权归属	购买公司
2018 年	《这！就是灌篮》	浙江广播电视集团、浙江天猫技术有限公司、优酷信息技术（北京）有限公司	美国福克斯传媒集团（Fox）
2018 年	《我就是演员》	浙江广播电视集团	美国 IOI 公司
2018 年	《燃烧吧大脑》	江苏广播电视总台	荷兰恩德莫尔集团（Endemol Shine）
2019 年	《声入人心》	芒果 TV	美国制作公司（Vainglorious）
2019 年	《超凡魔术师》	江苏广播电视总台	越南国家电视台
2022 年	《这！就是街舞》	优酷网	越南国家电视台
2022 年	《我们的歌》	东方卫视	西班牙广播电视台（RTVE）
2022 年	《乘风破浪的姐姐》	芒果 TV	越南国家电视台

中 编　中外电视节目比较

第三章　新闻类节目

第一节　中外新闻类节目综述

　　新闻类节目指以新闻材料为基础，加工制作而成的电台或电视节目，新闻类节目包括现场或预先录制的访问、专家的分析、民意调查结果，偶尔会包含社论内容，以信息量大为标志，时效性、广泛性、指向性是其主要特质。新闻类节目作为综合性电视台或综合频道在公众心目中的品牌，是最能代表媒体发挥社会功能的关键形象。

　　电视新闻节目是电视台的重要组成部分，也是电视台作为新闻传播媒介的核心标志之一，具有广泛的影响力和受众群体，可以迅速传播信息、引导公众关注、增强民主意识，并在政治、经济、文化等方面产生重要影响。因此，电视新闻节目对于电视台的声誉和公信力至关重要，是电视台作为新闻传播媒介的主要标志之一。

　　电视新闻节目形态的栏目化（主要栏目的系统化、固定化和综合性）是电视新闻获得较为理想的传播效果的基础。优秀的电视新闻栏目，有利于培养观众的收视习惯，形成较为稳定的观众群，扩大电视台的收视率。

　　新闻节目的主要类型有新闻访谈类、新闻评论类、杂志型新闻节目和调查型新闻节目。按照时段划分，又分为早间新闻、午间新闻、晚间新闻、夜间新闻等。

由于国内外新闻体制的不同，电视新闻节目在节目特点、节目内容以及节目编排等方面存在较大的差异。然而，随着中国电视新闻事业的不断发展，它与广大受众之间正在逐步建立平等亲密的良好关系，并且积极吸取国外新闻节目的长处，为我所用。例如，《新闻调查》《东方时空》《焦点访谈》等节目都在不同程度上对国外新闻节目进行了借鉴和参考。

中国的电视新闻节目强调新闻的真实性、公正性和客观性，注重对新闻事实的深入挖掘和分析，以及对社会热点问题的关注和讨论。电视新闻节目的进步不仅体现了中国电视新闻事业的进步和发展，也为广大受众提供了更加优质、客观、深入的新闻信息。

一、国外电视新闻节目概况

国外著名的新闻节目有两种：杂志类新闻节目和调查类新闻节目。

1. 杂志类新闻节目

杂志类新闻节目的最大特点就是类似于纸质杂志的电视新闻。它将一个完整的节目分成若干个小栏目，固定播出某一题材的内容，这种结构方式适用于任何类型的新闻报道。如美国哥伦比亚广播公司（CBS）于 1968 年开播的著名节目 60 *Minutes*（《60 分钟》），被认为是杂志类新闻节目的"鼻祖"。《60 分钟》是周播，以杂志式编排方式报道严肃新闻。英国 ITV 也有一档著名的以专门报道地区新闻为特色的杂志类电视新闻节目 *ITV News*（《ITV 新闻》）。21 世纪以来，英国广播公司的 *The One Show*（《新闻秀一秀》）成为新一代杂志类电视新闻节目的代表。

杂志类电视新闻节目内容灵活多样，可以严肃也可以娱乐。最显著的特点就是在结构上，如杂志式的板块结合和版式，内容上具有明显的新闻性，以新闻事件作为整个节目内容的出发点。经典的杂志类电视新闻节目通常由 3~4 个小专题组成，由一个主持人负责各个小专题板块的串联，有的栏目是在每个小专题板块分别启用不同的主持人。在每个小专题结束的时候，会有主持人或者嘉宾在演播室对事件的最新进展做一些补充，或者发表看法和评论。

对于杂志类电视新闻来说，板块之间的编排是关键，只有板块之间衔接自然，才能保证观众一直将注意力放在节目上。

杂志类新闻节目以解释和评论新闻现象为主要内容，在形式上比较灵活，通常是先进行巧妙的策划采访，再辅以精心选择和剪辑的素材。正是以深度报道和评论见长，杂志型电视新闻节目并不把新闻的时效性作为最重要的新闻选择标准，而是考虑新闻本身是否有足够深远的影响力，选题并不一定是大的选题，有意义有影响的民生新闻也经常出现在杂志类电视新闻节目中。

2. 调查类新闻节目

调查类新闻节目的"鼻祖"是 1953 年英国 BBC 开播的《全景》节目。从开播之日起，《全景》就不断为公众提供大量的时事报道、深刻的分析和调查，最早的《全景》也是杂志板块型的电视新闻节目，后来的《全景》每期 30 分钟只集中报道一个事件，成为一个以调查报道著称的电视新闻节目。

调查性新闻报道在西方发达国家开始大发展是在 20 世纪 70 年代，《华盛顿新闻邮报》记者鲍伯·伍德沃德(Bob Woodward)和卡尔·伯恩斯坦(Carl Bernstein)对"水门事件"的报道，成为世界上著名的调查性新闻报道之一。

调查性新闻报道首先要求记者要调查和收集材料，而且必须是第一手材料，从选题、采访到报道完成，都由媒体独立完成；在报道内容上，必须是相关的人或组织力图保密、不愿公开的，但是又是很重要的、涉及公众利益的事实。① 目前，绝大多数的调查性新闻报道是先由非媒体人士披露，再由媒体介入，随着媒体和传播观念的发展，有些媒体报道相关组织的调查行为，也属于调查性新闻报道。

20 世纪 90 年代是英国调查类电视新闻节目蓬勃发展的时期，无论是 BBC 还是 ITV，都推出了众多的调查类新闻节目。如 BBC 的《新闻内幕》(*Inside Story*)、《公众眼》(*Public Eye*)、《40 分钟》(*40 Minutes*)、《捕获自由》(*Taking Liberties*)、《此时此地》(*Here and Now*)以及 ITV 的《假面》(*Disguises*)和《重大新闻》(*Big Story*)等。

与普通的新闻播报相比，调查类电视新闻节目有过程、有悬念、有矛盾和冲突，常常涉及人们的切身利益，因此能够引起观众的普遍关注，成为新闻类节目中广受欢迎、很受观众尊敬的节目类型。

二、我国电视新闻节目的发展历程

我国电视事业诞生以来的几十年中，电视新闻栏目由不规范、不成熟到高档次、高品位，走过了一条曲折的发展道路。我国电视新闻栏目的演变与发展，大体经历了五个阶段：

1. 第一阶段：1958—1978 年，电视新闻的纪录片时代

这一阶段的电视新闻采用新闻电影的摄制手段，以胶片摄影获取图像，配上解说与音响、音乐，录制成合成声带，在电视电影放映机上与摄影图像同时播出。受技术条件和人力物力的局限，这一阶段的新闻节目时间一般都不长，中央电视台每天播出 1 次新闻，10~15 分钟；地方电视台每天、隔天或每周播出 10~15 分钟。当时，全国各电视台之间还没有联合播出，各台除在本地播出新闻以外，采取相互寄送新闻拷贝片的方法，以扩大各台新闻节目的报道面。这些新闻由于印制拷贝与寄送过程中费去不少时间，一般得在新闻事件发生三五天或更长一些时间后，才能在电视中看到图像新闻。

1976 年 7 月 1 日，根据全国省级电视台共同协商的意见，北京电视台第一次试播全国电视新闻联播节目，向全国 10 多个省、直辖市电视台传送信号，该节目成为《新闻联播》的雏形。1977 年 11 月，我国分别召开了华东和中南、华北和东北、西北和西南等地区电视台参加的座谈会，共同商讨如何办好全国电视新闻联播节目的问题。1978 年 1 月 1

① 张威：《调查性报道：对西方和中国的透视》，《国际新闻界》1999 年第 2 期，转引自 Paul N. Williamas：Investigative Reporting and Editing。

日,《新闻联播》开播,每晚七点左右播出,播出时长 20 分钟,真正意义上的电视新闻栏目在我国出现了。

2. 第二阶段:1978—1987 年,兴起与发展时期

1978 年 5 月 1 日,北京电视台正式改名为"中国中央电视台",并把《新闻联播》栏目作为中央电视台电视新闻的标志。20 世纪 80 年代初,电视新闻进入新的发展时期,由于从国外引进了新型设备,各地电视台逐步淘汰了胶片摄影,改为使用电子新闻采访设备和电子编辑机。技术条件的改善,明显地提高了新闻时效。地方台采编力量的逐年加强,尤其是省和直辖市电视台的兴建,《新闻联播》中的地方新闻明显增加,各省级电视台还可通过微波向中央电视台回传当天新闻,使地方新闻的时效也有明显提高。

这一时期,我国在新闻的表现形式上力求发挥电视新闻的特色与优势,除尽可能多地运用图像新闻以外,还发挥了口播新闻在扩大信息量上的重要作用,而且为口播新闻配上照片、地图、幻灯、字幕等形象资料和背景资料,使形式更加丰富多样。1984 年,在天安门广场庆祝中华人民共和国成立 35 周年大典的阅兵仪式,中央电视台同时用微波和卫星向全国直播,并通过卫星传往国外,在国内外产生了极大的影响,证明了中国电视事业的技术条件已经达到比较先进的水平。1986 年,新疆、西藏先后利用中国自己的卫星传送电视,使中央电视台的节目真正实现了全国 30 省、自治区、直辖市的覆盖。至此,电视新闻节目的地位明显提高,影响力也越来越大。

3. 第三阶段:1987—1992 年,杂志型电视新闻节目时期

开办杂志型新闻栏目,是电视台的新闻节目走向成熟的象征。1987 年 7 月,上海电视台开办了《新闻透视》栏目,是国内第一个多视角、杂志型的电视新闻栏目,每周播出一期,每期 30 分钟。栏目形式是大板块内设小栏目,如《纵与横》《观众中来》《当代人》《长焦距》《社会广角》《快节奏》等,由播音员主持串联,力求将现场感、对象感、参与感融为一体,充分发挥电视的优势,实现语言、画面、音响三者结合的综合效果。

《新闻透视》栏目的出现,标志着我国电视新闻节目迈上了一个新台阶。在这一阶段,随着新闻改革的深入开展,我国电视新闻界纷纷采取措施,在内容、形式、播出风格等方面对电视新闻栏目进行改革。继《新闻透视》之后,许多电视台都开办了杂志型电视新闻节目,其新闻性、社会性、评述性都结合得较好,现场直播、连续报道、系列报道等报道形式在栏目中得到广泛运用。

4. 第四阶段:1993—2015 年,高品位、大型化时期

20 世纪 90 年代,在电视新闻这个领域,CCTV-1 堪称一枝独秀,它的新闻节目在这一时期由中央电视台新闻评论部精心打造了《东方时空》《焦点访谈》和《新闻调查》三个品牌,在 20 世纪末的十年间探索出了具有中国特色的电视新闻节目模式。

1993 年 5 月 1 日,中央电视台的《东方时空》节目正式开播。内容除《早间新闻》外,还设有《东方之子》《东方时空金曲榜》《生活空间》《焦点时刻》等,是一个集新闻性、社会性、知识性、趣味性于一身的大型综合杂志型节目,给当时的广大观众带来了全新的

感受。

《焦点访谈》是中央电视台 1994 年 4 月 1 日播出的电视新闻评论节目。"时事追踪报道，新闻背景分析，社会热点透视，大众话题评说"，这是对该节目内容定位的精辟概括。在中央电视台推出《焦点访谈》栏目不久，各地方电视台也相继推出特点相同的栏目，如湖北电视台的《焦点透视》，上海东方电视台的《东方新闻 60′》等。这些栏目在内容上具有强烈的新闻性和社会性，在表现形式上具有生动性和多样性，都由主持人主持，节目的整体意识和系统性增强，这些大容量、高品位的电视新闻栏目的出现，象征着我国的电视新闻栏目又迈上了一个新的高度。

进入 21 世纪后，《东方时空》率先进行了一次从栏目时间到栏目内容的大改版，将四个板块重新整合，并新增了一个环节——"时空连线"。后经过几年时间的锻造，《东方时空》成为了拥有 6 个子栏目的成熟的大型杂志性新闻节目。这一时期，报道内容由单一的新闻型走向新闻性、社会性、知识性有机结合的综合型；报道方式由单一的动态报道型走向动态报道、深度报道、分析评论兼而有之的多样型；播出形式由播音员客串为主走向采、编、播合一的节目主持人主持；栏目的长度逐渐延长。这种发展趋势说明，我国的电视新闻栏目正在向新、广、深、活的方向演变，栏目的质量正在稳步提高。

5. 第五阶段：2016 年至今，电视新闻与新媒体融合阶段

随着新闻改革的深入和科学技术的进步，电视新闻栏目愈加注重趣味性和娱乐性创作，新闻讲究故事化、情节化，新闻的内容也成为一种视听上的享受。同时，电视新闻栏目也开始与新媒体进行融合，拓展传播渠道和互动性。

电视新闻栏目借助互联网和社交媒体等新媒体平台，与观众进行跨媒体的互动，增加节目的互动性和参与感。观众可以通过在线平台提供意见、观点和素材，促进信息共享和交流。2022 年 2 月 4 日，北京冬奥会开幕，成为引领当年媒体融合报道的重大体育赛事，涌现出众多质量上乘的体育新闻报道。冬奥会期间，央视频推出筹备已久的《VR 看冬奥》融媒产品。该软件是可以安装在 VR 头戴设备上的央视频 VR 应用，并且首次支持 8K 全景赛事直播，提供直播式与点播式的沉浸式互动报道。央视频的此项技术创新，成功将虚拟现实技术与重大体育赛事进行融合。央视网推出的《C 位看冬奥》系列节目，作为央视网体育打造的原创视频《C 位看》系列 IP 之一，生产出诸多新颖有趣、传播广泛的作品。央视网还在其互动专区推出系列互动融合产品，如《冰雪英雄挑战》《欢乐冰雪季一起砸雪球》等，将新闻节目与游戏、答题等形式结合，运用在线互动的技术形式满足用户的内容需求。

随着人工智能和大数据技术的发展，电视新闻栏目更加注重观众的个性化需求，通过智能推荐、定制化服务等方式，为观众提供更贴合其兴趣和需求的节目内容，提高观众的观看体验和满意度。2022 年全国两会期间，《工人日报》依托百度 AIGC 的数字人主播晓晓，推出了新媒体栏目《两会晓晓说》，进行多话题的两会报道。这些都是智能技术介入媒体融合转型的部分成果。

三、我国电视新闻栏目的特点

1. 节目内容更"亲民"，频道的文化性更强

"贴近民生"是电视新闻节目的一大特点，我国新闻事业素来有"三贴近"原则，这与国际新闻的发展理念有异曲同工之处。

电视民生新闻最早从电视动态新闻中的社会新闻演变而来，在 20 世纪 90 年代中期开始演进为都市新闻，之后又与都市新闻中的经济、财经、法制、娱乐等新闻题材相分离，渐渐成为具有独立特征的新闻类别。在以大众品位为基础的文化消费中，这些电视新闻题材趋向市民生活，能以市民的眼光透视多数人的生活，用百姓的语言写百姓关心的事情，因此受到观众的普遍欢迎。

2002 年 1 月 1 日，一档以倡导民生新闻理念为特色的电视新闻栏目《南京零距离》在江苏电视台城市频道开播，该栏目鲜明地提出"打造中国电视新闻新模式"的口号。内容主要是社会新闻、生活资讯和投诉热线。其新颖之处大致可以归纳为如下几点：一是对新闻内容的拓展，将市民新闻和市井新闻展现在电视屏幕上；二是新闻视角的转变，以百姓视角反映百姓生活；三是特色主持人的魅力，魅力在于主持人独特的评点。在《南京零距离》栏目的带动下，民生新闻栏目在江苏省和全国各级电视频道中遍地开花。

全国各级电视台中比较著名的民生新闻栏目有：中央电视台的《新闻社区》、上海电视台的《新闻坊》、湖南电视台的《都市一时间》、安徽电视台的《第一时间》、湖北电视台的《新闻 360》、河南电视台的《都市报道》、重庆电视台的《天天 630》、黑龙江电视台的《新闻夜航》、吉林电视台的《守望都市》等。这些节目以关注民众生计、民众意愿、民众立场为主要价值取向，并致力于以民众视角、民众喜闻乐见的形式，对与民众切身利益密切相关的新近变动事实的传播。有学者将其概括为"价值取向上的民众贴近性；传播形态上的平民可亲性；舆论监督性上的公众平台性"。

随着人们对"民生"内涵认识的不断深入，电视新闻节目生产的民生理念也在不断发展完善之中，突出表现在以下两个方面：一是表现为时政、经济、法制、文化等电视新闻体裁的民生化，也即广义的电视民生新闻的兴起；二是表现为这种广义的电视民生新闻除了继续保持反映百姓生活困难及其意见之类的报道外，还将追求以严肃新闻著称的时政、经济、法制、文化等新闻所具有的大视野、大事件的报道，注意把握为民生计的根本宗旨，在内容选择、角度把握、价值取向上，努力实现权利与义务、效益与责任、批评与亲和的和谐统一。

2. 电视深度新闻报道持续发展

电视深度报道不是一种节目形态，而是一种电视制作的理念；它不是对事件、现象简单的、浅层的记录和描述，而是全方位地从深层次上报道事件的前因后果，挖掘新闻背后的新闻。一般来说，电视新闻报道可以分为三个层面：①对事实表面直截了当的报道；②发掘事实表面背后的深度原因的调查性报道；③在事实性报道和调查性报道的基础上所做

的解释性和分析性报道。电视深度报道就是在第二层报道和第三层报道的基础上发展起来的概念，它强调更深入地挖掘题材的内在和外在的诸多联系，在报道内容上充分拓展，多角度大范围展示事物的全貌和动态过程。

中国电视新闻深度报道兴起于 20 世纪 80 年代。主要表现在两个方面：一是多篇式的电视连续报道、电视系列报道、电视组合报道的持续繁荣，有代表性的如中央电视台1987 年关于大兴安岭火灾的连续报道和 1989 年反映新中国成立 40 周年辉煌成就的系列报道《弹指一挥间》等；二是单篇式的电视新闻专题、电视新闻调查、电视新闻评论、电视新闻访谈等节目不断涌现，有代表性的栏目如中央电视台《观察与思考》《东方时空》《焦点访谈》等，上海电视台的《新闻透视》《深度 105》，北京电视台的《今日话题》《第七日》，安徽电视台的《新观察》、江西电视台的《传奇故事》，凤凰卫视的《铿铿三人行》《有报天天读》等。

3. 世界地位的逐步提高，与新媒体互动频繁

中央电视台已经开办了中文、英语、法语、西班牙语等国际频道，这些频道为我国电视新闻节目走向世界铺设了一条大道，并随着我国经济的快速发展，渐渐成为了世界的焦点，中央电视台的重大新闻也越来越多地被其他国家转播，在电视新闻方面正在取得越来越高的世界地位。

时下，新兴媒体的种类越来越多，功能也越来越先进，在这种形势下，电视传媒和网络传媒、手机传媒结合起来，实现了与受众之间的有效互动。电视新闻节目可以利用新媒体平台，如网站、微博、App 等，将新闻报道内容同步发布，观众可以随时随地获取新闻信息。这种多渠道报道的方式不仅可以增加观众群体，也可以提高新闻的传播范围和影响力。电视新闻节目还可以通过新媒体平台收集观众的反馈信息，了解观众对节目的评价和建议，及时调整节目内容和形式，提高节目质量和观众满意度。

如今，网络和通信工具已经成为人们与电视新闻节目产生联系的桥梁，人们作为观众不再只能欣赏节目。我们可能无法亲历新闻事件的现场，但可以与新闻节目的现场产生对话。未来更多的新兴媒体与电视新闻节目愈加频繁地互动也会逐渐拉近观众和电视台之间的距离。

第二节　节目解析——《全景》《60 分钟》与《新闻调查》

一、《全景》

节目名称：《全景》（*Panorama*）
节目类型：新闻调查类
播出平台：BBC 第 1 频道
开播时间：1953 年 11 月

【内容介绍】

《全景》是目前世界上播出时间最长的新闻时事类节目之一。《全景》开播于 1953 年，当时的英国电视新闻节目播出的内容还是简短的消息播报，画面也大多数都是静止的图片。《全景》最初的片花中使用了地球的标志，寓意就是用全景的眼光看待这个世界发生的各种新闻事件，至今，这个标志仍在使用。

曾经的节目执行制片人安迪贝尔认为："这个节目的主要目的就是要审慎地考虑对权力的利用和滥用问题，无论是在私人领域还是在公共领域。"①60 多年来，《全景》的工作人员都力行这些理念和原则，为英国公共领域的诸多问题寻找答案。

最开始，1953 年开播时的《全景》节目设计为双周播出，每期 45 分钟，内容包括艺术、名人和新闻，一年后改为周播，节目总主持人是理查德·丁布尔，1953 年实况转播英国女王伊丽莎白二世加冕典礼，他作为主持人赢得了"英格兰之声"的美称。

20 世纪五六十年代，调查性新闻报道兴盛起来，这一时期也是《全景》的黄金时期，后来调查性报道和纪录片成为《全景》的核心产品。经过几十年的风风雨雨，如今的《全景》栏目仍然经常以深度报道和新闻热点纪录片引起全球关注。

【节目内容】

以 2021 年 BBC One(BBC 第一频道)《全景》播出的关于阿富汗的报道《Return of the Taliban》为例：

序号	内　　容	时间	形式
1	阿富汗战争画面+解说报道背景：喀布尔陷落前几周，阿富汗再次落入塔利班手中	20 秒	纪实拍摄+解说
2	采访在阿富汗工作的记者斯佳丽，谈她的担忧：每天早晨醒来，都担心我们会失败	10 秒	采访同期声
3	出现本期节目标题 RETURN OF THE TALIBAN	30 秒	画外解说
4	切换到主持人 Yalda Hakim 飞往阿富汗的画面，Hakim 画外音介绍自己出生在阿富汗，并一直在该地区进行报道，她第一站是去看摄影记者朋友马苏德·侯赛尼	1 分	纪实拍摄+同期声+解说
5	马苏德简陋的住处，画外讲述他的父母在他很小就逃离了阿富汗，以及 20 年前阿富汗的历史；马苏德向 Hakim 展示他曾经拍摄的照片，讲述他用相机记录下来的暴力袭击，以及被袭击、同事被杀死的痛苦经历	2 分 35 秒	纪实拍摄+采访同期声+解说

---

① 吴乐珺、唐泽：《解构深度——中外电视调查性报道研究》，湖南人民出版社 2007 年版，第 61页。

续表

序号	内　　容	时间	形式
6	Hakim 采访在阿富汗工作的记者斯佳丽，她哽咽讲述两名同事在上班路上被袭击身亡的经历，而自己每天上班不知道还能不能安全回家再见到孩子们	3 分 50 秒	纪实拍摄 + 采访 + 解说
7	在马路上拥挤的车流中，Hakim 说，在这里每当遇到交通堵塞都会很紧张，担心哪辆车在面前爆炸，眼前的局势是不确定和不稳定的	55 秒	纪实拍摄
8	Hakim 拜访副总统姆阿姆鲁拉·萨利赫（Amrullah Saleh），萨利赫向她展示自己孩子的照片。画外讲述一年前萨利赫和儿子差点被暗杀的经历。Hakim 采访萨利赫，介绍阿富汗现在的情况，摄制组跟拍萨利赫	3 分 40 秒	纪实跟拍+采访同期声+解说
9	播放美国 2021 年宣布从阿富汗撤军的资料画面，Hakim 采访塔利班曾经驻联合国代表苏梅尔·沙欣（Sohel Shaheen），沙欣住在纽约，说他喜欢城市建筑艺术，喜欢媒体人，他认为他们可以成为合作伙伴。沙欣阐述他们的目标非常明确，结束现在的占领，组建另一个阿富汗人民可以接受的政府	4 分 25 秒	采访同期声
10	Hakim 飞往喀布尔，准备采访塔利班另一位领导人毛拉·穆罕默德（Maulana Mohamed）。在去见他的路上，主持人通过画外音讲述他的背景，去年夏天，他作为战俘被交换回来。毛拉阐述他的观点，对偷窃的惩罚、石刑、女孩能不能受教育等	3 分 25 秒	纪实跟拍+采访同期声+解说
11	结束采访不久，毛拉回到了前线。主持人 Hakim 又来到总统府，采访萨利赫，问萨利赫是否相信他们（塔利班）已经改变，萨利赫表示他们并没有改变，自己也不可能向他们投降	2 分 10 秒	纪实跟拍+采访同期声+解说
12	Hakim 来到卡巴尔市外的一个军事基地会见一些新兵，18 岁的士兵霍姆杜拉的故事，霍姆杜拉说他很想去大学学计算机，读英语，但是在阿富汗不可能实现。作为一名战士，他希望能为自己的国家带来和平，为下一代能上大学铺平道路	2 分 20 秒	纪实跟拍+采访同期声+解说
13	Hakim 评论当地的人民渴望和平，过去 20 年的战争，让无数士兵和平民死亡。尽管这个国家伤痕累累，但没有人想离开阿富汗	55 秒	纪实跟拍+解说
14	Hakim 离开阿富汗之前再次拜访朋友马苏德，马苏德告诉她，对于这里的居民来说，阿富汗只是一个临时居住地，如果阿富汗发生了什么事，人们首先想到的是逃往巴基斯坦或伊朗	45 秒	纪实跟拍+采访同期声+解说
15	Hakim 评述，两个月后马苏德的预言成真，城市落入了塔利班手里，人们开始大逃亡	20 秒	资料 + 纪实跟拍 + 解说

续表

序号	内　容	时间	形式
16	介绍片中几位人物的结局，马苏德幸运地搭上了最后一趟离开阿富汗的商业航班；沙欣继续捍卫新塔利班的意识形态，与在伦敦演播厅的 Hakim 进行语音连线，表示阿富汗人民的生命和财产是安全的；副总统萨利赫表示他为国家而战，战争还未结束。主持人在片尾发出追问，塔利班将如何统治这个国家	3 分 25 秒	资料＋纪实跟拍＋解说

【节目特色】

《全景》节目的特色在于其对各种社会问题和国际问题的深入调查和报道，以及对复杂问题的清晰解释和分析。节目通常会邀请专家和相关人士进行访谈，同时进行纪录式的现场拍摄和调查，以呈现问题的真实面貌。此外，《全景》节目也致力于提供全面的报道和深入的解析，让观众能够更全面、更真实地了解和认识社会问题。

1. 以全景视角进行高度全面的社会关注

《全景》以高瞻远瞩的全景视角来看待社会、政治和文化。多年来，虽然节目报道的题材非常广泛，但《全景》坚持的新闻原则一直没有改变：制作有权威性、有影响力的节目，并经得起检验；报道要有超越普通新闻的深度；监督公共和私人权力的使用和滥用；第一时间获得新闻；让新闻更具贴近性、相关性和吸引力；公平对待新闻中涉及的人物。

《全景》节目通常会选择一些重要的社会问题进行深入的调查和报道，例如政治腐败、环境污染、社会不公等。节目组会进行大量的采访和调查，收集各种信息和证据，以揭示问题的真实面貌。《全景》节目不仅关注英国本土的社会问题，还将目光投向全球，报道全球范围内的重大事件和问题，这使得节目具有更广泛的覆盖面和影响力，也让观众能够更全面地了解世界。

统计表明，《全景》话题分类约为：社会话题 30%，犯罪反恐 30%，医疗健康 10%，国内外政治 10%，军事话题 10%，专题及其他 10%。从统计数据可以看出，节目话题的覆盖面广，半个多世纪以来，促进了调查性报道的极大发展。

2. 坚持做严肃新闻的态度

《全景》经过 70 多年的变革，与最初栏目创立时的节目形式已经大相径庭，但其坚持做严肃新闻的态度却始终如一，只要是涉及公众利益、国家利益以及各种丑闻的话题，《全景》节目组都会紧追不舍，深入调查，直到真相被完全曝光。《全景》节目一直保持着独立客观的立场，不偏袒任何一方，公正地呈现问题的不同方面和不同观点。节目组通常会采访不同立场的人士，让观众能够听到不同的声音，从而更全面地了解问题。

《全景》坚持调查性新闻报道的原则，不畏权力、公正、深入地报道世界和国内重大事件，为栏目赢得了声誉。尽管今天的《全景》和 60 多年前大不相同，但其坚持严肃新闻的态度没有改变。只要是涉及公众利益的话题、疑点重重的丑闻，《全景》都会紧追不舍地进行调查，直到真相曝光。

《全景》有一则引起全球轰动的报道《奥运会申办内幕》，被称为"全景门"事件。经过一年的精心策划，《全景》记者装扮成希望为伦敦申办 2012 年奥运会的商人，4 个经纪人宣称他们能够通过贿赂国际奥委会委员投票的方式帮助伦敦取得 2012 奥运会的主办权，整个过程都被摄像机秘密记录了下来。调查显示，在奥委会中，腐败很难根除，尽管国际奥委会就 2002 年盐湖城冬运会的丑闻采取严厉的措施来清理门户。国际奥委会主席罗格次日看到节目后，立即做出反应，保证会采取必要的措施来应对这个指控。

3. 节目形式灵活多变

虽然历经半个多世纪，《全景》依然长盛不衰，其强大的生命力在很大程度上来源于其灵活多变的节目形式。在处理不同的话题上，《全景》采取了多种表现手法，不仅仅局限于调查性报道的形式。2007 年，在风靡全球的真人秀节目《学徒》热播之时，《全景》也利用这股"学徒之风"，在 2007 年 9 月 3 日做了一期节目，主题为"真实学徒"，以思维 NEET(Not in Employment，Education，or Training)一族为拍摄主角，栏目组记者首先约见 4 位年轻人，询问他们的个人情况和工作意愿，然后帮助他们寻找工作，鼓励他们尝试投简历面试，最终，4 位年轻人都找到了工作。可以说，对比较严肃的节目《全景》来说，能够采用轻松带有模仿性质的节目选题，体现了节目的创新意识和灵活性。

其次，英国式的幽默也体现在《全景》节目中，给此档严肃新闻节目增加了一抹亮色。较著名的是，1957 年 4 月 1 日愚人节当天，《全景》播出了瑞士提契诺州意大利粉大丰收的雷人消息。众所周知，意大利粉其实是面粉通过机器压制出的食品，但 BBC 的报道宣称提契诺州的农民在当地种植了大片能直接长出意大利粉的树。这则新闻不仅展示了意大利粉挂满树枝的画面，主持人还绘声绘色地描述了当地人庆祝丰收的场景，由于这则新闻做得相当逼真，播出后有几百个电话打入 BBC 探究更多细节，还有不少上当受骗的观众询问这种长出面条的树到底应该怎么种，BBC 对这些热心观众的回答也相当幽默，"把意大利粉种在番茄酱罐子里，然后心中充满希望"。这则"新闻"在 2010 年被英国《独立报》评为英国历史上十大愚人节事件。

二、《60 分钟》

节目名称：《60 分钟》(60 Minutes)
节目类型：电视新闻杂志
播出平台：美国哥伦比亚广播公司电视网(CBS)
开播时间：1968 年 9 月

【节目介绍】

1968 年，已经身为美国王牌电视节目制片人的丹·休伊特(Don Hewitt)向哥伦比亚广播公司(CBS)管理层递交了一份报告，设想创办一个黄金时段片长一小时的新闻节目。根据他的建议，节目由三个部分组成，每个部分都是一个故事，由一个记者出镜采访，并串联讲述整个故事，而三个故事中间穿插广告，通过广告来将不同风格、品位的故事融合成一档节目。用当年丹·休伊特的话来说，就是要让观众既能看到玛丽莲·梦露的衣橱，又能一窥原子弹之父奥本海默的实验室。要让节目在保持一定严肃性的同时，又让新闻具有娱乐性和可观赏性。CBS电视台管理层采纳了丹·休伊特的设想，并从他提交的报告中摘取了"60分钟"这个字眼作为节目的名称。美国电视新闻王牌栏目《60分钟》由此诞生，它也是美国电视黄金档有史以来播出时间最长的节目。

在创办后的好几年里，《60分钟》并没有引起多少反响，在美国尼尔森当时的收视调查中只排在第51位。直到1975年，栏目调整了播出时间，固定在每周日晚间7:00至8:00段播出；也就是在这一年，著名记者主持人丹·拉瑟加入《60分钟》。从这之后，栏目收视率逐渐上升到36%，而且在娱乐节目一统天下的竞争中连续23年名列美国联播网黄金时段收视率的前10位。直到今天，《60分钟》的本质特征和基调都维持不变。在商业电视和娱乐节目一统天下的时代，《60分钟》通过独具特色的新闻报道形式，使公众能更直接、更全面地了解新闻和解析故事。尤其是21世纪以后，《60分钟》对重大新闻事件如"9·11"恐怖袭击、阿富汗战争以及美伊战争的报道得到了人们的好评和关注。

【节目内容】

以2023年10月21日播出的一期《60分钟》节目为例：

序号	内　　容	时间	形式
1	播放本期新闻人物精彩预告剪辑：分别是被称为人工智能教父的计算机科学家杰弗里·辛顿（Jeffrey Hinton）；参谋长联席会议前主席马克·米利（Mark Milley）；体育经纪人里奇·保罗（Rich Paul）。《60分钟》的主持人依次自我介绍，第一个板块主持人斯科特·佩尔介绍"今晚请看《60分钟》的这些故事"	1分45秒	短片预告：人物同期声+主持人同期声
2	坐在演播厅的斯科特·佩尔短暂介绍人工智能后，采访杰弗里·辛顿，问：人工智能是否比人类更聪明，它们有没有自我意识？答：目前没有，以后可能会	1分40秒	主持人现场+现场采访
3	画外介绍杰弗里启动的人工智能是他早年在爱丁堡大学一次失败的意外，他梦想在计算机上模拟人类大脑。采访现场，杰弗里·辛顿介绍他的人工智能研究历程，画面换到伦敦的实验室，人工智能机器人在踢足球。杰弗里认为人工智能比人类更擅长于学习。人类要担忧的是，未来人工智能逃脱控制的方式可能是通过编写自己的计算机代码来修改自己	4分35秒	主持人现场+采访同期声
4	采访时，杰弗里·辛顿讲述他的童年经历。介绍辛顿的研究成果：聊天机器人。辛顿说聊天机器人的聪明之处在于可以预测下一个单词，人工智能机器人在医学领域的应用，解答主持人的疑问。辛顿说正在进入一个不确定的时期，人工智能机器人可能会接管人类	6分	画外解说+采访同期声

序号	内　　容	时间	形式
5	辛顿表达他对人工智能的担忧，认为政府需要出台对人工智能机器人管控的政策，并制定禁止使用军用机器人的世界条约。画外评述，杰弗里·辛顿让他们想起奥本·海默	50 秒	主持人现场+采访同期声
6	第二个板块，主持人诺拉·奥唐内尔出现在杂志背景前，介绍马克·米利将军于 9 月 30 日完成了作为美国最高级别军官的参谋长联席会议主席的 4 年。介绍马克·米利将军曾经与前总统特朗普发生的公开的争吵，以及他对阿富汗和乌克兰的观点	50 秒	主持人演播厅
7	诺拉采访马克·米利，马克·米利阐述乌克兰战争局势，称美国人国内面临的所有问题，只剩下足够的资金再维持几个月，战争对美国未来国防预算的影响，以及未来大国战争的可能性	1 分 20 秒	主持人现场+采访同期声
8	马克·米利邀请摄制组登上位于波士顿港的宪法号航空母舰。马克·米利谈美国的法律以及他对拜登总统从阿富汗撤军的看法，马克·米利认为美国在阿富汗的战略失败。播放特朗普对马克·米利的评论，以及美国人争取种族正义的抗议行动资料画面	2 分 45 秒	主持人现场+采访同期声+资料画面
9	当诺拉提到 2020 年 6 月 1 日对马克·米利是一个转折，播放白宫附近的骚乱资料，马克·米利认为自己作为一名军官参与国内政治是一个错误，为此公开道歉。画外评述马克·米利对前总统的行为非常失望，几乎辞职了。两人讨论"二战"的历史。画外音介绍马克·米利的成长背景，父母的职业和教育对他的影响，以及马克·米利的职业生涯回顾	5 分 20 秒	主持人现场+采访同期声+资料画面
10	马克·米利回忆与中国的几次接触和通话。诺拉阐述马克·米利与特朗普的矛盾分歧。画外评述，马克·米利将军关于战争未来的观点，是否会使战争更有可能发生	3 分 10 秒	主持人现场+采访同期声
11	第三个板块，主持人比尔·惠特克讲述里奇·保罗的故事，他已经成为职业体育教授的首席经纪人之一，勒布朗詹姆斯是他的密友和客户	45 秒	主持人演播厅
12	比尔·惠特克跟随里奇·保罗来到篮球赛场，每个人都在跟他打招呼。采访中里奇保罗评论自己时形容，自己一直是房间里最小的一个，却愿意做出最大摇摆的人。画外评述他最大的摇摆是为他最大的客户勒布朗斯·詹姆斯·保罗谈判，保罗告诉节目组，他致力于为球员提供影响力	2 分 30 秒	主持人现场+采访同期声+纪实跟拍
13	比尔·惠特克提出：有些人说你正在破坏球员对球迷的忠诚度。保罗回应说，如果事情没有按照想象的发展，我是有选择的。回放里奇·保罗在 2018 年为超级球星安东尼·戴维斯谈判的经历。他为安东尼·戴维斯争取了总冠军戒指和价值 2.7 亿美元的交易。回放节目跟随里奇·保罗参加商业活动，一位球星对比尔·惠特克说，大多数经纪人对待运动员就好像运动员为他们工作一样，运动员周围聚集着丰厚的财富，但没人教他们，而这就是里奇保罗的特别之处，他愿意教他们怎么做	2 分 40 秒	主持人现场+采访同期声+纪实跟拍

续表

序号	内　　容	时间	形式
14	介绍里奇·保罗的成长故事，家庭背景。在从小长大的街区，里奇·保罗讲述自己从这些环境中得到的人生经验。里奇·保罗谈起 19 岁时父亲去世对他的影响。画面介绍里奇·保罗的职业经历，从事职业培训，他必须建立一家数亿美元的公司才能让人们相信他	6 分 10 秒	资料+主持人现场+采访同期声+纪实跟拍
15	比尔·惠特克采访勒布朗·詹姆斯，詹姆斯评论里奇·保罗的表现远远超出了他的想象。介绍里奇·保罗与歌手阿黛尔的恋情。里奇·保罗说自己的经历比很多人都糟糕，但他进化了，成熟了，转变了。这种感觉很棒，这是自己赢得的，而不是谁给予的	1 分 05 秒	主持人现场+采访同期声
16	比尔·惠特克介绍今晚的 60 分钟多出了半个小时，莱斯利·斯塔尔将看看 3D 打印和一家名为 icon 的公司是如何运作的。外景画面一个在建筑工地上用 3D 打印出的四居室	1 分 30 秒	主持人演播厅+外景画面
17	画面切换到莱斯利·斯塔尔演播室，莱斯利介绍得克萨斯州奥斯汀一家用 3D 打印出了整个房子，改变建造方式，建造更多经济适用房，甚至在月球上建造房屋	55 秒	主持人演播厅
18	得克萨斯州，戴着牛仔帽的 Jason Ballard 接受采访。邀请莱斯利进入 3D 打印出来的房屋里。这里是世界上第一个 3D 打印房屋社区。播放房屋打印过程，用 iPad 来控制房屋的打印，介绍房屋的结构。回到采访现场，莱斯利询问 Jason Ballard 为什么要这么做。Jason Ballard 回答因为现在的房子太贵，而且会被火灾和飓风、白蚁摧毁。Ballard 展示 3D 打印墙壁和传统墙壁的区别。3D 打印可以抗飓风、抗火	4 分 10 秒	
19	介绍 Jason Ballard 的成长经历，Ballard 说自己正在成为一名圣公会牧师，因为感觉目前的住房不合适，所以他学习了保护生物学，参与了可持续建筑，正在考虑无家可归的问题，他的家乡当地的房屋被飓风摧毁，他觉得自己有责任帮助家人。对他来说，建造 3D 房屋不仅仅是一项爱好或业务，而是某种使命。画外介绍 Ballard 与大学好友 Evan Loomis 共同追求这一使命，两人找到所有关于住房机制的内容，设计 3D 打印机。从打印小棚子开始。介绍 Ballard 和好友们的创业历程，坚持和永不放弃的信念	3 分 40 秒	资料+主持人现场+采访同期声+纪实跟拍
20	画面展示一个 350 平方英尺的成品房子，这个小房子为他们赢得了很多的关注创新奖和投资者。采访一个无家可归社区的负责人，介绍社区的严峻情况，Ballard 为无家可归者用 3D 打印了一个村庄。采访一位住进 3D 房屋的无家可归者，他说自己是地球上最后一批从新技术中受益的人。画面介绍 3D 建筑将在未来的应用。Ballard 在采访最后谈到他们的目的，就是从根本上改造建造的方式，不仅在地球上，而且在月球上也能进行 3D 打印	3 分 10 秒	资料+主持人现场+采访同期声+纪实跟拍

续表

序号	内　容	时间	形式
21	《60分钟》的演播厅，莱斯利·斯塔尔评论说人类永远在月球上生活和工作，一直是科幻小说的主题，但对于NASA的这个梦想几乎可以实现，他们的新EMIS计划让美国宇航员50多年来重返月球。这一次是为了最终留在月球上，3D打印在月球上将发挥作用	3分	主持人现场+采访同期声+纪实跟拍
22	莱斯利采访NASA负责人，谈与Ballard的合作。测试3D打印所用的混凝土的建筑材料的优势和坚固性。谈在月球上建筑房屋的可能性和准备工作	4分20秒	主持人现场+采访同期声+纪实跟拍
23	采访Ballard，他谈起自己的梦想，以及人们对他的梦想的期待，他实现的可能性，他将用他整个生命来实施这个梦想	2分	主持人现场+采访同期声

【节目特色】

《60分钟》是美国新闻历史上资历最老、收视率最高的电视节目之一，它还是美国电视节目中获得美国电视最高奖——艾美奖（Emmy Awards）较多的节目之一，艾美奖的评委们认为，《60分钟》"用简单而有效的方式深入故事的核心，进入人物内心，编排自由、富有活力，开创了一种新的节目样式"。《60分钟》作为美国新闻调查节目的先驱，其主题以报道严肃新闻为主，涉及政治、经济、外交领域的重大事件，报道风格严肃客观却不拘谨，内容深刻而不晦涩。《60分钟》的记者擅长从社会热点事件中找到独特视角，给观众以全面、理性的解读。节目拥有忠实的收视群，在新闻界享有很高的盛誉。

1. 简洁鲜明的节目样式

挂在墙壁上的时钟，每期节目三个人物故事，是新闻节目《60分钟》坚持了大半个世纪的节目样式，也是节目的核心价值——用60分钟的时间，讲述60分钟的故事。

《60分钟》的片头以黑色的背景开始，随后秒表的指针开始旋转，象征着节目的计时和严谨。杂志方框中出现本期节目的三个故事片段，凸显节目的故事性和吸引力。紧接着是本期节目记者的图像，强调节目的真实性和可信度。最后出现的是主持人，为节目奠定了基调和风格。在每个故事开始前，都会有记者的一段前言介绍，为观众提供背景知识和理解故事的线索。黑色的背景上有一本打开的杂志图像，包括大标题、主要内容图像和部分文章，旁边用比标题稍小的字注明制片人的名字，凸显节目的专业性和组织性。

《60分钟》的形象简单而有效，从始至终向观众传达着客观、理性的节目原则，实实在在地为观众提供高质量的信息。简洁的形象使《60分钟》在观众心目中的定位更加明确，成为一个值得信赖的信息来源。《60分钟》的结构编排非常紧凑、连贯，没有多余的叙述，也没有多余的画面语言，每次转场和剪接都恰到好处。从大的表现形式来看，节目采用主持人演播室评论介绍、谈话现场加人物同期声、画面加解说词（有时解说词让位于有现场声的画面）三大块交叉组合完成，其中第二部分占据最大的比重。只要能用画面加同期声来解释原因的绝不使用解说词，只要能用画面加解说词来说明问题的绝不让主持人出镜评说，充分展示形象化叙事的特点。而且整期节目看下来，给人呈现一种整体性，这是《60分钟》作为杂志型新闻节目的独到之处。

2. 独具特色的选题及其报道风格

作为一档调查性新闻杂志栏目，《60分钟》一向十分重视前期的选题策划，从制片人到记者、编导，在选题策划时都要考虑题目是否具有独家性，资料的来源是否畅通、收到的信息是否准确、方案是否可行等，对这些因素的判断，从发现新闻点、调查研究、查找线索，到决定是否做这个选题，怎样进行采访、怎样取证，最后列出大纲，开始做节目。选题策划的概念深入每一个制作人员的心中。

《60分钟》聚焦于严肃的政治性新闻题材和当前最具新闻价值的热点事件新闻人物。提倡题材的新闻性、时效性、政治性和娱乐性。通常每则报道都有自己的新闻由头。在采访过程中主持人的提问是客观冷静的，主持人不把自己的意志强加给对方，也不强加给观众，而是通过采访代表不同意见、观点和立场的新闻人物，给观众留下客观公允的印象。从主持人的演播室介绍、解说词的补充说明、提问的巧妙设置，再到各式人物的采访，再到节目最后的评论，《60分钟》基本上不把主观的意见和观点直接表达出来，不影响观众自身的理解和评判。但观点往往隐藏在镜头与画面的精心编辑、典型画面及细节的突出和放大、主持人的巧妙设问及提问顺序中。

《60分钟》的节目内容上，不盲从主流是它的一大特点，所看重的是创造自己的新闻，从生活中挖掘出有价值的东西。这也是《60分钟》几十年能够成功的重要因素之一，观众收看这个节目，是因为它能告诉观众在其他地方听不到的故事。在每一则新闻报道上，都力求深入、分析透彻，《60分钟》是一个杂志型新闻节目，一定量的节目时长保证了采访调查的展开和深入，每则报道都着力挖掘事件背后的深层原因和人物内心深处的情感，栏目的主持人也都以高度的责任心、游刃有余的现场采访能力和高超的观察分析能力使每则报道都承载了相当的深度。

3. 故事化的叙事方式

《60分钟》的创始人唐·休伊特曾经说过："《60分钟》成功的公式是简单的，它可以就简化为几个字，这几个字是世界上所有的儿童都知道的，那就是，给我讲一个故事。就这么容易。"①《60分钟》的节目形式是它成功的外在因素，从本质上来说，它的成功是它讲故事的叙事风格。在一个小时的时间里，向观众讲述几个精心挑选的小故事。怎么样才算是一个真正的好故事，这是《60分钟》成功的关键之处。

什么是好故事？按照唐·休伊特的观点，好故事的标准就是晚上播出的节目是第二天早上人们的话题。他

---

① 《新闻报道与写作》，中国广播电视出版社1981年版，第14页。

说："我对新闻的理解是，从未听说过的故事。《60分钟》所擅长的正是讲述这样的故事。"①在他看来，《60分钟》成功的重要因素还在于采访对象比节目的制作者会讲故事。记者和编导只是帮助采访对象讲好故事。《60分钟》的故事往往很简单，但故事中除了有着生动丰满的人物外，还有着真实曲折的矛盾冲突。《60分钟》有一个非常清晰的概念：在要讲述的故事中，人是最为重要的，因此所选的人本身必须是知名的或者身世曲折离奇的，其中必须含有一些感人至深的故事。

除了有一个好的故事，《60分钟》故事化的叙事方式也是一大特色，主要体现在对冲突的把握上：注重对情节的挖掘，对冲突的表现，对细节的抓取和对节奏的控制。《60分钟》的叙事强调真实性，同时又具有戏剧性、形象性。他们极力寻找形象化论据。这集中体现在《60分钟》的政治性新闻题材中（有事件性报道、非事件性报道以及人物报道），不论是表现主题还是陈述事实，镜头、段落之间都严格按照实证性原则进行蒙太奇结构，以求论据的确凿、论证的严密和论点的有力。通常主持人都亲临现场，按事件性质与发展线索采访重要人物，掌握充分翔实的资料，以最具视觉效果和富含信息量的形象化论据来陈述事实、分析原因、阐明观点。并且，节目组精心选择典型性事件，这集中体现在《60分钟》一些轻松的人物或事件性报道中，此时蒙太奇结构拥有较大的时空自由，着力表现生活，升华主题，反映人物的个性。通常会将人物一生中的典型事件构成叙事的线索和节目的主要框架。

4. 强大的制作队伍

《60分钟》的记者和主持人大部分是中年甚至老年人，他们着装严肃，话语严谨，其谈吐和主持风格与栏目的整体定位和内容相契合。在1979年时，就有70多名记者、编辑和制作人员在制片人唐·休伊特的指导下该节目组工作，每年制作大约120期节目。

麦克·华莱士（Mike Wallace）是《60分钟》当之无愧的元老，自1968年节目创办到2006年他以87岁的高龄从《60分钟》退休。有媒体评论，正是华莱士和《60分钟》节目把电视访谈节目变成了"握紧拳头的艺术形式"，他的退休标志着一个时代的结束。② 麦克·华莱士出生于1918年5月，1963年加盟CBS之前曾在多家报社和电台、电视台担任记者和主持人。华莱士所独有的"挑起冲突"的提问方式——在电视摄像机无情地拍摄下运用充足的证据向做了错事的新闻当事人提问，他们在这样的压迫下不得不躲避、撒谎、辩解，观众为这样的采访方式着迷。麦克·华莱士出色的工作为他赢得了多项荣誉，如艾美奖和皮博迪奖等。

1970年，《60分钟》迎来了另一位善于提问的记者莫利·塞弗（Morley Safer）。1975年，在美国享誉度极高的明星记者丹·拉瑟（Dan Rather）来到

---

① 张卫华：《〈60分钟〉：一帮老家伙整出的王牌节目》，《第一财经日报》，2004年12月3日。
② 《麦克·华莱士——"新闻怪杰"退出60分钟》，《羊城晚报》，2006年3月17日。

《60分钟》，并带来了大批忠实的观众。1978年，著名专栏作家安迪·鲁尼的加盟给《60分钟》增添了固定的评论栏目。在20世纪80年代，埃德·布莱德利（Ed Bradley）和史蒂夫·克劳福特（Steve Kroft）先后到来，前者以人物专访见长，后者则占有年轻的优势。

自《60分钟》首播至今，美国的电视栏目大多改头换面，《60分钟》却坚持原有的风格和面貌，更难得的是，原有的制作班底一直保留，因此观众在《60分钟》里看到的是一张张记录着岁月痕迹的面孔。与其他新闻栏目不同，《60分钟》不设固定的栏目主持人，只让本期节目的出镜记者在演播室做简短述评。它的主持人都是记者，记者同时也是主持人，这是节目的要求和特色。1978年，《纽约时报》曾如此评价该节目组的主要记者麦克·华莱士、哈里·里森纳、莫利·塞弗和丹·拉瑟等："他们（《60分钟》的记者）有着已经是灰白的或正在变成灰白的头发，他们有因年龄而显得松弛的面部肌肉却充满对社会关注的神情，他们的特征是无数次地为采访而穿梭于世界各地、为迫在眉睫的截稿时间而忙碌，或偶尔也会放松地喝上一杯马蒂尼酒，所有这些都与另外一些因循守旧的电视记者们形成鲜明的对比——那些记者们从通讯社的新闻稿中摘录只言片语，然后问一个刚刚被地震摧毁家园的人'感受如何'——（相形之下，《60分钟》的记者）更受人欢迎。"

三、《新闻调查》

节目名称：《新闻调查》（*News Probe*）
节目类型：新闻调查类
播出平台：CCTV 新闻频道
开播时间：1996 年 5 月

【节目介绍】

《新闻调查》是中央电视台一档深度调查类节目，时长45分钟，每周一期，从1996年5月17日节目开播开始，它以记者的调查行为为表现手段、以探寻事实真相为基本内容、以做真正的调查性报道为追求目标，崇尚理性、平衡和深入的精神气质。在中国社会发生重大变革的时候，《新闻调查》注重研究真问

题，探索新表达，以记者调查采访的形式，探寻事实真相，追求理性、平衡和深入，为促进和推动社会和谐进步发挥着点点滴滴的作用。

1996年5月17日，《新闻调查》正式开播，开播时节目打出的口号是"正在发生的历史，新闻背后的新闻"。首期节目《宏志班》从形式到内容上都呈现出了独特形貌，奠定了《新闻调查》的基准节目样态：双机拍摄、记者现场采访、现场评述，对事件多角度分析、递进式探究，这种节目形态一直沿用至今。

【节目内容】

以 2023 年 9 月播出的一期节目《涿州：洪灾过后》为例：

序号	内　　容	时间	形式
1	本期节目内容介绍，片头	1 分 45 秒	播放短片+解说
2	涿州静雅学校内的人员在洪水中安全转移	40 秒	现场画面+解说
3	洪水退去后，校园一片狼藉，校长指挥清理淤泥，介绍校园内被洪水毁坏的情况画面	1 分 45 秒	现场画面+采访同期声+解说
4	涿州受灾情况介绍，灾后如何重建？记者回到涿州实地采访拍摄	40 秒	现场画面+解说
5	涿州的城市秩序正在恢复正常，记者又来到了受灾严重的静雅学校，校内的淤泥已经清扫干净。校长带记者察看洪水水位在墙壁上和教室桌椅上留下的水渍。学校员工清扫卫生，在为开学做准备	3 分 25 秒	画面同期声+解说
6	记者在学校遇到了涿州副市长，他每天都在各个学校检查开学前的准备情况	1 分 40 秒	采访+同期声+解说
7	记者继续采访调查涿州企业复工复产的情况，工人已经在工厂里正常工作	2 分 30 秒	现场画面+解说
8	播放涿州洪水时，高新区管委会副主任带领大家救灾的画面	3 分 20 秒	画面同期声+解说
9	采访亚大公司企业负责人，谈灾后复工遇到的困难和解决方法	1 分 45 秒	现场画面+采访+解说
10	采访管委会副主任和企业负责人，分别谈正在做的灾后重建工作	1 分 30 秒	现场画面+采访+解说
11	节目组来到了刁四村，20 多天前受灾严重的村子，村民都在修复房屋，想在冬天来临前恢复正常生活	5 分 30 秒	现场画面+采访+解说
12	节目组来到了村民张晓丽的家，之前为房屋被淹而痛哭的她，正在家里做清洁	3 分 30 秒	现场画面+采访+解说
13	村里的志愿者张双夫妇的故事，家里同样被洪水毁坏的他们，依然保持着乐观的心态，在村里帮助其他村民。公公带节目组去到地里，被洪水毁坏的庄稼	7 分 30 秒	现场画面+采访+解说
14	勤劳的村民们在地里忙活着，蔬菜合作社的负责人在查看土地，带领村民补种各种蔬菜粮食	15 分 15 秒	现场画面+采访+解说
15	8 月 31 日，靖雅学校开学了，学生们纷纷返校了，新学期开始了，一切都在复苏	1 分 33 秒	现场画面+采访+解说

【节目特色】

《新闻调查》是中央电视台最具深度的调查类栏目，其特色在于其独特的调查方式、记者的深度参与、深入的独家发现、完整的调查过程以及简练精干的记者出镜风格。

1. 贴近民生、多元化的选题

《新闻调查》关注社会热点问题，选取具有代表性、影响力、与民众利益相关的主题进行报道。这些热点问题包括但不限于政治、经济、文化、教育等领域，旨在揭示现象背后的社会问题，推动社会进步。节目选题多以反映当前重大民生问题为切入点。通过分析事件的背景、性质和影响等因素来寻找最佳解决方案和社会舆论支持点。同时注重对事件背后隐藏的社会问题的挖掘和分析。2023年4—8月，《新闻调查》的节目选题为：《大城市小乡村》《迷途知返》《县里来了手术机器人》《南北红树林》《健康管理的乡村实验》《产教融合》《罗湖医改》《朱鹮：从七到九千》《拆迁办窝案》《追问养老诈骗》《盛泽镇故事》《生态空间》《排海之争》《"千万工程"二十年》《核素之问》《洱海边的试验》《花园村故事》《晋江鞋业破局》《我的抗美援朝》《洪水中的刁窝》《塑料与污染》(上、下集)。

从以上选题可以看出，新闻调查的选题侧重于普通人的普通生活，是一档为平民大众服务的调查类节目。选题内容注重生活化、平民化，有贴近性。在主题故事的展开方面，《新闻调查》采用了长短结合的叙事方式，将硬新闻做得好看又好听。"小切口+连续剧"，围绕一个话题进行多角度追踪和呈现；如在《涿州：洪水过后》这期节目中，抓住"洪水过后的复苏"这一主题，从学校、城市、工厂、村庄的复工复产方面着手，多维度追踪和呈现，并于之前的洪水中拍摄记录的素材进行穿插，将平淡的新闻讲述变得层层递进，吸引观众看完整期节目。此外，在很多选题中，《新闻调查》利用节奏感强、信息密度大、悬念丛生等要素增加了观看的新鲜感和吸引力，在保持客观冷静的新闻视角上逐一揭开事实真相的面纱。

《新闻调查》不仅关注国内新闻事件，也关注国际重大新闻，以全球视野解读新闻事件，为观众提供更广阔的视野和更多的信息。如全球关注的日本核污水排海的问题，2023年6月和7月，新闻调查连续做了两期选题《排海之争》《核素之问》，对公众关心的海水污染问题进行了详细调查和追问，让观众能够全面了解事件的全貌和背后的各种因素。

2. 专业化的节目运作机制

为了追求节目的高品质和职业化，《新闻调查》设置了专业化的细致分工，有制片人、记者、编导、摄像、录音、策划、秘书、制片、统筹、后期制作等工种。一个节目的完成，需要这些工种分工合作。制片人负责栏目的整体运作和日常管理，栏目实行制片人负责制。记者专司采访，编导整体把握结构故事，摄像实现内容的影像化，录音负责声音的记录和表达，等等，每个人都把自己的专业特点发挥到极致，以确保这个栏目具有高品质。

在专业化分工的基础上，为保证节目生产运作的效率，从2003年开始，《新闻调查》在中国人民大学的人力资源专家的帮助下，在中国电视界首次引入资源管理的概念，建立了一整套有效的管理机制，其中包括绩效评估体系、调查性报道的风险机制、记者中心制、积极借助外脑等。

《新闻调查》的节目制作，从立项到完成整个传播过程，一般有七个过程：选题遴选—选题申报—前期调查与拍摄—后期制作—样片送审—节目播出—总结评价。

选题申报：每周一、周四栏目定期召开选题会，节目组成员将自认为符合选题标准的信息提交选题会筛选讨论，经制片人认可后，按照节目规定的统一格式撰写选题报告，交制片人审阅，然后呈送分管台领导审批。批复后的选题报告是制片人安排拍摄任务、编导选择题材的依据。《新闻调查》选题遴选的标准有三：第一是调查性，第二是故事性，第三是命运感。调查性一方面是指事件与公众的利益密切相关观众十分关注，另外，调查性还特指选题具有调查的空间，必须要有等待揭示的真相。

准备调查：为保证节目的真实深入，立项的选题在摄制组进行前期拍摄之前，往往都要进行先行调查，也称为"前前期调查"。一是弄清事情的来龙去脉，确定哪些人可以在镜头前接受采访，选择调查方式和路径等。

前期：摄制组赴新闻事件发生地进行拍摄、采访。开机拍摄前，摄制组应该召开会议，就策划案的内容进行充分沟通，就调查重点、影像化方案和可能遇到的问题做好预案。

后期剪辑：后期剪辑是调查成片的关键环节。编导需要组织起画面、声音和语言等元素，重建事件的逻辑，展现调查的过程，突出调查重点。

3. 完善的节目营销理念

为了扩大节目的影响力，提高节目传播效果，从 2003 年开始，《新闻调查》逐渐形成了一套节目营销的理念和体系，确立了单期节目的营销、品牌的营销和重大活动营销等多种方式。就单期节目的营销来说，包括节目播出前的预告、节目播出后的二次传播、与观众的互动交流等。节目预告主要渠道是通过央视新闻频道《约会新七天》和每日滚动的导视以及综合频道的导视等窗口进行。另外，《新闻调查》和多家平面媒体和网络有合作，优秀的节目会被一些平面媒体和网络再次传播，形成舆论热点。

为了提升品牌的影响力，《新闻调查》还开展了多次校园行活动，和在校大学生交流新闻理念和职业理想，并就节目实践中遇到的问题和专家学者共同研讨。随着社交媒体的发展，《新闻调查》利用社交媒体平台，如微博、微信等，与观众进行互动和交流。通过发布节目预告和幕后故事等内容，吸引观众的关注和讨论，也通过与观众的互动，了解观众的需求和反馈，不断改进节目内容和形式。

第四章　真人秀节目

第一节　中外真人秀节目综述

真人秀以真实人物为基础，通过设定特定情境和规则，让参赛者在其中进行竞技、挑战或者表演，同时记录他们的行为和反应。真人秀的节目理念为其他节目形态带来了新的电视元素和电视技巧，目前电视上频繁出现的各种选秀节目、益智节目、竞技节目、大奖赛等，都借鉴了真人秀的手法和技巧。

2000年起，始于荷兰，后被澳大利亚、德国、丹麦、美国等18个国家广泛移植的节目模式《老大哥》(Big Brother)，在全球范围内掀起了巨大的"真人秀"(Reality TV)浪潮。此后一系列类似节目相继出现，具有代表性的是美国哥伦比亚广播公司(CBS)的《生存者》(Survivor)、福克斯电视公司的《诱惑岛》(Temptation Island)，法国的《阁楼故事》(Loft Story)，德国的《硬汉》(Tough Guy)以及2004年NBC推出的《学徒》(Apprentice)等。此后，欧美国家出现了更多著名的真人秀节目，如风靡全球的《流行偶像》《美国偶像》《学徒》《荷兰之声》等，随着全球化时代的到来，这些节目模式也在全球蔓延，最终形成了一股强大的真人秀节目潮流。

无论是从节目的数量或者是节目的观众收视反映，真人秀都已经成为电视节目的一种主流形态。2000年6月，广东电视台《生存大挑战》节目开播，让中国观众首次领略到了真人秀的节目魅力。随后，中央电视台及上海、湖南、四川、贵州、浙江等省级电视台纷纷开办真人秀节目。2005 年，湖南卫视《超级女声》的空前火爆更是把中国真人秀节目推向了高潮。此后，《中国达人秀》《我是歌手》《中国好声音》《奔跑吧兄弟》等真人秀节目在中国不断涌现，制作质量和社会影响明显提高。

一、真人秀电视节目的概念及发展

真人秀（也称真人实境秀、真实电视，Reality Television），真人秀电视节目融合了纪录片和剧情片，通常记录真实人物的日常生活，以及他们在特定情境下的反应和行为，这些情境可能是挑战性的，如极限运动、生存挑战、竞技比赛等。

真人秀节目迎合了普通人的求知欲、猎奇心、八卦、偷窥他人隐私的心理。"真"是它的特色。它是非虚构的，非虚构就是一些普通人在一些普通状态下的生存状况，用纪实的手法去反映。"人"是它的核心、根本。人性、人格化是真人秀节目的目的。换句话说，如果一个节目看下来，没有凸显里面的人、人性、人格，没有被观众记住，没有感染观众，则这种真人秀的成功是有限的。"秀"是指虚构和游戏。"秀"是它的手段，所有的真实必须通过虚拟的规则来完成。如果规则没有掌握好，前面的人性、人格出不来，它的真实空间就得不到体现，所以这三个环节是环环相扣的。

真人秀电视节目的核心元素包括：参与者、规则和情境、评委或指导者、竞争元素、观众参与等，这些元素共同构成了真人秀电视节目的基本框架。世界上最早的真人秀节目源于 20 世纪 50 年代的美国，当时有一部叫作《一日女王》（Queen for a Day）的游戏节目。节目内容是女性通过种种可怕的考验后博得观众的同情心，来赢取作为奖品的皮草大衣和家用电器，节目已经具备真人秀节目的雏形。但真人秀节目的兴起却是在 20 世纪 70 年代。美国的公共电视网（PBS）在 1973 年首播了一部叫《一个美国家庭》（An American Family）的纪录片，一个叫 Loud 的人家开放其家庭让摄制队拍摄 7 个月共 300 多小时的片段，最后剪接成 12 个小时的节目，吸引了数千万观众观看这一家人由儿子出生到婚姻破裂的整个过程。

1990 年 1 月播出的《美国家庭滑稽录像》掀开了真人秀节目的新篇章。节目播出了许多精彩搞笑的家庭录像带。该节目的录像由观众选送，笑料百出。这些录像带可以通过评选赢得大奖。除了每周一次的评选，节目每季还会给观众认为最搞笑或者最特别的录像颁发高达 10 万美金的特别奖。这一喜剧系列主要是关于一些大人、小孩、动物甚至是无聊的物体的各自形态在互相映衬时显现的滑稽，从恶作剧到修房失败，从动物的闯祸到一些奇怪的动作，应有尽有。它试图向观众指出，真实生活中的人就像他们在电视上一直看到的虚构人物一样动人。

真人秀发展的转折点则是 1992 在 MTV 出现的《真实世界》（Real World）节目，7 名 20 多岁的青年男女住在一起，摄像机 24 小时跟踪拍摄他们的起居生活。该节目已具备了真人秀电视节目的主要元素。到了 1997 年，瑞典制作播出了被称为"真人秀之母"的《远征罗宾森》，这个节目是最早被称为"真人秀"的电视节目。

1998 年，好莱坞电影《楚门的世界》（The Truman Show）促进了真人秀概念的进一步传播。但是这些影视节目在当时并没有引起人们对"真人秀"这一概念的重视。直到 1999 年，荷兰电视台推出了《老大哥》(Big Brother)节目，真人秀节目才开始作为一种独立的节目样式出现并发展起来。《老大哥》节目的名字出自乔治·奥威尔的预言性小说《1984》，节目精心挑选出 10 名背景不同、性格各异的选手，把他们封闭在一个房屋里。在共同生活的 85 天里，选手们每周六要选出两个最不受欢迎的人，而每天守候在电视机前的狂热者们则用声讯电话，在这两人中选出一个他们最不喜欢的选手出局。在共同生活中，选手们可以定期到一个只有一台摄像机的屋子里，面对镜头，向他们心目中的"老大哥"倾诉。

1999 年 10 月，法国坎内举行的电视节，来自全世界的电视台都争先恐后地挤在恩德莫尔(Endemol)公司的摊位前，争相购买《老大哥》的放映权。随后，澳大利亚、德国、丹麦、美国等 20 多个国家照搬制作了各自的版本。

2000 年 5 月，美国哥伦比亚广播公司(CBS)推出风靡世界的野外生存类真人秀节目《幸存者》。节目开播当年，即创下美国夏季节目收视率的新高，并且创下 CBS 在该时段 13 年来的收视纪录。在全美上下掀起了一股《生存者》狂潮。大到节目"模仿秀"，小到最后 4 位《生存者》身上的衣着，在一夜之间都成了美国人的时尚。

2001 年 1 月 10 日，美国福克斯广播公司在一片争议声中推出的新节目——《诱惑岛》(Temptation Island)。同年 4 月 26 日，法国电视六台的第一个真人秀节目《阁楼故事》首播，《阁楼故事》的节目样式与美国《幸存者》的荒岛生存大赛几乎一样，唯一的不同是把场景从户外搬到了室内。

早期的真人秀节目为此后真人秀节目的流行奠定了基础。直到现在，全球流行的真人秀节目中，大多数依然延续了早期的节目模式，以下几档节目模式，均已经播出制作了 10 年以上，被世界几十个国家复制，代表了全球真人秀的主流方向。

(1)《美国偶像》(American Idol)，《美国偶像》起源于英国的《流行偶像》，美国福克斯广播公司(FOX)从 2002 年播出至今，也是国内《超级女声》节目的美国原版。节目旨在给平民百姓提供一个自由展现才艺和个性的舞台，真实地还原出平民选手的原生态表现，本真地呈现出一个生活中的平常人速成为明星的真实状态，记录他们蜕变成蝶的神奇过程。

(2)《与星共舞》(Dancing With The Stars)，美国广播电视公司(NBC)于 2005 年开始播出的舞蹈真人秀节目，与《美国偶像》一样是全球经典的真人秀模式。通过舞蹈和明星的默契合作，展现了不同文化背景下的人们之间的共舞和交流，也传递了合作和团结的重要价值观。

(3)《英国达人》(Britain's Got Talent)，2007 年 6 月开始在英国独立电视台(ITV)播出。参加者来自各行各业，唱歌、跳舞、魔术、杂耍，只要获得评委的认可，就可以参赛并且成为明星。节目口号"挑选英国下一个最具天赋的表演者"，不管年纪多大，任何相信自己有才能的人都可以参加海选。丰厚的奖励，尤其是为皇家表演的殊荣，吸引了许多普通人的关注和参与。

(4)《全美超模大赛》(America's Next Top Model)，美国派拉蒙电视网(UPN)2003 年开始播出，来自美国不同地方和阶层、年龄介乎 18~27 岁的参赛者，经过筛选后，获胜者将有机会成为著名企业的代言模特，成为时尚杂志上的封面女郎。

（5）《极速前进》（*The Amazing Race*）：美国哥伦比亚广播公司 2001 年开始播出，多对选手在一个月中进行环球竞赛。整个比赛分为多个赛段进行，其中淘汰赛段的最后一名出局，赢得最终赛段的队伍可以获得 100 万美元的奖金。比赛起点与终点均在美国，中间经过世界多个国家。各队必须按摄制组给出的路线资讯指引周游世界，并在赛程中完成规定的任务。

（6）《厨艺大师》（*Master Chef*），《厨艺大师》是在 BBC 于 1990 年推出的老牌美食节目《顶级厨师》的基础上发展起来的，来自全国各地的参赛者，他们必须在每一集节目中做出令裁判惊艳的菜肴以脱颖而出，最后优胜的冠军将可得到 25 万元的奖金以及正式走上梦想中的厨师之路。

（7）《学徒》（*The Apprentice*），2004 年在美国广播公司（NBC）开始播出，是最早的真人秀节目之一，在节目中，16 名参赛者在与企业相关的各种任务中相互竞争，以争取被商业大亨聘用，让参赛者有机会在企业界建立成功的职业生涯。

（8）《谁想成为百万富翁》（*Who Wants to Be a Millionaire*），1998 年英国独立电视台（ITV）首播的电视游戏节目，参赛者需要正确回答连续 15 条四选一的多项选择题，如果能全部答对，将可以获得一笔巨额奖金，通常是 100 万当地货币。以英国版《百万富翁》为例，最高奖金为 100 万英镑。

二、中国真人秀节目的发展

21 世纪初，中国的真人秀节目才刚刚起步，但真人秀节目在中国发展迅速。代表节目有《超级女声》《加油好男儿》《梦想中国》《我型我 show》《中国达人秀》《中国好声音》等，这些节目都受到了观众的广泛关注。随着经验的累积，越来越多的中国真人秀节目被制作出来，并得到国内外观众的认可。总体而言，从 2000 年至今，中国真人秀节目的发展过程大体可以分为兴起、发展和繁盛三个阶段。

1. 2000—2004 年：兴起阶段

2000 年 6 月，广东电视台推出了第一届《生存大挑战》。该节目从全国 500 多名应征者中挑选出了三名互不相识的"挑战者"，要求他们每人在 6 个月的时间里只带少量的物资钱财，完成广西、云南、西藏、新疆、内蒙古、黑龙江、吉林、辽宁八省（自治区）的3.8 万公里边境地带的旅途，整个过程历时 195 天。在活动过程中，贯穿着真人秀节目的原则：制作者制定规则，由普通人参与并全程录制播出，摄制组不能在经济上、交通上提供任何帮助。

作为国内首个独立制作的真人秀节目，第一季《生存大挑战》在国内外产生了很大的影响，当时全国媒体的报道铺天盖地，中央电视台的王牌节目《实话实说》曾邀请 3 名挑战者到现场参加了一期《生存大挑战》专题研讨。

《生存大挑战》节目是我国真人秀节目的雏形，此后，这类节目在国内被广泛模仿或移植。中央电视台在《龙行天下》的基础上推出的《金苹果》，浙江卫视推出的《夺宝奇兵》，贵州电视台在《星期四大挑战》基础上推出的《峡谷生存营》，央视在《开心辞典》《幸运52》特别节目的基础上制作的《欢乐英雄》等节目纷纷登台亮相。

2003年8月10日，"2003年中国真人秀论坛"在贵阳召开，这是中国第一个真人秀节目论坛，由贵州电视台主办。在论坛上，与会人员观看了近年来国内外有代表性的真人秀节目，传媒专家们作了主题发言。以这次的"真人秀论坛"为分界点，中国的真人秀节目逐渐走向多元化。

2. 2005—2012年：发展阶段

2005年是国内真人秀快速发展的一年，其中，以"海选""全民娱乐""民间造星"为主要特征的"才艺表演类真人秀"《超级女声》《梦想中国》和《莱卡我型我秀》都取得了不俗的收视成绩。同时，一批职场真人秀节目如东方卫视的《创智赢家》也发展起来，成为国内真人秀节目的又一大热点。真人秀节目不断创新，新节目、新创意层出不穷。

真人秀节目在我国拥有巨大的市场发展空间，据电视调查机构央视索福瑞公布的资料显示，《超级女声》播出时期，湖南卫视收视率在中国排名居第二位（总收视率第一位央视一套）；《超级女声》节目也是同时段节目的收视率第一位。高收视率往往会带来巨大的商业资助和丰厚的广告利润。在电视市场化，媒介竞争激烈的当下，真人秀节目的商业价值被不断的挖掘。2006年年初，中国社科院发布的《2006年：中国文化产业发展报告》追踪了"超女"的整个产业链条，并估算出这个节目各利益方直接总收益约7.66亿元，按经济规律分析，"超女"对社会经济的总贡献至少达几十亿元。

受《超级女声》产业化成功运营的启示，2006年，真人秀节目在中国成为最热门的节目形态。婚恋类、旅游类、整容类等各种类型的真人秀节目如雨后春笋般涌现出来。2006年3月23日，《我型我秀》抢先启动，并首度在上海开设"新声力量训练营"。不到一周的时间内，号称当时中国最大的平民造星运动——"2006CCTV《梦想中国》"拉开帷幕，节目除了在北京、上海等7个定点城市设置海选现场外，还首次在网上设置赛区。仅仅过了3天，备受关注的湖南卫视"2006《超级女声》"在长沙开幕。同年，广东卫视推出《生存大挑战》《明日之星》《超模大赛》。天津卫视2006年推出了四档"真人秀"节目——《化蝶》《今晚谁结婚》《我是当事人》《成龙计划》，这四档节目全部安排在晚上黄金时段播出。东方卫视除《我型我秀》之外，还推出了另外三档贯穿全年的真人秀节目——《民星大行动》《创智赢家》和《加油，好男儿》。

2010年，引进《英国达人》模式的《中国达人秀》不仅收视率频创新高，更让广大主流观众和文化精英一致叫好。2012年7月13日，荷兰音乐节目 The Voice of Holland 的中国版——大型音乐真人秀 The Voice of China（《中国好声音》）在浙江卫视播出。许多名不见经传的学员登场，靠着一把好声音，征服了电视机前的观众。

3. 2013年至今：繁盛阶段

2013年，湖南卫视引进韩国的歌手真人秀节目《我是歌手》和家庭亲子真人秀节目《爸爸去哪儿》，打造了"现象级"节目，根据央视索福瑞公布的数据，《爸爸去哪儿》2013年

10月11日播出当晚全国网收视率1.1%，城市网收视率1.46%，力压同时段其他综艺节目排名第一。此后的每期节目更是收视直线攀升，话题热议不断，也在国内掀起了一股户外真人秀节目的制作热潮。2013年至今，我国真人秀节目进入百花齐放的繁盛阶段，各种类型的真人秀获得了广泛的关注和喜爱。

（1）音乐类真人秀。作为真人秀中较受欢迎的类型之一，这类节目通常邀请明星或素人参加，通过演唱、创作、表演等方式展示音乐的魅力。比较知名的节目有《我是歌手》《中国好声音》《蒙面歌王》等。这些节目不仅提高了音乐的普及度，也激发了观众对音乐的热爱和欣赏能力。

（2）舞蹈类真人秀。节目通常邀请明星或专业的舞蹈演员参加，通过舞蹈表演和竞技展示舞蹈的魅力。比较知名的节目有《舞林大会》《热血街舞团》《这！就是街舞》等。这些节目不仅让观众欣赏到了高水平的舞蹈表演，也通过竞技比赛的形式增强了观众对舞蹈的了解和认识。

（3）美食类真人秀。明星或专业厨师通过烹饪、品尝、评比等方式展示中华美食的魅力。比较知名的节目有《食在囧途》《拜托了冰箱》等。这些节目不仅让观众了解了中国各地的美食文化和特色，也激发了观众对烹饪和品尝美食的兴趣。

（4）旅行类真人秀。通常邀请明星或旅游达人参加，通过旅行、探险、体验等方式展示世界各地的风景和文化。比较知名的节目有《花儿与少年》《妻子的浪漫旅行》《向往的生活》等。这些节目不仅让观众领略了世界各地的美景和文化，也激发了观众对旅游和探索世界的兴趣。

（5）职场类真人秀。是具有较高社会价值的真人秀类型。明星或职场新人通过模拟职场环境、面试、工作等方式展示职场的挑战和机遇。比较知名的节目有《非你莫属》《职来职往》《你好！面试官》等。这些节目不仅让观众了解职场环境和求职技巧，也激发了观众对职业发展的关注和思考。

（6）家庭类真人秀。家庭类真人秀比较温馨感人，也是明星或普通家庭参加，通过家庭成员之间的互动、交流、挑战等方式展示家庭的温暖和亲情。比较知名的节目有《爸爸去哪儿》《妻子的浪漫旅行》《我家那闺女》等。这些节目不仅让观众感受到了家庭的温暖和亲情的力量，也引发了观众对家庭关系的思考和关注。

（7）文化类真人秀。是具有较高文化价值的类型，这类节目通常邀请文化名人或专家参加，通过讲解、演示、体验等方式展示中华文化的独特魅力。比较知名的节目有《中国诗词大会》《国家宝藏》《成语英雄》等。这些节目不仅让观众了解了中国传统文化的博大精深，也激发了观众对传统文化的热爱和传承意识。

近年来，我国真人秀节目的类型丰富多样，涵盖了音乐、舞蹈、美食、旅行、职场、家庭、文化等多个方面。这些节目不仅提高了观众的娱乐享受，也通过各种方式展示了中国的文化和社会风貌，为推动文化自信和社会进步作出了积极的贡献。

第二节　真人秀节目的形态和特征

真人秀节目是一种新型综合性的电视娱乐节目，是假定情境中的真实展现。这里的所谓"假定情境"，是指真人秀节目大的框架是事先设定的，包括奖金的设定、环境的选择、参赛者的选取和游戏规则的制定等；"真实展现"，指的是节目的具体进程和细节是真实的。可见，真人秀节目与纪录片、电视剧和竞赛类节目既有相似之处，又有区别。真人秀借鉴了纪录片、电视剧和竞赛节目的一些要素，它是一种综合性的娱乐节目。其构成要素主要可归纳为：纪录片式的跟踪拍摄和细节展现，电视剧式的人物环境选择和矛盾冲突设置以及竞赛节目的欲望客体设置和淘汰方式。

一、拍摄方式：纪录片式的手段和细节展现

真人秀往往采用纪录片式的跟踪拍摄和细节展现手段，跟踪和记录志愿者的日常生活，呈现人物行动进程、细节。真人秀借鉴了几乎所有的纪实手段，来保证节目的真实性和现场感。西方的一些真人秀节目如《阁楼故事》《老大哥》等，在各个房间里（包括浴室和厕所）都有摄像机全天 24 小时纪录，也正因如此，真人秀节目遭到过许多学者的批评。

丰富生动的细节是真人秀节目的一个重要元素。正如细节在纪录片中的作用一样，真人秀节目中人物的言行、个性及品质等都要借助细节来表现。从某种角度上说，缺乏好的细节的真人秀节目是不成功的。在一些成功的真人秀节目中，我们可以看到不少这样的细节。如湖南卫视的真人秀节目《花儿与少年》中，就有很多丰富生动的细节，节目通过对嘉宾之间关系的描绘，展现了他们的友谊和矛盾，让观众更加深入地了解人物的性格和情感。在第一季中，陈意涵和杨洋之间的互动非常有趣，两人之间的友谊也逐渐加深，让观众感受到了他们的真诚和可爱。节目在介绍旅行目的地的时候，通过嘉宾们的视角和感受，展现了当地的风土人情和异域文化。第二季中，嘉宾们来到土耳其，参观了当地的博物馆、清真寺和历史古迹，感受到了土耳其独特的文化魅力。节目中的日常生活也让观众感受到了嘉宾们的真实和朴素。嘉宾们自己动手做饭、洗衣服、整理行李等，这些丰富生动的细节不仅让观众更加深入地了解嘉宾们的性格和情感，也让观众更加真实地感受到异域文化和挑战任务的真实和刺激。

二、矛盾冲突：电视剧式的选择和设置

真人秀节目的参加者大多不是电视剧主角那样的大腕，而是一些普通人，基本上没有上镜的经历，正因如此，节目中少了些矫揉造作，多了些亲切感，但这并非说明真人秀的参赛者就没有经过选择，其实在幕后有一场场"选秀活动"，节目的参赛者都是从数以万计的报名者中精心挑选出来的。选择的参赛者一般应具有以下特点：首先，屏幕形象要好；其次，要具有代表性，代表某一个阶层；此外，要"有戏"，也就是具有独特的个性。《幸存者》中的 16 个参赛者就包括公司培训员（理查德）、卡车司机（苏珊）、教师（凯丽）和退役军人（鲁迪）等，他们分属于不同的年龄，也有不同的性格。对于环境的选择也是非常考究的，要么是一些神秘的原始地带，如《幸存者》的荒岛，要么是封闭的房间（排除

一切与外界的联系方式），其目的是构建一个非日常化的环境。

其实，人物和环境的选择就为矛盾冲突的设置埋下了伏笔。从人物来看，不同阶层、不同年龄和不同性格的人在一起就必然产生矛盾冲突；从环境来看，日常化的人与非日常化的环境的冲突也是不可避免的，生活在大都市中的人要食用草根树皮（《幸存者》），"地球村"中的人要在几个月内与外部世界相隔绝（《阁楼故事》），这种冲突迟早会爆发的。除此之外，还预设了许多环节：首先，巨额奖金是诱发冲突的最重要的因素，多数人参赛的最为重要的目的就是竞争大奖。其次，围绕这个大奖设置了许多竞赛项目，在竞赛过程中冲突自然会表现出来。

从冲突的类型看，主要包括了人与环境的冲突和人与人的冲突。与环境的冲突主要是指人类在面对自然灾害、环境恶化等不可抗力因素时所产生的冲突。例如，在灾难片中，人们可能会因为自然灾害而面临生存危机，这种人与环境的冲突是常见的题材之一。而人与人的冲突则主要是指人类在社会生活中所产生的矛盾和纷争。例如，在竞技类节目中，参赛者之间可能会因为竞争关系而产生矛盾和冲突；在家庭生活中，家庭成员之间也可能会因为各种问题而产生矛盾和冲突。

综上所述，人物和环境的选择为矛盾冲突的设置提供了重要的背景和前提条件。同时，预设的环节和冲突的类型也为故事的发展提供了更多的可能性和看点。这些元素相互交织、相互影响，共同构成了故事中丰富多彩的矛盾冲突。

三、淘汰设置：竞赛节目的方式

奖金或奖品是竞赛类节目必不可少的一环，它能调动起参赛者主观能动性的充分发挥，从而增强节目的可视性。真人秀节目借鉴了这种要素。在真人秀节目中，奖金是参赛者参赛最重要的原因；奖金伴随整个节目的过程，节目中的竞赛淘汰大多是围绕奖金进行的；最后也以胜出者获得大奖而告终。

此外，真人秀节目借鉴了竞赛节目的淘汰制。真人秀节目也是采用层层淘汰的方式，或由内部投票表决，或由观众投票决定，或设置许多竞赛环节，直到最后剩下一人（如《幸存者》）、一对（如《阁楼故事》）或一组（如《垃圾挑战赛》）。

可见，真人秀吸收了其他节目中的一些成功的要素，是一种综合性的娱乐节目。正如电影虽然是包括文学、戏剧、音乐、美术等手段而不是各种要素的简单相加一样，真人秀节目中的各个要素也是紧密相连、不可分割的；它既不是纪录片、电视剧和竞赛节目的简单杂糅，也不是其中任何一种节目样式的副产品，它是一种新型的综合性电视娱乐节目。

四、游戏规则：在规定情景中按照一定的规则自由行动

真人秀根据空间划分主要包括两类：一类是室内日常生活封闭空间，另一类是室外的探索发现开放空间。在室内日常生活封闭空间中，真人秀主要通过摄像头记录参与者的日常生活。例如在《奇遇人生》《老大哥》和《阁楼故事》。主持人和嘉宾在有限的时间和空间内，完成各种任务和挑战，展现他们的个性和情感；在室外的探索发现开放空间中，真人秀则更注重对自然环境、人文景观等户外场所的探索和发现，例如在《向往的生活》中，主持人和嘉宾在乡村、海边等自然环境中，体验生活、寻找美食、进行各种户外活动等。

早期的真人秀节目经常选择在野外甚至人迹罕至的地方拍摄，如《生存者》是在南太平洋的一座荒岛上拍摄的，《走入香格里拉》的环境则选择在海拔 4000 多米的香格里拉。

不同的真人秀节目有不同的游戏规则。《老大哥》是将精心挑选的 10 名背景不同、性格各异的选手放在一处秘密的预制房屋中共同生活，不能与外界发生任何联系。选手们在共同相处加深认识后每周选出两位最不受欢迎的人，然后由观众投票淘汰其中一个。《阁楼故事》的规则与《老大哥》相似，但最后获胜的是一对男女而不是一人。《幸存者》则是将选出的 16 名参赛者送到无人居住的荒岛生活 39 天。在《向往的生活》中，参与者在乡村等自然环境中体验生活、寻找美食、进行各种户外活动等，这些活动也是在一定的规则和限制下进行的。

真人秀节目通过设定特定的情景和规则，让参与者在其中自由行动。这些规则可以包括任务、挑战、限制等，以增加节目的趣味性和紧张感。摄像头记录下参与者在规定情景中的表现，这些表现也是节目内容的一部分。观众可以通过观看这些记录来了解参与者在规定情景中的行为和情感。

五、竞赛目的：吸引观众注意力

真人秀节目是一种通过设定特定情景和规则，记录参与者自由行动的电视节目。不同类型的真人秀节目有不同的节目类型和主题，会设置相应的参赛条件。如果节目是一档歌唱比赛，参赛者需要具备一定的歌唱水平和表现能力。如果是才艺比赛，参赛者需要展示自己独特的才艺技能。比赛项目可以是各种挑战、任务或者比赛，要求参与者在实际情境中展现自己的能力和智慧。例如，在《奇遇人生》中，主持人和嘉宾需要在规定的时间内完成各种任务和挑战，这些任务和挑战就是比赛项目。在比赛项目的设置上，需要考虑节目的主题和目标受众，以及实际操作的可能性。

真人秀节目的竞赛目的通常是吸引观众和提高收视率。这些节目通过设定特定的情景和规则，让参与者在其中自由行动，以增加节目的紧张感和趣味性。同时，这些节目也可以通过竞赛目的来传递特定的价值观或社会意义。例如，一些真人秀节目会强调团队合作、勇气、智慧、生存技能等价值观念，以吸引观众并提高节目的社会影响力。如《我是歌手》的赛制是每期节目选出表现最好的选手晋级下一轮比赛，最后选出总冠军。《我是歌手》的竞赛目的是给予总冠军奖金和其他奖项，同时对被淘汰的选手进行淘汰赛。这种奖惩机制能够在激发参赛者竞争意识的同时，保证节目的观赏性和紧张感。

此外，真人秀节目还可以通过挑战自我、提升技能和能力，让参赛者通过参与比赛，锻炼身体，提升技能和能力，同时也能感受到竞争的激情和乐趣，为个人发展和职业道路打下基础。

六、节目与观众的互动

真人秀节目与其他节目相比的另一个重要特点是观众的参与。各种媒体是既竞争又合作的关系，如今媒体联合的趋势越来越明显。真人秀节目就架起了电视与其他媒体尤其是与互联网的联系的桥梁并从中受益。电视真人秀节目与观众的互动是通过与各种媒体的融合实现的。

1. 社交媒体互动

电视真人秀节目利用各种媒体加强节目宣传和征集参赛者。与观众进行互动，例如通过微博、微信、抖音等社交媒体平台发布节目预告、花絮、精彩片段等，吸引观众关注和讨论。同时，观众也可以通过社交媒体平台对节目进行评论、点赞、分享等操作，参与节目的互动和讨论。早在 2001 年，《走入香格里拉》组委会就通过全国各地的报刊、网站和电视台推广广告并征集志愿者。如今的真人秀节目已经和社交媒体融为一体，许多热播节目如《奔跑吧兄弟》《乘风破浪的姐姐》《花儿与少年》《中餐厅》等，在播出的当晚，社交媒体的话题不断，热搜也不断。

2. 网络直播

电视真人秀节目通过网络直播平台进行直播，吸引更多的观众观看和参与互动。同时，网络直播也实现了实时投票、弹幕评论等功能，增加节目的互动性和观众的参与感。湖南卫视制作的多档真人秀节目就是通过芒果 TV 实时直播，吸引了更多年轻的观众。

3. 观众参与

许多真人秀节目观众不仅是节目的接受者，还是节目的参与者，他们的投票具有决定性的作用，甚至可以改变节目的整个进程。在《老大哥》和《阁楼故事》中，淘汰的程序都是先选出两个被淘汰的候选人，最终由观众通过声讯电话等方式选出最没有人缘的一位淘汰出局。国内早期的选秀节目如《超级女声》《加油，好男儿》等，也是通过网友实时短信投票，决定选手的晋级或淘汰。在各种真人秀中，现场观众参与实时投票已经是一种常见的互动手段，近年热播的脑力竞技真人秀《最强大脑》，文化综艺真人秀《中国诗词大会》，都是由现场观众投票决定选手的去留。

4. 虚拟现实技术

电视真人秀节目可以利用虚拟现实技术，为观众提供更为沉浸式的观看体验。通过虚拟现实技术，电视节目可以让观众通过 VR 设备进入虚拟的场景中，与主持人或演员互动，并进行虚拟现实游戏。竞技真人秀《奔跑吧兄弟》曾经通过虚拟现实技术让观众在 VR 设备中参与冒险游戏，增加了参与感和互动性。

第三节　中外电视真人秀节目比较

中外电视真人秀节目在制作理念、节目形式、内容创新等方面存在一定差异。在制作理念方面，中国真人秀节目更注重娱乐性和观赏性，而欧美真人秀节目则更注重个性和创新。中国的真人秀节目通常会邀请明星担任嘉宾，以增加观赏性和话题性，而欧美的真人秀节目则更注重普通人的参与，强调个性和独特性。在节目形式方面，中国的真人秀节目通常会设定游戏规则和任务，参赛者需要在规定时间内完成任务，而欧美的真人秀节目则更注重参赛者的自我表达和个性展现。中外电视真人秀节目在制作理念、节目形式、内容创新等方面存在差异，这也反映了不同文化和市场需求对电视节目制作的影响。我们可以从以下几个方面对国内外真人秀节目进行比较分析，把握其内在规律。

一、真人秀节目的社会文化背景不同

中国真人秀节目兴起的社会文化背景是多方面的，随着经济的发展和人们生活水平的提高，消费观念和消费方式也在发生变化。人们不再满足于基本的物质需求，而是更加注重精神需求的满足。因此，真人秀这种以展示个人或团队生活、工作、情感等各个方面为主要内容的节目形式，正好符合了人们对于消费升级的需求，也成为现代社会中一种重要的文化现象。人们通过观看电视节目获取娱乐和消遣，也通过参与电视节目来展示自己的才艺和个性。因此，真人秀这种以娱乐为主要内容的节目形式，自然成为现代社会中一种不可或缺的文化产品。随着数字技术的不断发展，电视节目制作的技术手段和设备越来越先进，制作成本也在逐渐降低。这使得更多的普通人能够参与电视节目制作，也为真人秀节目的兴起提供了更多的可能性。

对于中国来说，真人秀节目是中国社会发展到一定阶段从西方引进的"舶来品"。而国外真人秀类电视节目的发展主要是与"八卦小报新闻业、电视纪录片和大众娱乐业有密切关系"①。从真人秀节目诞生之日起，讲述有人情味的故事、作为真实事件的记录者以及普通人及回归"普通人"位置的名人，就是其必备的元素。

在国外，真人秀电视节目的诞生及其兴起与工业社会的消费文化兴起密不可分，英国学者迈克·费瑟·斯通认为，遵循快乐主义，追逐眼前的快感，培养自我表现的生活方式，这一切都是消费文化所强调的内容。② 电视真人秀充分体现了后现代思潮影响下的消费文化的特征：它遵循快乐原则，从事欲望生产，追求当下的身体快感。为了吸引更多观众，获得更大经济利益，电视制作者以电视为舞台，以节目为道具，以受众为中心，创造出了很多能够使受众参与、值得受众回忆的体验式电视节目。

真人秀节目为人们的体验需要提供了一个平台，不仅参与者因为直接参与节目而获得了快感，观众也在观看时体验了成功的喜悦和失败的苦涩。人们通过真人秀节目来体验和尝试一种新的生活方式和生活理念，从而反观人的社会规则和生活法则。这就是电视真人秀在西方诞生后长盛不衰的社会文化背景。

二、展示人性：直白还是含蓄

电视真人秀的魅力，在于它能够比电视剧和纪录片展示出更多的细节，而这不加雕琢的细节，让真实的人的美或丑、差异性，被电视的前期和后期制作加以激活、放大和浓缩，让观众一览而快。

---

① ［英］安奈特·希尔（Annette Hill）：《流行真人秀——真实电视节目受众的定性与定量研究》，赵彦华译，中国国际广播出版社 2008 年版，第 41 页。

② ［英］迈克·费瑟斯通：《消费文化与后现代主义》，刘精明译，译林出版社 2000 年版，第 165 页。

国外的真人秀节目通常会让参与者自然地展现自己的个性和情感。节目制作方会通过隐藏摄像机和后期剪辑等技术手段，尽可能地保持节目的真实性和可信度。节目强调个性和创新，让参与者自由发挥自己的想象力和创造力。节目制作方不会设定过多的规则和限制，而是给予参与者足够的自由和空间，让他们能够真实地表达自己的想法和感受。国外的真人秀节目比较关注社会问题，让参与者在节目中真实互动。节目制作方会选择具有代表性的社会问题作为主题，让参与者通过互动和沟通来解决这些问题。

选秀作为典型的真人秀节目，国外的选秀并不回避各类"不和谐"的声音。因此，我们会经常在《美国偶像》中看到有选手当面指责评委，甚至朝观众"泼酸水"，当然，也少不了为了实现个人目的的选秀，向评委和观众极尽讨好、谄媚之能。制作单位把这些现场插曲毫不掩饰地剪辑出来，一方面是为了能调动节目的看点、刺激收视率，另一方面是为了尊重真实的人性，让观众了解，偶像们在成为偶像的道路上并不如粉丝想象得那般完美。应该尽量减少人为干预，让参与者能够自然地展现自己的个性和情感。在真人秀节目中，不应过分设定任务和规则，而应给予参与者足够的自由和空间，让他们真实地表达自己的想法和感受。这样不仅可以提高节目的真实性和可信度，还可以让观众更深入地了解参与者的内心世界。

中国的真人秀节目在表现人性方面有着不同的方式和特点。节目会设定各种任务和挑战，这些任务和挑战可以展示参与者的能力、性格和价值观。如《奔跑吧》中的各种游戏和挑战，可以展现参与者的体力和智力，以及他们在压力下的反应和决策能力。中国的真人秀节目强调情感表达，包括亲情、友情和爱情等方面。如《爸爸去哪儿》中的亲子互动，可以展现父亲和孩子之间的情感交流和互动，以及他们在面对困难时的相互支持和鼓励。中国的真人秀节目也会通过展现社会问题来呈现人性的复杂性。如《变形计》中的城乡孩子交换生活，可以展现城市和农村之间的差距和矛盾，以及孩子们在面对新环境和挑战时的成长和变化。中国的真人秀节目还经常通过参与者的行为来展现人性的多样性和复杂性。如《演员的诞生》中参赛者的表演和互动，可以展现他们在艺术创作和人际交往中的态度和能力，以及他们在面对挫折和成功时的反应和决策。

与国外真人秀节目不加掩饰地将人性的真实面袒露出来不同，中国的真人秀节目是通过多种方式来表现人性的，这些方式可以反映参与者的能力、性格、情感和社会问题等方面，让观众更深入地了解参与者的内心世界，也可以让观众更深入地思考人性的多样性和复杂性。

三、节目视角：窥探还是展现

在真人秀盛行的 21 世纪初期，真实电视仿佛为人们建构起来一架专门的"窥视机器"，而且简单易行，谁都能掌握和驾驭，几乎不用付出什么代价，就能获得满足和快感。这个机器似乎自己就能运转，比如换一批人放在"老大哥"的房子里，换一批观众，可能会有不同的情节与故事，但是运作的过程和产生的快感是同样的。这架"窥视机器"在荷兰的《老大哥》中被成功建构起来，并迅速反复使用，可以轻松聚焦于一切有娱乐价值和消费价值的领域。18 个国家不同版本的《老大哥》、法国的《阁楼故事》、美国的《诱惑岛》都关注于男女关系和情感隐私。美国的《生存者》则关注在人们酷烈生存和竞争中的钩心斗角和拉帮结派。其实机器的基本结构和运作是一样的。

西方的真人秀节目在展示隐私和满足人们的窥视心理有时候达到无以复加的偏执的地步。美国的《老大哥》刚推出第二季就出现意外事故，一天夜里 12 时 30 分左右，摄影机拍到 26 岁参赛者贾斯汀持刀抵住另一名女参赛者的喉咙，威胁着要割断她喉咙的惊险画面。由于事件发生在夜晚时分，并没有在 CBS 的电视节目中播出，但通过付费网络电视实况转播，贾斯汀的失控行为不但呈现在网友眼前，也被通通记录下来。这一意外的惊险事件反而使得该节目变得更加刺激，电视没能来得及播出，也要在网上播出。摄像机仿佛就是一位窥视狂的眼睛，遭到了不少人的抗议和反对。

21 世纪初期，在《生还者》《诱惑岛》《老大哥》《谁嫁给百万富翁》等真人秀节目热播时，美国的福克斯电视台还开辟了一个频道：真实福克斯（Fox Reality），全天候播出各类型的真人秀节目，包括旗下的《才子佳人》《百万富翁乔》《诱惑岛》《我的讨厌大老板》《我恨工作》《反叛的亿万富翁》，以及《笑到最后》《为了爱或钱》等，并围绕着这些秀，衍生出相关的节目如访谈、点评、花絮、背景等。

2002 年夏天，国内仿自法国室内真人秀《阁楼故事》的《完美假期》在湖南经视播出。节目组精心挑选了 12 名男女选手，让他们在长沙市内一幢三层别墅中共同生活 70 天，每天 24 小时被 60 台监视器全程拍摄。从第三周起，选手之间互相投票进行淘汰，观众还可投出支持票。《完美假期》宣传的是"坦然面对所有观众，呈现自己的弱点与优势"。然而这个节目还是引起了社会激烈的争论，据当时的制片人说："打进来的电话中有 50% 是骂我们的。骂我们的人就说，你们太残忍了，把人性的点点滴滴都给我们看了。"① 最终，这档真人秀节目被叫停。

在经历了 21 世纪初期的探索之后，中国的真人秀节目已经脱离了最初"窥探隐私"的视角，通过各种形式和内容展现出人性的多个方面，让观众深入了解参与者的真实情感、人际关系、个性特点、价值观以及社会责任感。国内真人秀节目在情感表达方面非常出色。参与节目的嘉宾们通过各种方式表达自己的喜怒哀乐、爱恨情愁。这些情感表达不仅让观众更加了解嘉宾们的内心世界，也让观众感受到情感的共鸣和共情。如在《妻子的浪漫旅行》中，妻子们在旅行中分享彼此的婚姻生活和情感体验，展现了她们之间的友谊和爱情。通过这些关系的展现，让观众更加深入地了解嘉宾们的性格和情感。在《奔跑吧兄弟》中，嘉宾们之间的互动和游戏环节展现了他们之间的友谊和合作精神。

除了情感，中国的真人秀节目也充分展现参与者们的个性特点和价值观。在《偶像练习生》中，每位练习生都有自己独特的才艺和个人特点，参与者的价值观包括对事业、家庭、友情、爱情等方面的看法和态度。在《亲爱的客栈》中，嘉宾们通过与客人的交流和自己的经营实践，传递了诚信、友善、敬业等价值观，让观众更加深入地了解嘉宾们的思想观念和人生哲学。

---

① 北青：《真人秀的本土化之惑》，《江南时报》，2007 年 1 月 22 日。

　　中国的真人秀节目还注重呈现参与者们的社会责任感。这些责任感包括对公益事业、环保等方面的关注和贡献。如在《极限挑战》中，嘉宾们通过参与公益活动和环保行动，展现了他们对社会公益事业的关注和贡献。

　　所以，国内真人秀节目通过情感表达、人际关系、个性特点、价值观和社会责任感等方面的展现，让观众更加真实地了解嘉宾们的内心世界和人性特点。这些节目的成功也为未来的真人秀节目提供了很好的借鉴和参考。

第五章 才艺表演类真人秀

第一节 中外才艺表演类真人秀综述

才艺表演类真人秀的主要特点是让具有一定"表演"能力的参与者，按照预先设置的竞赛规则进行才艺表演，而专家和观众则对这些参与者进行淘汰和选拔，最后的优胜者将获得成为明星的机会。表演是这类节目的核心元素。形体、歌曲、语言、表情都构成了节目的娱乐内容。所以，才艺表演真人秀必须要精心设置表演内容、方式、环境和效果，要充分展示参与者的魅力，要强化表演的娱乐效果和表现力。

凭借独特的魅力和无限的可能性，才艺表演类真人秀在国内外电视节目类型中都占据了重要的地位，是观众喜欢的节目类型之一。

一、国外才艺表演类真人秀的发展

2001 年，英国制作人西蒙·富勒（Simon Fuller）与 BMG 唱片公司的制作人西蒙·考威尔（Simon Cowell）来到弗莱蒙特（Fremantle Media）国际传媒公司商谈创办一个新的音乐节目，其宗旨是为有才华的普通人提供一个舞台，通过有戏剧冲突的比赛进行选秀。这个节目就是之后在世界 30 多个国家被本土化并且取得了成功的

《流行偶像》（*Pop Idol*）。"偶像"模式一经推出就大获成功，也使得选秀节目成为继竞赛类真人秀之后世界范围内的热门电视节目类型和流行文化现象。2002 年 6 月，《流行偶像》登陆美国，更名为《美国偶像》（*American Idol*），很快成为美国电视历史上最流行的节目之一。除了《美国偶像》外，《法国偶像》《澳大利亚偶像》《新加坡偶像》《印度偶像》等都取得了成功。

2007 年 6 月，英国制作人西蒙·考威尔又制作了一档才艺类真人秀节目《英国达人》，在英国独立电视台（ITV）播出。主持人是英国著名的主持搭档安托尼·麦克帕林（Anthony Mcpartlin）和迪克·多奈利（Declan Donnelly）。英国达人的参加者来自各行各业，唱歌、跳舞、魔术、杂耍，只要获得评委的认可，就可以参赛并且成为明星。丰厚的奖励，尤其是为皇家表演的殊荣，吸引了许多普通人的关注和参与。由于没有表演内容的限制，因此动作表演、杂耍、单口相声、口技以及更多无法归类的有趣表演纷纷登场，节目亮点也因此体现。截至 2023 年，《英国达人》已经播出了 17 季，成为观众热捧的电视节目之一。《英国达人》最早在美国播出《美国达人》取得成功，目前已在全世界卖出几十个版本，包括中国的《中国达人秀》。

随着《美国偶像》和《英国达人》等节目在国内外电视市场取得了巨大的成功，才艺表演类真人秀进入成熟期。这个时期的节目在形式和内容上更加丰富多样，不仅有歌唱、舞蹈等传统才艺的展示，还加入了表演、杂技等更加多元化的元素。

2011 年，美国 ABC 电视台首播了一档选秀节目《超级明星》（*Super Star*），与之前的选秀节目有所不同，它不仅关注选手的才华和个性，还对选手的家庭背景、成长经历等方面进行了深入挖掘，展示他们的人生故事。这一时期的代表节目还有《舞林争霸》（*So You Think You Can Dance*）、《X 元素》（*The X Factor*），《全美超模大赛》（*America's Next Top Model*），它们在保持传统评选方式的同时，更加注重选手的个人故事和成长经历。

随着电视节目制作技术的不断进步和观众口味的变化，才艺表演类真人秀也在不断创新。《超级明星》《全美超模大赛》等节目开始尝试新的评选方式，如全民投票、专家评审与观众投票结合等，让节目的评选过程更加公平和透明。

在日韩地区，才艺表演类真人秀节目也非常受欢迎。韩国的才艺表演类节目非常多元化，涵盖了各种才艺表演形式，如唱歌、跳舞、杂技等。代表节目：《超级明星 K》《不朽的名曲》《回响的共和国》《我们的星期天晚上：我是歌手》等。这些节目以挖掘和展示各种才艺为主，为有才艺的普通人提供了一个展示自己的机会。

2009 年 8 月开始播出的《超级明星 K》被称为韩国有史以来最成功的音乐选秀节目，节目通过在韩国的海选，激烈的评选比赛，让最具实力、最具才艺的选手脱颖而出。《超级明星 K》在韩国娱乐圈有着非常大的影响力。通过《超级明星 K》，许多选手实现了自己的梦想，获得了更多的机会和资源。此外，《超级明星 K》也为韩国娱乐产业带来了多方面的利益，促进了音乐、舞蹈、表演等相关产业的发展，为韩国娱乐产业注入了新的活力。

韩国 MBC 电视台 2011 年播出了《我们的星期天晚上：我是歌手》，也是中国湖南卫视播出的《我是歌手》的原版。节目主要通过观众直接投票方式选出第一至第七名，采用末尾淘汰制，出局的歌手由新的歌手顶替，继续进行比赛。同时每一位歌手和笑星担任的经纪人组合，若歌手淘汰，经纪人也淘汰。

日本有多档制作了几十年甚至半个世纪的才艺表演类节目。这些节目通常以电视节目为主，形式多样，内容丰富。最有代表性的是歌唱比赛类节目《红白歌会》（NHK 红白歌合战），又译为《红白歌唱大赛》。是日本广播协会（NHK）自 1951 年开始每年播出一次的音乐节目，以现场直播的方式同时在 NHK 的电视与电台频道向日本全国以及全世界播出。在日本，《红白歌会》被视为是"一年结束的标志"，有相当数量的家庭观看本节目。目前，这档节目从来没有被取消或延期播出过。日本其他比较有名的歌唱比赛节目还有《音乐战士》《大家的歌》等。

日本的舞蹈比赛类节目也备受瞩目。其中最具代表性的是 Dance Battle。该节目由朝日电视台主办，邀请了众多舞蹈团体和个人参加比赛，以激烈的竞技比赛和炫酷的舞蹈表演为主要特点。在 Dance Battle 中，参赛者需要在舞台上展现各种舞蹈风格，包括街舞、芭蕾、拉丁舞等。比赛通常分为多个阶段，包括海选、初赛、复赛和决赛等。在每个阶段，评委和观众会对参赛者的表演进行评分和投票，最终选出优胜者。此外，1997 年制作的舞蹈真人秀《跳舞吧！秋刀鱼宫殿!!》（踊る！さんま御殿）也是一档非常受欢迎的舞蹈节目，以搞笑舞蹈和特技表演为主要特点。

日韩的才艺表演类节目通常采用现场舞台表演的形式，以视频剪辑和后期制作来增强节目的观赏性和氛围，很多节目经常用大量的综艺字体渲染氛围，也影响了国内许多表演选秀类节目的剪辑手法和后期制作风格。

国外才艺表演类真人秀的发展历程是一个不断创新和进化的过程。从最初的萌芽阶段到现在的创新期，每个阶段都留下了独特的印记。而随着电视技术的不断发展和观众口味的变化，才艺表演类真人秀更加丰富多元，更加注重选手个性的展示和故事的真实性。同时，随着新媒体的兴起，这类节目也更加注重与观众的互动，不断加以创新和改进，以保持其持续的吸引力和影响力。

二、中国才艺表演类真人秀的发展

与欧美才艺表演类真人秀节目的发展基本同步，中国的才艺表演类节目也于 21 世纪初开始出现。此时的观众已不满足于坐在电视机前观看别人的表演，而是更加渴望在媒体上展现自己。2004 年，中央电视台制作播出了《星光大道》。《星光大道》是国内才艺表演类真人秀的起步阶段，节目采用独特的"海选"方式，让来自不同背景、有不同才艺的普通人有机会展示自己的才华。这种"草根"性质使得节目在观众中引起了强烈的共鸣，尤其在农村和普通城市居民中，获得了广泛的关注和支持。《星光大道》的创新模式，为后来的才艺表演类真人秀节目提供了宝贵的借鉴。

同一时期，《美国偶像》正风靡全球，各大卫视纷纷加入才艺表演类节目的竞争。湖南卫视 2004 年播出的《超级女声》成为这一时期的代表作。《超级女声》借鉴了《美国偶像》的成功经验，通过"海选"和投票的方式，让观众参与到节目中来，增强了互动性和观赏性，《超级女声》及后来湖南卫视制作的《快乐女声》《快乐男声》引起了很多地区电视圈的跟风模仿，如以制作娱乐节目见长的台湾电视圈推出了选秀节目《超级星光大道》，香港 TVB 推出了《超级巨声》。

除了普通人实现梦想的平民秀，还有一部分是明星展示其风采的明星秀，如《舞林大会》《名声大震》《明星大练冰》《我是歌手》等，这些节目不仅注重选手的才艺展示，还加入了情感故事、明星导师等元素，使得节目更有看点。目前为止，在国内产生了广泛影响力的才艺表演类真人秀节目有如下几类：

（1）歌唱：《超级女声》《加油！好男儿》《快乐男声》《绝对唱响》《中国好声音》《我是歌手》《蒙面唱将》《梦想的声音》等；

（2）舞蹈：《舞林大会》《热血街舞团》《全民舞动》等；

（3）喜剧：《欢乐喜剧人》《笑傲江湖》等；

（4）模特：《天使之路》《超模来了》等；

（5）综合：《红楼梦中人》《中国达人》《梦想中国》《我型我秀》《偶像练习生》《全能星战》《星光大道》等。

制造明星是才艺表演类真人秀的理想结果。才艺表演类真人秀通过展示选手的才艺和个性，让观众看到他们的魅力和实力，从而帮助他们成为未来的明星。同时，才艺表演类真人秀也可以通过选拔和培养优秀的选手，为娱乐圈注入新的血液和活力。所以，才艺表演类真人秀节目有着广阔的市场，欧洲的《流行偶像》、美国的《美国偶像》等选秀节目几十年长盛不衰，收视率一直稳定居高，说明这类节目有一定的市场生命力。

第二节　中外才艺表演类真人秀节目比较

《美国偶像》与《超级女声》

节目名称：《美国偶像》(*American Idol*)

节目类型：表演选秀类真人秀

播出频道：美国 FOX 电视网

开播时间：2002 年 6 月

《美国偶像》源于英国电视节目《流行偶像》，由美国福克斯电视网在英国原版的基础上进行改编，并从 2002 年起每年制作一季。在《美国偶像》的整个赛程中，观众可以观看到参赛者从海选到决赛的全过程。这些参赛者通过演唱、舞蹈等多元化的才艺展示，以及评委和观众的投票来角逐最后的冠军。节目真实地还原出平民选手的原生态表现，记录他们蜕变成蝶的神奇过程。根据尼尔森收视统计，《美国偶像》曾经连续 6 年获得黄金时段收视冠军，证明《美国偶像》是美国电视历史上最流行的节目之一。2016 年，在连续制作播出了 15 季后，这档辉煌了 15 年的老牌选秀节目荣耀落幕，载入世界电视史。

《美国偶像》的"偶像"模式具有开创性，成为各国都受欢迎的电视节目形式之一，它奠定了此后选秀节目的基本模式要素和游戏规则。比如海选、晋级、比赛、决赛、专业评委、大众评委等，此后的选秀节目大多在偶像模式设定的框架之中对各种模式要素和规则进行排列组合。

节目名称：《超级女声》

节目类型：表演选秀类真人秀

播出频道：湖南卫视

开播时间：2004 年 6 月

《超级女声》的构思源于《美国偶像》，在 2004 年首播后，便一跃成为当时最受人关注的文化现象。参赛者不再是传统意义上的专业歌手，而是来自各行各业、拥有不同背景的普通人。这种"草根文化"的推崇使得节目更具有普遍性和参与性，《超级女声》作为一个具有广泛影响力的电视娱乐节目，对中国社会的文化和价值观产生了很大影响，它曾经引起的讨论和热议，目前为止，国内还没有才艺表演节目能够超越。

在网络时代，《超级女声》把网络利用到了极致。网站每天都在更新关于超级女声的各种新闻、专访、预测、网上留言、"丑闻"乃至"黑幕"，还有五花八门娱乐性极强的帖子。除了"快乐中国、超级女声"和"蒙牛酸酸乳超级女声"网站外，各大门户网站也有大量的选手贴吧。《超级女声》对后来的选秀节目产生了深远的影响。引领了选秀节目的新趋势。强调大众参与、强调选手的个性和故事、增加互动环节等，这些元素后来被很多选秀节目所借鉴和发扬。《超级女声》的成功使当时中国的电视业逐渐与国际接轨，也为中国电视业带来了很多新的合作机会和商业模式，促进了中国电视业的国际化进程。

《好声音》与《中国好声音》

节目名称：《好声音》（*The Voice*）

节目类型：才艺表演类真人秀

播出频道：最早在荷兰 RTL4 电视台播出

开播时间：2010 年 9 月

《好声音》是一个跨国的歌唱比赛电视节目。该系列节目最初始于荷兰，2010 年由 John de Mol 和 Roel van Velzen 创造的《荷兰好声音》在荷兰 RTL4 电视台播出。随后在 2011 年 4 月到 6 月以《美国好声音》为名在全国广播公司电视网（NBC）播出，第一天就超越了《美国偶像》总决赛的收视率，目前已有 50 多个国家购买了它的版权，相继制作了《好声音》系列的本地版本。

《好声音》节目模式之所以在很多国家引起轰动，很大程度上在于它新颖、平等的海选方式。节目的主角是来自全国各地的素人歌手，他们登台献唱，台下坐着 4 位乐坛顶尖歌手作为导师，四位导师背对着舞台坐在转椅上进行"盲眼选秀"（Blind Audition），以嗓音的优劣作为评选标准。四位评委在看不到选手长相的情况下，单凭他们的声音决定选手能不能继续留在舞台上。

节目名称：《中国好声音》（*The Voice of China*）

节目类型：才艺表演类真人秀

播出频道：浙江卫视

开播时间：2012 年 7 月

《中国好声音》是 The Voice 模式的中国版，也是制作最成功的版本，作为一档购买国外版权模式的节目，《中国好声音》的音响、舞台甚至节目中的转椅等硬件设施采用了原版方式，同时对评委的个性设置、选手的故事设置甚至节奏的把握等软性资源上也是原汁原味，这种从硬件到软件的全盘复制让这档节目获得了巨大成功。

《中国好声音》吸收整合了 The Voice 各国版本的长处，舞美设计综合了英、美两个版本的长处，导师盲选转椅子按铃、学员讲故事等环节全部照搬 The Voice 原版，连高举麦克风做 V 字状的拳头也出自原版造型。演出场地的材质、舞台尺寸也是严格按照模式方提供的图纸和数据，在国内制作完成。

《中国好声音》是中国电视首次实行制播分离。在制播分离的模式下，制作公司可以更加专注于节目的制作，提高节目的质量和水平；而播出平台则可以更加专注于节目的推广和播出，扩大节目的影响力和受众范围。这种模式可以充分发挥各自的优势，实现资源的最优配置。所以，《中国好声音》的成功带来的不仅是选秀节目的内容趋势的改变，还包括节目生产模式的改变。

《与星共舞》与《舞林大会》

节目名称：《与星共舞》（Dancing with the Stars）

节目类型：才艺表演类真人秀

播出频道：美国 ABC 电视网

开播时间：2005 年 7 月

《与星共舞》的节目模式来源于英国 BBC 电视台的《来跳舞吧》（Strictly Come Dancing），曾是英国 BBC 荧屏上极为经久不衰的节目之一，是一档由专业舞蹈家与明星组成搭档进行舞蹈比赛的真人秀节目。《与星共舞》的节目亮点除了优美的舞步和亮丽的服装，还有幕后明星们的现场比拼以及伴随而来的明星八卦、幕后曝光等，这些幕后的元素展现了明星生活的另一面。而这些正是这部真人秀收视率屡创新高的秘诀所在。

《与星共舞》无论是节目创意还是节目形态，都经过了多个国家的受众市场检验，如澳大利亚、丹麦、俄罗斯、意大利、日本、美国等，并频频摘取当地的电视收视率桂冠。

目前《与星共舞》的节目模式已经输出到全世界几十个国家和地区，在很多国家都成为高收视率节目，尤其以美国版的《与星共舞》影响力最大，到2023 年为止，《与星共舞》已经制作播出了 17 年，依然是美国广播电视公司（ABC）的高收视率节目。

节目名称：《舞林大会》

节目类型：才艺表演类真人秀

播出频道：上海东方卫视

开播时间：2006 年 10 月

同《与星共舞》一样，《舞林大会》是一档以明星舞蹈竞技为主题的综艺节目。节目中明星选手们搭配专业舞蹈老师现场表演，舞蹈类型涵盖华尔兹、恰恰、桑巴、伦巴、狐步舞、斗牛舞、牛仔舞等，分工明确、独具个性的国际化评委阵容；犀利点评是一大看点。每集节目最后综合观众投票和三位专业评委的评分淘汰得分最低的一组，直到最后决出总冠军。自 2006 年开播后，《舞林大会》获得了不错的收视率，"舞蹈类选秀"也从此成为东方卫视的一个品牌。

尽管是移植来的节目模式，但对于 2006 年的国内观众来说，《舞林大会》是从没见过的节目样式，过去的节目，都是明星和名人对平民评头论足，《舞林大会》则将明星和素人结合在一起，通过舞蹈这一艺术形式，展现出他们各自的才华和魅力。在舞林大会中，明星和素人被赋予了平等的地位，共同完成舞蹈表演和挑战。这种融合方式不仅增加了节目的观赏性和趣味性，也让观众更加真实地感受到明星与素人之间的互动和情感交流。从《超级女声》式的平民选秀跳跃到前所未有的明星争霸，观众必然会觉得新鲜。《舞林大会》在形式内容上吸收了真人秀元素，同时又以明星秀为突破，代表了当时国内娱乐节目的发展新态势。

《就在今夜》与《中国梦想秀》

节目名称：《就在今夜》(*Tonight's the Night*)

节目类型：才艺表演类真人秀

播出频道：英国国家广播公司（BBC）

开播时间：2009 年 4 月

2009 年 4 月，英国国家广播公司 BBC 环球公司（BBCW）推出了一档《就在今夜》的综艺梦想秀节目，节目每期都有具有一定表演天赋的普通人，他们来到节目中表演，或唱歌，或跳舞，或原创，或模仿，节目组帮助他们达成自己的心愿。节目最大的看点是英国一线大牌歌手为这些希望实现梦想的平民伴唱、最顶尖的舞者为普通百姓伴舞、最一流的交响乐团为大众伴奏。一举成为创下全英国收视第一的王牌综艺节目。

《就在今夜》在 BBCW 频道的周末黄金时段播出，无数幸运观众的演艺梦想在这个大型综艺梦想秀节目中得以实现，而大牌明星也甘当绿叶，为幸运观众的表演助兴。制作单位会把该表演者平时最喜欢的明星或偶像请到演播室和他们一起配合表演。而且，所有的表演者本人并不知情，他们是被亲朋好友推荐，并且带到演播室观看节目。只有镜头定格在自己脸上的时候，他们才知道自己竟然是今晚的表演者。

主持人约翰·巴洛曼（John Barrowman），在大学期间就凭借音乐剧《Anything Goes》年少成名。此后他成功出演及主演过多部优秀作品，有"音乐剧小天王"之称。《就在今夜》节目让约翰·巴洛曼尽情展示自己在歌舞方面的才艺，几乎每期节目他都载歌载舞。《就在今夜》中的圆梦部分，更多的是歌舞圆梦类型。节目使一些真正值得的人梦想成真，让普通人活出了他们的幻想。

节目名称：《中国梦想秀》

节目类型：才艺梦想类真人秀

播出频道：浙江卫视

开播时间：2011年4月

《中国梦想秀》是浙江卫视购入的英国王牌综艺模式《就在今夜》，一档由明星给平民惊喜、帮平民圆梦的大型公益梦想秀。首期节目于2011年4月2日晚开播，通过报名来甄选圆梦人，圆梦人的梦想需要是舞台梦想，能够在舞台上呈现。其次要在当事人不知情的情况下帮助他圆梦，由亲友代为报名，在演播厅环节会秘密请来他的偶像，与圆梦人同台合作，节目记录从排练的第一刻到他见到偶像的那一刻，也是一个惊喜的过程。舞台表演有一套非常完整的仪式，从登上舞台开始到表演结束，每个圆梦人都真切地体会到圆梦的过程和惊喜。

与原版《就在今夜》着力于歌舞表演不同的是，《中国梦想秀》关注的是普通人更为平凡、更为贴近生活的愿望。这些愿望可能是一个人想要实现的个人梦想，也可能是他们对家庭、社会和国家的期望和愿景。这种关注让节目更具有社会性和现实意义，也让观众更容易产生共鸣和情感共鸣，传递了社会的温暖和正能量。

《中国梦想秀》自2011年开播到2018年连续播出了10季，节目把综艺和公益相结合，所附带的公益性和圆梦行动，取得了非常好的社会影响。

第三节 节目解析：《我是歌手》模式

一、《我是歌手》

节目名称：《我是歌手》（*I'm Singer*）

节目类型：音乐表演类真人秀

播出频道：韩国MBC电视台

开播时间：2011年3月

【节目介绍】

《我是歌手》是韩国MBC电视台2011年制作的一档邀请实力歌手参加的淘汰赛制音乐节目，节目邀请7位韩国知名实力派歌手们展开角逐，并每周淘汰一人的"生存"模式。由普通听众担任评委，歌手演唱结束后，通过观众投票淘汰第七名，空出的位置由新的歌手顶替。

《我是歌手》开播后，实力派歌手们展现出来的敬业精神和投入状态、歌手的激情演唱引起了台下和电视前观众的热烈响应、现场观众被深深打动而眼含热泪的表情，以及诠释了音乐的伟大力量，都成为节目的看点。《我是歌手》在韩国引起热议，节目收视率曾高达67%。2013年，湖南卫视将它引进到中国，制作播出了同名节目《我是歌手》，一举成为当年的"现象级节目"。

【节目内容】

以第一季第 24 期《我是歌手》为例：

序号	内　　容	时间	形式
1	回顾上一期歌手的竞演名次。第一名，张慧珍；第二名，尹民秀；第三名，仁顺伊；第四名，金潮翰；第五名，BobbyKim；第六名，紫雨林；第七名，赵冠宇；歌手们的演唱片段回放和采访	3 分 05 秒	同期声采访+节目片段剪辑
2	歌手们开始为第二期比赛选曲，经纪人们讨论第二场的比赛任务是"90 年代歌曲"。回忆歌手们当时的唱片销量。歌手们用转盘的方式来选择竞演歌曲，过程充满刺激和欢乐。仁顺伊《三十岁时》；金潮翰《美丽的离别》；BobbyKim《你的婚礼》；紫雨林《Jazz Cafe》；尹民秀《关于爱情的凄凉》；张慧珍《走远的人啊》；赵冠宇《月之没落》	18 分 50 秒	节目同期声
3	七位歌手分别谈自己对选中的歌曲的理解和感受	1 分 15 秒	节目同期声
4	张慧珍拜访《走远的人啊》原唱朴尚民；尹民秀拜访《关于爱情的凄凉》原唱歌手杨喜恩；赵冠宇拜访《月之没落》原唱金贤哲；歌手们与原唱互相交流，试唱，三段拜访穿插剪辑	10 分 20 秒	节目同期声
5	金潮翰拜访《美丽的离别》原唱金亨锡；BobbyKim 拜访《你的婚礼》原唱尹钟信；赵冠宇与《月之没落》原唱金贤哲交流，希望可以拿到前三名；当晚他来到编曲沈尚元的家里练唱；在家里弹唱给小儿子听	7 分 30 秒	节目同期声
6	仁顺伊排练《三十岁时》加入旁白，通过歌曲讲故事；采访中说起经纪人对歌手们排名的担心	3 分	节目同期声
7	记录仁顺伊去排练音乐剧《猫》，在化妆间的演员们为她加油，化妆后的她在音乐剧中演唱《Memory》；晚上在工作室里继续练唱歌曲《三十岁时》	1 分 05 秒	节目同期声
8	尹民秀来到公司的工作室里练唱，可爱的狗狗陪他	40 秒	节目同期声
9	赵冠宇在家里，幽默地说自己每次留胡子成绩就很好；Bobby Kim 和仁顺伊分别用自拍的方式简单介绍自己的家	1 分 40 秒	节目同期声
10	节目后台，歌手和经纪人们坐在一起，第六轮中间评比，互相交流，气氛活泼幽默；迟到的主持人尹钟信被大家起哄唱一首歌，尹钟信唱了自己十多年前的流行歌《一定》；经纪人们开玩笑为他打分	7 分 25 秒	节目同期声
11	节目后台，歌手们小型试唱的方式把竞演歌曲唱给其他歌手和经纪人，听取他们的点评和建议；七位歌手依次演唱完后，众人起立鼓掌，歌手们的采访，点评其他歌手的演唱状态	41 分 45 秒	节目同期声
12	下周将进入舞台竞演，精彩片段预告	1 分 40 秒	视频剪辑

【节目特色】

2011 年 3 月，韩国 MBC 电视台推出了一档创新性的音乐真人秀节目——《我是歌手》。该节目以其独特的"顶级歌手竞赛"形式，引发了观众的热烈反响。这个节目不仅让许多长期被忽视的实力唱将重新焕发事业的光彩，更几乎重塑了整个韩国的音乐产业。

1. 开播反响热烈

《我是歌手》邀请了韩国最知名的实力派歌手参与其中，每期节目都有特定的任务，歌手们需要在竞技中展示他们的唱功和表演才华。这使得节目充满了紧张和刺激，每一位参赛者都在全力以赴。节目的评委并非专业人士，而是普通的观众。这种开放和民主的方式使得节目在播出前就吸引了大量的关注和期待。观众们的参与和投票，为节目增添了更多的互动性和趣味性。

21 世纪以来，韩国的音乐市场偏向偶像派，被边缘化的实力派歌手需要一个展示的舞台。《我是歌手》在韩国的火爆让人们感叹，歌曲时代再次来临。《我是歌手》诞生之际，观众对各类选秀节目模式逐渐失去新鲜感，电视台和制作公司急于探索新的节目模式，这样一档与过去的节目全然不同、令人惊喜的节目出现了，电视观众也奉献了暴风般的追逐与感动。观众通过这个节目，感受到歌手们投入的全部身心，听流行歌曲像在欣赏新的艺术作品，坐在家里能够欣赏到演唱会一般的精彩表演。

2. 不断完善的节目赛制

韩国《我是歌手》节目模式的一个重要创新亮点是循环赛制，节目选取 7 名已经有一定影响力的歌手作为选手，进行歌唱比赛，最后通过大众评审得出排名。综合每两期的歌手排名，对排名最后的歌手采取末位淘汰制。在节目后期，以往被淘汰的选手会重新上台，5 名选手可以通过竞赛"复活"1 名选手，参与最后的"歌王"竞逐。在最后的总决赛中，存活的 7 名歌手分别献唱，最后通过大众评审决定排名，最后的冠军就是这一季的"歌王"。

《我是歌手》为了完善节目赛制，进行了多次探索，一开始是一次比赛决定胜负，之后开始改变规则，参与的所有歌手在 3 个星期内进行 2 次比赛，再进行最终评价决出名次。并且评审团投票方式由 1 人只能投 1 位歌手改成 1 人可以投 3 位歌手。最终《我是歌手》的规则改为连续 7 次存活下来的人就可以名誉毕业。这也是出于一些演员的健康问题或者节目的新鲜感等因素考虑。

出于剧透等因素的考虑，《我是歌手》还改变了选歌和发表结果的方式。这时候开始，歌曲不再是随机选取，而是由歌手亲自选择，结果发表的人也改由主持人尹钟信进行。被报到名次的歌手就走出演播室。

《我是歌手》通过节目官网选出 500 名观众组成评审团。评审团成员的年龄段包括 10 多岁、20 多岁、30 多岁、40 多岁、50 岁以上。每个年龄段 100 人。每个年龄段男女各一半。节目初期选拔了 1000 名观众交替参加评价，到了一定时间就更换所有观众。随着比赛规则的不断变换，考虑到评价的连续性，评审团的方式也发生了变化，改为前一次比赛评审的 500 名观众中的 70% 将被换掉。

3. 由笑星担任歌手经纪人

为了增加节目的趣味性和综艺性，韩国的《我是歌手》为每一位参赛歌手都配备了一位知名的韩国笑星作为搭档。这些笑星在节目中的身份是经纪人，他们的命运将与各自负责的歌手紧密相连。假如参赛歌手的情绪不足，可以由经纪人补足。如果歌手被淘汰，经纪人也被淘汰，这也使得歌手与节目的告别有了双重看点。

作为经纪人，笑星们需要为歌手的表演出谋划策，帮助他们更好地展现自己的才华。他们还要照顾歌手的日常行程，笑星的表现同样会被全景记录。这种角色的反转为节目增添了新的趣味和戏剧化元素。观众可以看到笑星们在面对严肃的音乐比赛时展现出的不同面貌，以及他们如何与歌手合作，共同面对挑战。

除了歌手的表演，笑星经纪人的表现也备受瞩目。他们的加入为节目增添了多样性和深度。在每期节目中，经纪人陪同歌手拜访歌曲原唱者，提供试唱意见，补充歌手幕后故事。同时，他们还负责介绍赛制、活跃气氛等任务。在选歌、服装、妆容方面，经纪人都会为歌手提供贴心的建议。他们的存在不仅推动了节目进程，也为观众带来了更多的娱乐和感动。

笑星经纪人作为《我是歌手》节目中的重要角色，不仅为歌手提供了支持和帮助，也为观众带来了更多的观赏乐趣和话题讨论。《我是歌手》第一季的首发阵容中，七位歌手与七位经纪人的搭档分别是：李素罗与李秉真，白智英与朴辉顺，金建模与池相烈，金范秀与朴明秀，YB 与金济东，朴正炫与金泰贤。这些经纪人都有着不同的性格特点，笑星出身的他们言谈举止自带喜剧效果，为节目增加了多元性和看点。

4. 残酷竞争背后的善意

MBC 电视台在《我是歌手》播出第一季第一期之后，曾经紧急停播了一段时间，原因是歌坛前辈在节目中排名落后，即将面临淘汰的风险，这也充分诠释了《我是歌手》竞赛的残酷之处。

《我是歌手》这个节目让职业歌手的歌唱实力得到了证明。同时，参加节目的都是顶级歌手，一旦排名落后，影响的不仅仅是名气，还有在歌坛多年来打拼积累下来的实力、声望。《我是歌手》不像以往由草根参赛的音乐选秀节目，普通人没有任何负担地加入比赛。正是歌手们背负的责任和名气，让这个节目增添了更多的看点和紧张感，观众在欣赏歌手高规格演唱的同时，也为他们在每一场的排名而揪心、激动。

《我是歌手》中的竞争虽然残酷，但却是善意的，充满了温情与幽默。歌手们之间的交流、与经纪人的互动，以及向其他歌坛前辈和竞唱歌曲的原唱者请教，都展现出一种温暖的氛围。观众能够体会到这些热爱音乐的歌手们内心炽热的情感。

为了几分钟的演出，实力派歌手们拼尽全力。他们展现出的敬业精神和投入状态近乎完美，让观众回到了那个以实力唱功而非偶像团体为主的音乐年代。每位歌手的激情演唱都能引起观众的共鸣，观众们的热泪和幸福的表情让人印象深刻，让人切实感受到音乐的伟大力量。

二、我是歌手

节目名称：《我是歌手》
节目类型：音乐表演类真人秀
播出频道：湖南卫视
开播时间：2013 年 1 月

【节目介绍】

《我是歌手》是湖南卫视 2013 年从韩国 MBC 引进的音乐竞技类节目，由湖南卫视节目中心制作。节目每期邀请 7 名专业歌手进行歌唱竞赛，每场由 500 名现场听审决定歌手名次，名次最低的歌手被淘汰，由另一位歌手顶替空缺。参加这个节目的歌手都是在华人圈内拥有较高知名度、曾有唱片发行的实力歌手。这也是《我是歌手》与同时期其他音乐类真人秀节目最大的不同。

由于参加这个节目的都是知名歌手，因此节目组规定，在比赛前参赛歌手不得向公众透露自己是否参赛，歌手们都不知道自己将面对的参赛歌手是谁，直到在舞台上露面。节目的制作引进了国外流行的音乐元素，音响和舞美效果都具有开创性，歌手们的表演也经常超出观众的预期，深受广大观众的喜爱，连续多年位居收视榜前列。《我是歌手》精美的制作水准还促进了国内视频节目制作水平的提高，首播成功后，成为当年的"现象级"真人秀节目。

【节目内容】

以第二季第 6 期《我是歌手》为例：

序号	内　　容	时间	形式
1	上期节目回顾，在导演洪涛宣布第二季第二轮第二场即将淘汰的歌手前，播放了几位歌手的赛后采访，他们对上一场竞演结果的看法	2 分 30 秒	同期声采访+节目片段剪辑
2	竞演开始前，分别记录歌手们的赛前心情和准备情况，节目组安排的经纪人与歌手交流；演播厅内，乐队调试乐器，三位排名靠后的歌手：韦唯、周笔畅和张宇在奔赴电视台演播厅的车内与经纪人交谈	1 分 30 秒	纪实拍摄+节目同期声
3	七位歌手来到电视台，屏幕播放他们本场的演唱歌曲。韦唯的三个儿子也悄悄到达长沙，准备给妈妈带来惊喜	2 分	纪实拍摄+节目同期声
4	《我是歌手》片头	30 秒	播放
5	歌手张宇和周笔畅分别进行排练，分别谈对歌曲的理解，在演播厅与乐队沟通	2 分 20 秒	纪实拍摄+节目同期声

续表

序号	内　　容	时间	形式
6	韦唯的三个儿子悄悄来到电视台，在后台观看妈妈排练	2分45秒	纪实拍摄＋节目同期声
7	主持人李锐带领歌手们抽签决定上场顺序，幽默气氛十足，抽签完毕的歌手们有喜有悲，回到化妆间后，歌手们互相交流，也有交换上场顺序的，最终竞演顺序是：邓紫棋、韦唯、张宇、罗琦、张杰、韩磊、周笔畅	4分35秒	纪实拍摄＋节目同期声
8	场外主持人介绍500位观众评审团即将入场	40秒	主持人口播
9	串讲人张宇上场，介绍即将出场第一位歌手邓紫棋，回放邓紫棋在香港的各种准备工作	3分55秒	演播厅＋现场节目同期声
10	邓紫棋上场，演唱歌曲《我要我们在一起》	5分20秒	演播厅现场
11	乐评人宋柯、山河、郑洋分别对邓紫棋的演唱进行点评	40秒	节目同期声
12	主讲人张宇上场，介绍第二位出场的歌手韦唯和演唱的歌曲《太阳最红，毛主席最亲》	1分30秒	演播厅现场
13	韦唯演唱歌曲《太阳最红，毛主席最亲》；演唱完毕，三个儿子出现，给她带来了惊喜	6分30秒	演播厅现场＋节目同期声
14	乐评人科尔沁夫对韦唯对演唱进行点评，韦唯在后台与儿子们互动	25秒	节目同期声
15	主讲人张宇上场，介绍第三位出场的歌手和演唱的歌曲	1分05秒	演播厅现场
16	张宇演唱歌曲	3分20秒	演播厅现场
17	音乐人栾树对张宇的演唱进行点评	25秒	节目同期声
18	罗琦在化妆间门口与经纪人交流；张宇在舞台上介绍第四位演唱的歌手罗琦和她的歌曲《我相信》	1分45秒	节目同期声＋演播厅现场
19	罗琦即将上场时，回放罗琦的采访和观众送她的小礼物	40秒	节目同期声
20	罗琦演唱歌曲《我相信》	5分钟	演播厅现场
21	演唱完毕的歌手和经纪人在后台对罗琦的唱功赞叹不已。乐评人郑洋、山河对她对演唱进行点评	45秒	节目同期声
22	音乐串讲人张宇介绍第五位出场的歌手张杰演唱的歌曲《听你听我》	55秒	演播厅现场
23	张杰在后台与经纪人沈凌交流为什么选这首歌以及节目组的采访	55秒	节目同期声
24	张杰演唱歌曲《听你听我》	6分10秒	演播厅现场
25	音乐人涂惠源对张杰对演唱进行点评	20秒	节目同期声
26	音乐串讲人张宇介绍第六位竞演歌手韩磊演唱的歌曲《暗香》	1分15秒	演播厅现场
27	韩磊上场前的简短采访	30秒	节目同期声

续表

序号	内　　容	时间	形式
28	韩磊演唱歌曲《暗香》	5 分	演播厅现场
29	乐评人郑洋、宋柯对韩磊的演唱进行点评；韩磊回到后台与歌手们互动	55 秒	节目同期声
30	音乐串讲人张宇介绍第七位竞演歌手周笔畅演唱的歌曲《青苹果乐园》	1 分	演播厅现场
31	周笔畅演唱歌曲《青苹果乐园》	5 分 05 秒	演播厅现场
32	音乐人栾树、乐评人郑洋对周笔畅的演唱进行点评；周笔畅回到后台与歌手们互动	45 秒	纪实拍摄+节目同期声
33	音乐串讲人张宇在舞台上号召现场 500 位观众听审团为歌手们投票	20 秒	演播厅现场
34	视频记录现场观众投票，外景主持人口播	25 秒	纪实拍摄+节目同期声
35	歌手们在后台幽默互动；郑洋、山河、涂惠源、张漫、宋柯对这一轮的竞演进行点评，谈各自对音乐和节目的认识	1 分 50 秒	纪实拍摄+节目同期声
36	歌手们回各自房间，玩耍并等待结果；几位权威的音乐人在认真计票	50 秒	纪实拍摄+节目同期声
37	10 秒回放七位歌手的精彩片段后，导演洪涛面对歌手和经纪人即将宣布竞演结果前，韦唯率先发表了自己的内心感想；洪涛宣布歌手们的名次，第三名：韩磊；第二名：周笔畅；第一名：邓紫棋；第六名：张杰；第五名：罗琦；第四名：张宇；第七名：韦唯。韦唯与歌手们和导演洪涛拥别	12 分 30 秒	纪实拍摄+节目同期声
38	韦唯走出演播厅，与等候的三个儿子拥抱；韦唯谈对失败的认识，鼓励孩子们；读老朋友罗琦给她写的一封信；韦唯谈 20 世纪 80 年代众多歌坛前辈对自己的提携和帮助；给歌手们送分别的礼物	2 分 20 秒	纪实拍摄+节目同期声
39	回放韦唯在歌手的演唱片段和采访	1 分 10 秒	纪实拍摄+节目同期声
40	下期节目看点	1 分 40 秒	片段剪辑

【节目特色】

2013 年春节期间，湖南卫视的《我是歌手》节目首播，迅速成为当年的现象级综艺。这档从韩国 MBC 引进的歌唱类真人秀节目在接下来的十几年展现出了强大的生命力。

《我是歌手》的意义不仅在于其在电视节目模式创新上的出色表现，更在于它对华语乐坛产生了重要影响。无论是从音乐性、综艺质量、口碑还是影响力方面来看，《我是歌手》都堪称"王牌综艺"。

1. 创新的音乐表演类节目模式

《我是歌手》融合了多种节目形式，包括棚内演唱、全程真人秀、外景跟拍等。节目由歌手、专家顾问团和500位"知音听审团"组成。歌手是知名歌手，听审团是从电视观众中筛选出的具备音乐素养的500人。与以往唱歌比赛不同的是，专家顾问只负责点评，不参与评分和筛选，500位"知音听审团"决定节目走向。

《我是歌手》以其独特的节目模式打破了国内同类节目专业主持人控场、草根参与、大众评审和专业评审相结合等固化模式，给国内观众带来全新的审美体验。与舞台演唱部分相比，真人秀部分在《我是歌手》节目中占有非常大的比重。歌手在幕后的真情流露，他们在现实生活中的角色，与家人朋友的情感，与同场竞技的其他歌手的互动，与节目中经纪人的相处等，都由节目组全程记录并在节目播出时与舞台演出交叉播放。这种记录方式让曾经在华语乐坛红极一时的歌手的形象更加丰满立体，真实动人。很多已经淡出公众视线多年的歌手通过这个节目重新收获了大批听众，如第一季的黄绮珊、第三季的陈洁仪等，也有歌坛新人通过《我是歌手》一举成名，如第二季的邓紫棋。

《我是歌手》的创新之处还在于节目理念的纯粹和制作手法上的极致。无论是打破空间界限的全程真人秀，还是殿堂级的音乐班底和音响设备，或是7位全情投入的歌手，都是为了音乐这个简单而纯粹的核心而服务，让观众回味无穷。

2. 引领音乐真人秀"精品制作"的潮流

国内音乐真人秀电视节目经历了明显的代际更迭。最早的节目如《超级女声》代表了平民比赛，由普通观众投票决定胜负。随后《中国好声音》和《中国最强音》等节目出现，参赛者仍是平民，但评委则是名人，由他们投票决定胜负。而到了《我是歌手》，节目形式转变为名人歌手之间的竞技，普通观众再次成为投票者，决定歌手在舞台上的去留。这种从平民竞技到名人竞技的转变，反映了观众欣赏水平的不断提高。

从国内电视节目生态圈的发展来看，《我是歌手》引领了"高成本、大制作"这样一个潮流，电视节目的制作成本大幅提高，制作团队也更加专业化。节目制作公司不仅要注重节目的内容创新，还要注重节目的表现形式和制作质量。《我是歌手》采用高品质的音乐制作团队和先进的音响设备，将音乐资源发挥到了极致，为观众带来了高质量的音乐享受和观赏体验。这也是节目备受追捧的原因之一。

《我是歌手》在首播时，曾经引领了国内乐坛的"真唱运动"，唤起了很多人对音乐本质的认知。很多观众通过《歌手》这档节目，明白了音乐的现场演绎相比于录音师唱片有着巨大的差异。《我是歌手》舞台倡导的"真唱"原则，在音乐界中引起广泛支持和讨论，很多音乐人士认为，借助《我是歌手》首播的人气和良好口碑，可推动真唱运动，让音乐市场回归干净纯粹的原貌。①

对于音乐产业来说，这是第一次在电视节目中以真人秀的形式全方位地对音乐致敬。《我是歌手》连续做了6季，在很长一段时间里，这档节目被看作中国音乐节目的标杆，不仅让观众重新认识被时光淡忘的好声音，也给观众提供了极佳的音乐品质和享受。

3. "纪录片时空"与"演唱时空"的二元交错

《我是歌手》从前期策划到后期制作都还原了韩国原版模式，7名歌手同台献唱，不同年龄的观众分别投票。歌手从接受《我是歌手》邀约开始，就进入一个"纪录片时空"，过往的辉煌，现在的生活，内心的感受等，通过多方位的记录和采访，为观众呈现的是独具个性魅力、有血有肉、有快乐有烦恼的鲜活人物形象。节目记录了歌手在舞台排练中与乐手的磨合，乐手也从以往音乐节目中的幕后走到了台前，梁翘柏、刘卓、靳海音、刘效松等幕后音乐人逐渐被观众熟悉。

"纪录片时空"是真人记录的形式，全方位、多时空记录歌手的台前与幕后。"演唱时空"则是舞台表演的形式，歌手站在舞台中央演唱，让观众感受音乐的力量。观众看到已经成名了的歌手也像普通人一样，会紧张、发挥失常或者被淘汰，很容易唤起共情。

在《我是歌手》中，"纪录片时空"与"演唱时空"是二元交错的关系，而"纪录片时空"的目的就是实现"演唱时空"的完美呈现。在每场竞演前，真人记录的方式刻意营造了紧张的氛围，尤其是末位淘汰制，将竞技的紧张与残酷氛围融入真人秀记录中。歌手们都要受到末位淘汰的竞争压力，从而激发出歌手最强的实力，也使观众收看到更高品质的表演。

《我是歌手》虽然是原版引进节目模式，但在本土化创新上做足了功夫，在还原音乐本质、追求真诚的节目理念基础上，将视听效果尽可能做到完美，选择具有超强实力的成名歌手参加比赛，不过度渲染歌手故事、情感，而专注于歌手对音乐的表现、对舞台的尊重与对表演的享受，再通过电视屏、手机屏与电脑屏之间的互动，成为中国电视真人秀节目中又一新的标杆。

第四节　节目解析：《达人秀》模式

一、英国达人

节目名称：《英国达人》(*Britain's Got Talent*)
节目类型：才艺表演类真人秀
播出频道：英国独立电视台(ITV)
开播时间：2007年6月

---

① 《"我是歌手"获好评，现场多次强调"真唱"》，《扬子晚报》，2013年1月21日。

【节目介绍】

《英国达人》是英国著名制作人西蒙·考威尔(Simon Cowell)2007年6月制作的一档才艺类真人秀节目,在英国独立电视台(ITV)播出。主持人是英国著名的主持搭档安托尼·麦克帕林(Anthony Mcpartlin)和迪克·多奈利(Declan Donnelly)。英国达人的参加者来自各行各业,唱歌、跳舞、魔术、杂耍,只要获得评委的认可,就可以参赛并且成为明星。节目口号是"挑选英国下一个最具天赋的表演者",不管年纪多大,任何相信自己有才能的人都可以参加海选。节目的优胜者将获得几十万英镑的奖金,并将参加英国皇家大汇演,在利物浦的帝国剧场上为女王和皇家成员献艺。丰厚的奖励,尤其是为皇家表演的殊荣,吸引了许多普通人的关注和参与。

由于没有表演内容的限制,动作表演、杂耍、单口相声、口技以及更多无法归类的有趣表演纷纷登场,节目亮点也因此体现了出来。截至2023年,《英国达人》已经播出了17季,每季都能获得很高的收视率并得到受众的广泛好评,尤其是在英国本土的电视节目中,更是成为观众热捧的电视节目之一。

《英国达人秀》最早在美国播出《美国达人秀》取得成功,随后转战英国并一举成名,目前已在全世界卖出几十个版本,包括由中国文广集团购买版权承制的《中国达人秀》。

【节目内容】

以第3季第7期《英国达人》为例:

序号	内　容	时间	形式
1	上期晋级选手精彩回顾和本期选手预告	1分18秒	播放短片+主持人现场
2	片花	22秒	播放短片
3	主持人、选手和评委出场	1分50秒	演播室
4	公布投票热线和收费标准	40秒	主持人现场

续表

序号	内 容	时间	形式
5	主持人介绍第一位选手，选手往期比赛和采访画面，评委对当晚选手表现的预期	1分20秒	播放短片
6	第一位选手开始比赛	4分55秒	演播室
7	片花和节目预告	25秒	播放短片+主持人现场
8	主持人介绍第二位选手，选手往期比赛和采访画面，评委对当晚选手表现的预期	1分45秒	播放短片+主持人现场
9	第二位选手开始比赛	5分钟	演播室
10	片花+节目预告	25秒	播放短片+主持人现场
11	主持人介绍第三位选手，选手往期比赛和采访画面，以及评委对当晚选手表现的预期	1分30秒	播放短片+主持人现场
12	第三位选手开始比赛	5分15秒	演播室
13	主持人介绍第四位选手，选手往期比赛和采访画面，评委对选手当晚比赛的预期	1分30秒	播放短片+主持人现场
14	第四位选手开始比赛	5分40秒	演播室
15	片花、节目广告、公布热线电话	1分25秒	播放短片
16	主持人介绍第五位选手，选手往期比赛和采访画面，评委对选手当晚表现的预期	1分30秒	播放短片+主持人现场
17	第五位选手开始比赛	5分40秒	演播室
18	主持人介绍第六位选手，选手往期比赛和采访画面，评委对选手当晚比赛的预期	2分20秒	播放短片+主持人现场
19	第六位选手开始比赛	4分	演播室
20	节目片花，主持人介绍第七位选手，选手往期比赛和采访画面，评委对选手当晚比赛的预期	2分	播放短片+主持人现场
21	第七位选手开始比赛	5分	演播室
22	节目片花，主持人介绍第八位选手，选手往期比赛和采访画面，评委对选手当晚比赛的预期	1分55秒	播放短片+主持人现场
23	第八位选手开始表演	4分55秒	演播室
24	节目片花、公布热线电话、主持人号召观众投票给当晚八位选手中的两位	1分	播放短片+主持人现场
25	八位选手参赛片段回放、节目片花、投票编码及热线电话号码	2分30秒	播放短片
26	主持人预告下次节目的时间及内容	40秒	演播室
27	片尾	35秒	演职员名单

【节目特色】

《英国达人》是英国独立电视台（ITV）制作的一档选秀节目，其核心理念是展现真正的技能。在制作过程中，节目确保了内容的真实特性。最让观众感动的是获奖者的经历中所展现的反差与蜕变。与其他选秀类节目相比，《英国达人》更加亲民，观众和评委不再偏好以往的帅哥美女，而是更乐于追捧那些看似平凡却身怀绝技的选手。

1. 小人物实现梦想的舞台

选秀节目背后隐藏着大众的一夜成名梦想。《英国达人秀》中，参赛者参赛原因各异，但通常可分为三类：为改变生活、追求舞台光芒、为女王表演。这个节目为优胜者提供高达几十万英镑的奖金，还有随之而来的演出合约及光明的演艺前途。

参赛选手上台表演之前都会回答一个问题，即"为什么参加这个节目"，大多数人的回答都是"我想在这里实现自己的梦想"。如《英国达人》第 3 季海选中，37 岁的仓库工人和披萨外卖员吉米·浦有严重的舞台恐惧症，当他站在舞台上唱出《悲惨世界》中的《Bring Him Home》一曲时，得到了评委及全场观众的一致肯定。这样的例子还有很多，几乎形成了一个固定的模式。这种模式所产生的结果就是能够唤起人们的同情心。每个人在生活中都会被自己某一方面的弱点所困扰，而当你真正有勇气站出来并下定决心要克服的时候，就肯定能得到广大观众的支持。当一位平民选手有天赋非凡的表演后，再通过媒体的重复推介，人气就如滚雪球般越来越大，最后获得冠军的可能性也就会越来越大。

第 3 季选手"苏珊大妈"的迅速走红就说明了这个特点。"苏珊大妈"脱颖而出后，不仅登上各大媒体的新闻头条，上奥普拉脱口秀，音乐公司和电影制片商也纷至沓来。节目抓住了观众喜欢猎奇和偏爱反差的收视心态，即大众需要看见奇迹。"苏珊大妈"平民实现梦想的故事引起了普通人的心灵共鸣，在这样带着励志精神的节目中，观众感染着积极向上的人生态度，这种坚持梦想不放弃、坚持信仰不服输的精神，不知不觉成为了《英国达人》的精髓，也成就了节目本身。

2. 简洁公正的比赛规则

相较于其他选秀节目，《英国达人秀》的规则简洁而有效，没有过多的花样和噱头，却显得很公平公正。首先，不分阶层、职业、种族、性别、年龄，不管是受过专业训练抑或是纯粹的业余爱好者，也不管特长是什么，这个节目没有任何门槛限制，这就提供了一种"任何人均可成功"的可能性；而这种成功，必须通过比赛和竞争才能获得。

在《英国达人》节目中，评委按下按键时会发出铃声，台上会出现一个巨大的红色大叉及该评委的名字，如果几位评委都按下按键，台上会发出巨大声响，表演者需要立即停止表演。前两季的《英国达人》有三位评委，参赛者需要两名评委的准许才能进入下一轮比赛。从第三季开始，评委变成了四位，有了四位评委后，选手必须征服三位评委的通过才能晋级。

简洁公正的比赛规则是通过节目的真实性体现出来的。《英国达人》不用现场直播的形式，而是通过后期制作，选择出有看点的选手比赛的镜头，作为播出重点。节目在播出的过程中，并不能播出每个参赛选手的每场比赛，更多的是那些有看点、有专业水平或是更能吸引收视率的一些参赛者的表演才有可能播出。节目也不回避现场观众对评委发出的嘘声和质疑声。评委、观众和选手的表现都很真实，语言犀利直白，兴奋或伤心等各种情绪都毫不掩饰，甚至落选选手也直接表达出自己的愤怒。评委之间也时常会为对选手的不同喜好而有争执意见。这种真实性是节目的一大看点。

3. 独具特色的选手、评委和主持人

《英国达人》的选手遍布各个年龄段，从儿童到老年人都有，其中，儿童和中老年选手增加了节目的亮点。在全球都追逐年轻帅气偶像的背景下，《英国达人》反其道而行之，从儿童和中年人层面发掘亮点，无疑让节目特点非常鲜明。参赛选手的类型也多种多样，有具备相当的专业水平和技术水准的实力型选手，有表演方式独特的创意型选手，有表演非常有趣、让现场气氛非常热烈的趣味型选手，也有唱歌跑调、舞蹈踩不准节奏、服装造型怪异的雷人型选手，有恶搞型的选手，也有背后有着感人故事的温情型选手……选手的类型涵盖各个层面，走上舞台的每个选手都独具特色。

《英国达人》的评委阵容也相对稳定，在前四季中，有身兼制片方与评审的西蒙·考威尔（Simon Cowell），也有阿曼达·侯顿（Amanda Holden）和皮尔斯·摩根（Piers Morgan）。西蒙·考威尔是英国著名的音乐和电视制作人，《美国偶像》前身、英国选秀节目《Pop Idol》的创始人之一，除了《英国达人》，他还是《美国达人》《X元素》等真人秀节目的评委，以尖刻严厉的"毒舌"著称，也因此受到不少观众推崇和争议，许多选手直言就是冲着西蒙报名参赛的。阿曼达·侯顿是英国女演员，她的点评富于女性的宽容和感性，同时也有自己的观点，因而为许多人所喜爱。皮尔斯·摩根是英国著名媒体人，担任《英国达人》《美国达人》评委。摩根被认为是口味最刁钻，评判最严格的一位，有时虽然主观激进，但提升了比赛的紧张程度，对收视而言大有帮助。评委的默契配合确实发掘了不少有潜力的选手，也为这个节目攒足了话题，吸引了足够的眼球。后来《英国达人》评委由三位增加为四位，英国著名喜剧演员兼主持人大卫·威廉姆斯（David Walliams）和英国R&B三人女子组合Mis-Teeq的前主唱、《舞林大赛》前主持人阿丽莎·迪克逊（Alesha Dixon）相继加入，为《英国达人》增加了新的亮点和看点。

《英国达人》的主持人安托尼·麦克帕林（Anthony Mcpartlin）和迪克·多奈利（Declan Donnelly）在英国是家喻户晓，他们自1989年共演BBC儿童剧认识并成为好朋友，两人曾合作灌录3张流行曲专辑。1998年，他们成为电视节目主持人，在英国BBC和ITV电视台做儿童节目，深受欢迎。如今，他们已经是英国最受欢迎的搞笑二人组。在选手比赛时，两位主持人总是在不干扰选手的情况下适时地进入现场，对参与者的采访也是恰到好处。与每位选手交谈时，都尽量帮助他们放松，即使选手表现很差，两位主持人也不会嘲笑他们，而是以朋友的身份给予鼓励，拉近了与观众的心理距离。

二、中国达人秀

节目名称：《中国达人秀》（China's Got Talent）
节目类型：才艺表演类真人秀

播出频道：东方卫视

开播时间：2010 年 7 月

【节目介绍】

2010 年，上海东方卫视从英国引进了火爆全球的平民梦想类选秀节目《英国达人》，制作了中国版本的《中国达人秀》，节目旨在让身怀绝技的普通人实现走上舞台展示自我的梦想，通过给予普通人表演机会，体现对每一个平凡梦想的尊重和鼓励；随着第一季《中国达人秀》的热播，"达人秀"在当时迅速成为一个社会热点。

与《英国达人》的比赛模式类似，《中国达人秀》致力于打造"零门槛"选秀节目，让拥有才华和梦想的任何普通人都可以展示天赋和潜能。节目最后的胜者将获得在拉斯维加斯表演三个月的合约。虽然是引进节目，但《中国达人秀》在制作过程中进行了充分的中国化，将才艺与情感并重，故事中表达和传递出了积极的人生观和价值观，励志与情感成为节目的主旋律。如"断臂钢琴家"刘伟，"孔雀哥哥"姜仁瑞，"鸭脖夫妇"周彦峰、许娜，"袖珍天籁童声"朱洁等，无不催人泪下。《中国达人秀》连续三季打破中国电视综艺节目收视纪录。

【节目内容】

以第一季《中国达人秀》半决赛为例：

序号	内　　容	时间	形式
1	上期精彩回顾和本期选手预告+片头	2 分	播放短片
2	主持人程雷出场，简短介绍今晚的半决赛竞争情况，请出《中国达人秀》三位评委，欢迎媒体评审团	2 分 6 秒	演播室
3	主持人介绍第一组选手：老皮匠乐队，老皮匠乐队往期比赛画面、采访和评委点评	2 分 10 秒	播放短片
4	老皮匠乐队开始表演歌曲《我们的歌》，表演完毕，评委点评和互动	5 分 54 秒	演播室
5	主持人介绍第二位选手：张冯喜，张冯喜往期比赛画面、采访和评委点评	2 分 20 秒	播放短片+主持人现场
6	张冯喜上场脱口秀《成长的烦恼》，表演完毕，评委点评和互动	8 分 10 秒	演播室
7	主持人请现场的媒体评审团投票，张冯喜的支持票 49 票，超过了老皮匠乐队	1 分 16 秒	演播室

续表

序号	内　　容	时间	形式
8	主持人介绍第三位选手：中国版"苏珊大妈"：朱晓明，朱晓明往期比赛画面、采访和评委点评	1分54秒	播放短片+主持人现场
9	朱晓明上场表演歌曲《Melody》，表演完毕，评委点评和互动	5分30秒	演播室
10	主持人请现场的媒体评审团投票，55票，超过了前面两位，排名第一	40秒	演播室
11	主持人介绍第四组选手：温可馨白领肚皮舞团，舞团往期比赛画面、采访和评委点评	2分10秒	播放短片+主持人现场
12	温可馨肚皮舞团上场表演《魔域传说》，表演完毕，评委点评和互动	2分50秒	演播室
13	主持人请现场的媒体评审团投票，温可馨肚皮舞团只获得了两票	25秒	演播室
14	主持人介绍第五位选手：破产千万富翁高逸峰，高逸峰往期比赛和采访，评委点评画面	2分35秒	播放短片+主持人现场
15	高逸峰上场演唱歌曲《九月九的酒》，演唱完毕，评委点评和互动	7分10秒	演播室
16	主持人请现场的媒体评审团投票，高逸峰获得了32票	50秒	演播室
17	主持人介绍第六位选手：翟孝伟和马丽，选手往期比赛和采访画面，评委点评画面	2分20秒	播放短片+主持人现场
18	翟孝伟和马丽上场表演舞蹈《一剪梅》，表演完毕，评委点评和互动	5分钟	演播室
19	主持人请现场的媒体评审团投票，翟孝伟和马丽获得了62票	45秒	演播室
20	主持人介绍第七位选手周劲松，周劲松往期比赛和采访画面，评委点评画面	2分55秒	播放短片+主持人现场
21	周劲松上场表演歌曲《龙的传人》，表演完毕，评委点评和互动	3分55秒	演播室
22	主持人请现场的媒体评审团投票，周劲松获得了27票	30秒	演播室
23	主持人介绍第八组选手：许娜夫妇，选手往期比赛和采访画面，评委点评画面	2分40秒	播放短片+主持人现场
24	许娜夫妇上场演唱歌曲《执着》，表演完毕，评委点评和互动	4分40秒	演播室

续表

序号	内　　容	时间	形式
25	主持人请出当晚所有选手上台，回顾选手票数，许娜夫妇获得 29 票，评委投票开始，一位评委投给了张冯喜，两位评委投给了朱晓明，朱晓明直接晋级《中国达人秀》总决赛，评委投票后，主持人宣布翟孝伟马丽和张冯喜都将参加总决赛的比拼，节目结束	21 分 10 秒	演播室

【节目特色】

2010 年，世界知名的选秀节目《英国达人》首次进驻中国。《中国达人秀》第一季取得了极高的收视率，在上海地区多次突破 20 点大关，全国范围的收视也名列前茅。总决赛收视率更是创下新高，达到了全国 5.70%，上海本地达到了 34.88%。① 无论是从"相信梦想，相信奇迹"的节目理念，还是从《英国达人》体现出来的人文情怀，以及淳朴的节目制作风格等，都值得思考与探讨。

1. 聚焦普通中国民众

"没有任何门槛，不限任何才艺。"这是《英国达人》的核心标志。《中国达人秀》节目成功的核心元素，就是将视角对准了最普通的中国民众，节目选出那些平凡而富有才华、拥有梦想并渴望奇迹的普通人，让他们走上世界的舞台。每一个在舞台上出现的选手，都使观众感到无比亲切和熟悉，仿佛生活在身边的邻居、朋友、同事……而这些普通人身上体现出来的真挚情感，毫不矫揉造作，足以震撼人心，传递出和谐家庭、和谐社会的理念。

《中国达人秀》与众多偶像类选秀节目有着很大的不同。其最主要的特点在于对选手没有固定的标准去选择，可以令普通人实现自己的梦想。绝大多数参赛者是普普通通的老百姓，而其胜负也由大众定夺，而非刻意的包装与炒作。在《中国达人秀》整个节目进行过程中，不采用灯光、音效等特效，而是还原普通群众生活中的淳朴、纯真的生活，将舞台真正留给那些普通的观众。这些被选择的节目往往传递出了普通群众的真情、真心、亲情、友情、能力、拼搏奋斗以及团队精神等，为普通群众创造了一个可以实现自己梦想的舞台。

《中国达人秀》表现的是个人通过奋斗来改变命运，倡导的是积极向上的生活理念，代表了中国主流文化和主流价值观。在《中国达人秀》的舞台上，真实的草根比比皆是，还诞生了不少"名人"，比如卖鸭脖子的小贩、断臂钢琴师刘伟等。

---

① 李云灵：《〈中国达人秀〉总决赛收视创新高》，《东方早报》，2010 年 10 月 12 日。

2. 故事增加选手魅力

《中国达人秀》中，情感的延续始终是一条隐形的线索。观看《中国达人秀》，是一个笑中带泪的过程，个体户、拾荒者、破产的千万富翁、退休妇女，还有咿呀学语的小朋友；杂技、舞蛇、表情秀、腹语、气功、肚皮舞、饶舌，比赛内容千奇百怪；中国版"苏珊大妈"、上海"80后"饶舌说唱男、鸭脖夫妻、没有手臂的钢琴少年、学驴叫的害羞歌手，不断出炉的"达人"总能占据各视频网站的点击排行榜。

一个选手所代表的精神和他的故事，对观众的吸引力甚至比才艺本身更重要。如曾经在舞台上令观众感动落泪的"袖珍妹妹"朱洁、"孔雀哥哥"姜仁瑞最终虽然没有晋级，但仍捧得单项奖。"达人秀不是一台歌舞晚会，它是跌宕起伏的美剧。"①正如《英国达人》内容总监弗特尼·帕拉斯卡基斯所说，《中国达人秀》遵循了真人秀节目的两大诉求：戏剧性和真实性，并贯穿制作的各个环节。

根据《英国达人》版权方的经验，成功选秀节目的选手70%要靠节目组设定，30%通过海选意外得来。其中，有故事的选手是其选择的主要标准。在海选阶段，导演组深入了解每位选手的才艺和本领，故事组则着重挖掘选手身上的故事点。为了准确记录每个选手的故事，《中国达人秀》采用纪录片的拍摄手法，对选手从报名、进等候区、侧幕直到表演结束后进行全程跟拍。后期剪辑也将选手的故事进行戏剧化再创作。海选阶段每天有40名选手，要录制11个小时，最后呈现给观众的只有一个小时。后期剪辑按照每集的不同主题重新编排。一般每集节目安排3~4个大故事和6~7个小故事，让催人泪下的感人故事和令人发笑的才艺表演相互穿插，通过蒙太奇的剪辑手法，精彩的内容被放大，其他的一笔带过，节目节奏跳跃、简洁，叙事呈现跌宕起伏的戏剧感。

《中国达人秀》通过整合东西方文化的精髓，依靠多姿多彩的娱乐节目表演来进行细心的调制，同时融入中国本土特有的文化元素，以轻松、精致、幽默的形式来体现其独特性。符合现在中国观众的需求。在节目组的精心设计和制作下，《中国达人秀》出现了众多各式各样的选手故事，海选时，菜花甜妈把歌剧《图兰朵》中的咏叹调《今夜无人入眠》改编成市井生活的卖场版，自创一曲名为《送你葱》的卖菜歌，被誉为继《忐忑》之后的新神曲，令人惊艳。复赛中，菜花甜妈套用《祝酒歌》的音乐，将卖菜的生活吆喝出来，颇为引人注目。还有94岁的上海老人用英语演唱《雪绒花》，来自深圳的农民工组团跳街舞。来自内蒙古的姜仁瑞用自创"孔雀开屏"来宽慰因病瘫痪多年的老伴，这段真挚的感情也让评委流下了眼泪。

3. 与原版《英国达人》的比较

在《中国达人秀》之前，源自《英国达人》节目模式的《美国达人》《澳洲达人》等达人秀节目已风靡全球40多个国家。无论是舞台还是赛制，《中国达人秀》坚持和《英国达人》的做法一致，节目录制全程由《英国达人》团队负责"监督"。同样的舞台布景（音乐厅），同

---

① 李邑兰：《不设计，无达人——中国达人秀的英国"红皮书"》，《南方周末》，2010年10月20日。

样的镜头表现(13 个近轨道摄像机全方位捕捉每个细节和表情),同样的主持风格(在后台用情感与选手互动),同样的评委构成(三个评委各司其职),节目模式和《英国达人》的相似度达到 90%,唯一不同的是参赛选手的技艺以及背后的故事。

所以,与《英国达人》相比,《中国达人秀》是在吸收《英国达人秀》长处的基础上再结合本土创意的完美结合,内容上雅俗共赏,赢得了观众的喜爱。

首先是表现内容上的本土化。《英国达人秀》在表演内容上,会更多地展现其戏剧性,这与西方国家的文化背景有关,如舞蹈节目编排上的戏剧安排、搞怪小丑的"雕虫小技"、喜剧表演的大胆模仿等。而《中国达人秀》更多地结合中国自身的传统文化。《英国达人》花了大量时间寻找达人,规定达人中必须有舞者、厨师、胖子、小孩、袖珍人等。他们可以直接从幼儿园、马戏团、魔术协会、专业俱乐部等地寻找网络红人,其节目内容主要集中在演员的喜剧性表演、奇人绝技的显露等方面。而《中国达人秀》在继承其大众娱乐的基础上,添加了中国传统技艺的精华,中西才艺巧妙地结合,以吸引观众的眼球。《中国达人秀》在进行本土化改造之后,舞台上涌现出一批批具有中华民族特色的才艺,比如第一季中的马丽和翟孝伟的"化蝶而飞"令人震撼。看他们的舞蹈,给人一种震撼心灵的感觉。在第二季《中国达人秀》里,有一对来自香港的姐妹,她们用土豆挖空制作而成的乐器,以及用塑料袋和胶带制作配乐伴奏演唱自己创作的歌曲,清脆悦耳,给人以美的享受,让观众从中品味到了生活的乐趣。

其次是呈现方式上的本土化。在叙事手法上,《英国达人秀》采用的是情境设计的手法,每季都是事先录好再分集播出,每集都有不同的主题和剧情,由一个 6 分钟左右的大故事和若干个小故事组成,有不同的主角、配角,评委、主持人、现场观众也是故事的一部分。《中国达人秀》更注重每一个选手背后的故事,并能够将其巧妙地融入表演内容之中。《中国达人秀》的叙事方式是建立在中国传统思维方式的基础上,重视节目的情节性、故事性、现实性和教化性,挖掘节目中有现实意义的元素并表现出来,更多地用讲故事的手法展示才艺,以开放、积极向上的力量引领大众,而中国受众也更青睐平凡中见奇迹的故事。借鉴《英国达人秀》的成功机制,《中国达人秀》找到了更能符合中国国情需要和观众审美需求的节目形态。

再次从节目的互动性上来看,节目的互动性包括主持人与选手、评委与选手、选手与观众、主持人与观众等的互动。《英国达人》的互动性主要体现在评委与选手的表演内容上,即辅助选手的戏剧表演,无论表演者表演得好坏,本身这种互动已经形成了一种喜剧的效果。《中国达人秀》的互动性更多地表现在评委与选手之间的互动和评委与评委之间的互动。《中国达人秀》的评委更多地在用含蓄的手法引导选手和观众塑造一种积极向上的审美观和价值观。评委除了要对选手的表演进行点评外,还要以自然、平等的态度和选手交流,适时地引出故事,启发选手的思想,传达观众的看法等。

最后从东西方价值观上来看,《英国达人》的主题是给有才能的小人物一个改变自己的机会,强调的是个人价值的实现。《英国达人》的选手参与节目是为了展现自我。在采访英国达人为什么要参加达人秀节目时，有的说想在英国皇家的舞台上为女王表演，还有的说是让观众能够发现自己的才艺。而《中国达人秀》淡化了对一夜成名的功利追求，把视角对准最普通的中国民众，关注平凡人身上动人的情感和人生故事。虽然选手们的才艺水平参差不齐，但他们身上体现出的淳朴真挚的情感、面对苦难的乐观坚忍以及为实现梦想坚持不懈的奋斗，展现了当代中国社会普通人的价值观和真实生存状态，使观众产生强烈共鸣。

总之，《中国达人秀》不仅成功地借鉴了《英国达人》的机制和模式，更重要的是合理地进行了本土化改造，包括对达人秀节目内容的选择与构造、主流价值观的把握和中国主流思想的传达。这也启示我们中国的真人秀节目要走一条创新之路，不仅要有准确的定位和充实的内容，还要善于把握它的思想内涵，传达一种积极向上的精神，感染受众，引领受众，更好地服务受众。

第六章　挑战竞技类真人秀

第一节　中外挑战竞技类真人秀综述

挑战竞技类真人秀节目分为体能挑战型和脑力竞技型两种形态。体能挑战型真人秀的主要特点是将参与者设置在一个特殊的艰苦环境中，借助苛刻的条件去完成各种难以完成的使命，在不断淘汰选手之后，最后决出胜利者。脑力竞技型的特点是让选手在规定的时间、按照规定的程序，回答主持人准备的各种问题，闯过设置的各种关口，走得越远，获得的利益就越多。

挑战竞技类真人秀一直是综艺节目的制作热点。早期国外的《幸存者》，国内的《走入香格里拉》，近 10 年来，《奔跑吧兄弟》《极限挑战》《极速前进》《全员加速中》《二十四小时》《真正男子汉》等节目热播，它们均代表了挑战竞技类真人秀创意和制作的趋势，其中《奔跑吧兄弟》和《极限挑战》源自经典韩国综艺模式，《全员加速中》引进自日本富士电视台的模式《全员逃走中》，《极速前进》则和韩国的《无限挑战》有很多相似之处。

2021 年韩剧《鱿鱼游戏》的热播，让极限闯关、"无限流"游戏等流行文化元素更加大众化，而"全民健身"的社会潮流，加上体能竞技比拼元素，都让挑战竞技类真人秀节目成为崭新的看点。

一、体能挑战型真人秀

体能挑战型是真人秀的主打类型之一，美国探索频道（Discovery）播出的《荒野求生》（*Man vs. Wild*），探险专家贝尔·格里尔斯教人们怎样在世上最恶劣却又吸引最多人毅然前往的环境中求生。在每集节目中，他都置身于被困游客的处境，利用自身的专业和技巧，挑战在各种真实的艰难环境下求生。前文提到的美国哥伦比亚广播公司（CBS）播出的《幸存者》（*Survivor*）也是生存挑战类型的最典型的节目形态。美国广播公司（ABC）播出的《让我离开这里》（*Get Me Out of Here*），10 位名人到澳大利亚的热带雨林生活数周，参赛者被放在极端严酷的生存环境中，不能携带与现代文明有关的奢侈品，接受严酷的生存考验，也是同样的体能挑战类型的节目。

体能挑战节目选择的环境都非常艰苦，如沙漠、雪山、孤岛、陌生的异国他乡等等，《幸存者》是在南太平洋的一座荒岛上拍摄的；《走入香格里拉》的环境则选择在海拔 4000 多米的香格里拉。环境越艰难，选手的表现空间会更大，他们的命运也越能够引起关注。过去体能挑战类节目完全根据参与者的"自然生存能力"来决定成败，基本采用的是硬性标准。但在真人秀中，这种规则越来越被残酷的淘汰规则替代。标准在软化的同时，人际关系进入了节目中，增加了节目的社会性内容。国内近些年播出的挑战类真人秀就是以冒险和挑战为核心，让参与者体验各种危险和高难度的任务。这类节目可以帮助观众了解挑战自我和超越自我的过程和方法，激发勇气和冒险精神。《全员加速中》《极速前进》等节目，通过让参与者完成各种危险和高难度的任务，展示出挑战自我和超越自我的过程和收获，让观众感受到勇气和冒险精神的重要性。

2023 年韩国热播的挑战竞技节目《体能之巅：百人大挑战》，嘉宾包括各类项目的运动员、健身网红、特战军人等，通过举重、拉船、运沙、格斗、拉大绳等高强度力量比拼争夺奖金。另一档爆火的女性生存竞技节目《海妖的呼唤：火之岛生存战》，邀请了警官、消防员、保镖、军人、运动员、特技演员等女性组成职业队参赛者，在荒僻孤岛展开体力、脑力兼具的生存竞技，节目赛制轻巧、比赛激烈，呈现了女性的力量、智慧兼具的美感，她们身上的坚韧和强大也引发了很多女观众的共情，为以女性为主角的挑战竞技节目打开了新思路。

二、脑力竞技型真人秀

脑力竞技型真人秀与生存挑战型不同，不是难度越高越好。对于观众来说，体能挑战类节目的观众只是观看者，但是脑力竞技节目的观众却是参与者，他们往往与参与者共同在"心理"闯关。脑力竞技节目一般都通过积分积累的方式来决定成败。积分越高，风险越大，比如，当获得 500 分，如果继续答题，正确后，将成倍增长积分，但是一旦失败，前面的积分可能会归零。这样就能够造成积累性的效果。

在欧美很多国家播出的《谁想成为百万富翁》（*Who wants to be a Millionaire*）、《最弱的一环》（*The Weakest Link*）、《幸运轮》（*Wheel Of Fortune*）、美国华纳公司的《街头的生存智慧》（*Street Smarts*）、美国广播公司的《危险》（*Jeopardy*!），中国的《幸运 52》《开心辞典》《一站到底》，德国的《*Super brain*》以及中国版的《最强大脑》等，都是脑力竞技型真人秀的代表。

由英国制作人戴维·布里格斯（David Briggs）和迈克·怀特希尔（Mike Whitehill）策划，塞拉多制作公司（Cerrado）为英国独立电视台（ITV）制作的《谁想成为百万富翁》于1998年9月首播，创造了高收视率，后来先后在欧美40多个国家被移植播出。

尽管脑力竞技类真人秀空间比较封闭、形态比较固定，冲击力不强，但是制作成本低，稳定性强，《谁想成为百万富翁》《最弱一环》等在西方国家一直有比较固定的收视群体，德国的《最强大脑》节目于2011年12月28日首次播出，到2023年已经连续播出了12季。已经有中国、美国、俄罗斯、瑞士、英国、巴西、哥伦比亚、意大利、西班牙等32个国家和地区对这个节目模式进行了引进和改版。

江苏卫视在脑力竞技真人秀节目方面拔得头筹，《一站到底》和《最强大脑》让"脑科学竞赛"成为江苏卫视的节目品牌。《一站到底》是以题目和答题形式，将知识竞赛与真人秀创新地结合在一起。相比于传统的知识竞赛节目，《一站到底》运用"一站会"形式，让参与者一次性回答10道题目，考验其广博的知识储备和能力，同时还加入了现场互动和选手间的比拼。这种创新的方式让观众在欣赏节目的同时也能有所收获，增加了观众的参与感。引进自德国的版权节目《最强大脑》也是一档极具创新的真人秀。节目以展示人脑能力的竞技形式为特点，选手们通过各种复杂的智力挑战图谱，展示了人脑的奇妙之处。与其他真人秀节目不同，《最强大脑》不仅局限于娱乐，更强调挑战和探索人类大脑潜力的意义。观众可以通过观看节目，学习到一些关于脑科学和心理学等方面的知识，并对人类大脑的发展和潜能有更深刻的认识。

第二节　中外挑战竞技类真人秀节目比较

《谁想成为百万富翁》与《开心辞典》

节目名称：《谁想成为百万富翁》（*Who wants to be a Millionaire*）

节目类型：益智游戏类真人秀

播出频道：美国广播公司（ABC）

开播时间：1999年8月

《谁想成为百万富翁》于1998年9月4日在英国独立电视台（ITV）首次播出，早期节目整个过程只有一名选手答题，没有答题时间的限制。1999年，美国广播电视网（ABC）正深陷收视低潮，为了改变现状，美国广播电视网从英国购买了这个节目，并对其进行了重新包装。节目主持人是当时名声显赫的吉斯·菲尔宾（Regis Philbin），节目长度增加到了60分钟。游戏规则简单明了，选手只要连续答对15道题就能够得到100万美元的全额奖金。播出之后收到了意想不到的效果，该节目平均每晚的观众数量就达到了2900万人，创下了美国历史上所有电视节

目收视率的最高纪录。同时，该节目也为美国广播电视网及其母公司迪斯尼带来了数亿美元的收益。① 它还促使美国游戏节目高额奖金升温，火热程度达到了历史的巅峰状态。此后，《百万富翁》的节目模式被 100 多个国家和地区购买，产生了全球性的知识竞赛类节目的热潮。

《谁能成为百万富翁》作为一种古老的益智问答节目样式，主要测试人们的记忆力、知识面、反应能力及运气，由于人们对这种一问一答的游戏节目样式已经非常熟悉，所以《谁能成为百万富翁》吸引人的最大法宝是高额的奖金刺激。为了使节目更加好看，节目的制作者在节目形式上大做文章，现场各种音效、灯光的使用提升了节目的视觉感染力，给观众带来巨大的新奇感。

节目名称：《开心辞典》

节目类型：益智游戏类真人秀

播出频道：CCTV-2

开播时间：2000 年 7 月

《开心辞典》是中央电视台经济频道 2000 年制作的一档脑力竞技节目，《开心辞典》引进了《谁能成为百万富翁》的电视形态，在借鉴了《谁能成为百万富翁》的节目模式之后，将其进行了独特的本土化改造。节目首先从题目入手，强调知识性与趣味性的结合，使其具有实用性和观赏性。节目所采用的复合式问答方式或猜词方式是大众生活中非常熟悉且熟练掌握的基本技巧，答题过程强调合作，尤其是亲情的合作。节目所运用的规则严谨但简单明了，遵循了递进关系的比赛方式，比赛的展开脉络清晰，突出了内在节奏。

《开心辞典》与《谁能成为百万富翁》最大的不同不在于奖金的多少，而是观念上的区别。《开心辞典》在引进和借鉴国外电视益智游戏节目形态的过程中，对于保持节目形态的新颖性和文化可适性的关系非常注重。例如，为避免《谁能成为百万富翁》利用高额奖金刺激观众的负面效应，节目主创人员针对现代社会家庭成员之间缺乏交流的状况，提炼出"家庭梦想"这一主题概念。很好地适应了中国文化中注重家庭亲情的传统，促进了家庭的团结与和睦。

《开心辞典》除了进行本土化改造以外，也吸收了《谁能成为百万富翁》的精华。借鉴《谁能成为百万富翁》的做法，将娱乐和知识融合在一起，让人们在获取知识的同时领悟人与人之间的真情与快乐。为了顺应当时多媒体互动传播的趋势，《开心辞典》还将彼时刚刚兴起的网络传媒融入了节目的基本形态架构之中，通过互联网络及声讯电话进行选手选拔，赋予了节目强烈的时代色彩。

《梦立方》与《脉动梦立方》

节目名称：《梦立方》(*The Cube*)

节目类型：游戏竞技类真人秀

---

① 冯易尘：《"百万富翁"版税纷争　迪斯尼被判赔 2.7 亿美元》，网易财经，2010 年 7 月 8 日。

播出频道：英国 ITV 电视台

开播时间：2009 年 8 月

《梦立方》是英国 ITV 播出的一档游戏类真人秀节目，节目于 2009 年 8 月 22 日首播，由菲利普·斯科菲尔德（Phillip Schofield）担任主持。2021 年，美国 TBS 有线台播出了美版《梦立方》，主持人是有"闪电侠"之称的美国篮球明星德怀恩·韦德（Dwyane Wade）。

《梦立方》节目的标志性道具就是让选手在一个 4×4×4 米的有机玻璃立方体内挑战各种任务，赢取最高达 25000 英镑的奖金。自从 2009 年首播以来，一直以颠覆传统电视节目视觉效果为招牌，以最尖端的拍摄和制作技术、最酷炫的视觉效果为卖点，以无可比拟的高科技大片效果，瞬间秒杀了同类节目。《梦立方》不但屡屡刷新英国综艺游戏的收视纪录，每一季节目平均收视份额高达 23％，更在 2011 年赢得英国电视最高奖——英国电影学院奖（BAFTA TV Award）最佳综艺节目。

除了令人咋舌的巨额奖金，《梦立方》的更新奇之处在于可比拟好莱坞科幻电影的视觉效果，让虚拟的电子游戏场景在真实的演播厅里重现。节目的设计理念是当人被局限在一个密闭的空间里，在全场观众的注视下时，甚至挑战最简单的任务，都会承受巨大的心理压力。一旦进入立方体，选手会产生幽闭恐怖症，不知所措。

《梦立方》利用先进的拍摄技术，力图展现选手在挑战每项任务时的紧张和焦虑。运用"时间切片"（Game Freeze）技术以及高科技声光电效果，让一个平平无奇的玻璃立方体霎时变得流光四溢，真正成为一个"梦幻立方"。而平凡如路人甲的选手在那个梦幻立方体里所经历的一切——令人窒息的焦灼、无可挽回的沮丧、火山爆发般的狂喜……这些都以最真实的方式呈现在电视荧屏上，让电视机前的观众体验无与伦比的紧张与纠结，也体验前所未有的酣畅淋漓。

节目名称：《脉动梦立方》

节目类型：游戏竞技类真人秀

播出频道：东方卫视

开播时间：2011 年 5 月

《梦立方》的节目模式于 2009 年 10 月亮相戛纳电视节，销至全球多个国家。2012 年 5 月 6 日，中国东方卫视从英国引进了这个节目模式，更名为《脉动梦立方》。《脉动梦立方》原版引进一个智能化的透明"立方体"，内含多个以智力比拼为主体的游戏项目，从平衡、记忆、技巧、敏捷等各个方面，对参与者的身心状态，进行综合的考验。

随着一关一关的突破，参与者获得递增的现金奖励，最后的闯关成功者，则获得节目组为其实现人生梦想的机会。

从拍摄技术来说，《脉动梦立方》请来了专业团队打造原版视觉冲击力，力求正宗。原版 The Cube 在综艺节目的摄制中引进了电影拍摄手法，其中最重要的就是"时间静止"和"慢速摄影"，这能把选手或紧张或焦灼的微表情放大到极致，令观众似乎身临其境，面对面观察着选手的紧张表情。在这一点上，东方卫视《脉动梦立方》全盘接受，以高科技的拍摄手法，给了观众前所未有的超震撼感觉。

《脉动梦立方》沿用了英国原版节目 The Cube 的基本赛制，节目选择不同职业、性别、肤色、阶层的挑战者来到录影棚中，接受梦立方的挑战。每一位挑战者都将拥有 9 条游戏生命、1 次简单化游戏和 1 次试玩游戏的机会。游戏设计上也基本沿用了原版的游戏，比如轴线、稳定、弹跳、定位、旋转、粉碎、平衡、读秒，等等。

与原版 The Cube 相比，中国版的《脉动梦立方》更加张扬梦想的力量。梦立方，代表着梦想是立体的、多元的。选手通过自己的努力，除了可以拿奖之外，也可以圆梦，很多梦想都是公益的，这也增加了节目的公益性。

《脉动梦立方》的最大看点除了花样翻新的游戏设计外，莫过于节目本身的整体包装和线下推广。东方卫视在亚洲首次独立搭建起了这个立方体。它是由六面玻璃墙组成的立方体，高度达 5 米，地底一面为全电脑控制的游戏平面，灯光效果也是简繁分明，略去观众席的反应镜头，突出舞台中央立方体的科技和未来的效果，蓝色和红色荧光的大量运用，电波画面和金属质地的遍及，加之后期特效编辑的配合，使得整体画面干净、大方、梦幻，充满科技感和未来感，大大增加了观众的视觉体验。同时，好莱坞电影《黑客帝国》中的"时间冻结"技术、高速摄影机、时间切片系统等高科技，融入体育比赛中的慢动作回放环节，让成功和喜悦、惊喜和激动重新回放，激发观众的参与性。这些都是在中国电视制作史上的首次尝试，革新了电视艺术和文化，开拓了对电视节目的极致想象空间。

《歌唱小蜜蜂》与《我爱记歌词》

节目名称：《歌唱小蜜蜂》(The Singing Bee)
节目类型：(歌唱)游戏竞技类真人秀
播出频道：美国国家广播公司电视网(NBC)
开播时间：2007 年 7 月

《歌唱小蜜蜂》(The Singing Bee)是美国国家广播公司电视网(NBC)在 2007 年推出的全新益智游戏选秀节目，节目主要测试参赛者记忆歌词能力。每期从现场观众中随机挑选出 6 名选手，然后请他们上台演唱，乐队伴奏歌曲，明星领唱，歌曲中故意漏掉歌词，让演唱者"填空"。记对歌词的选手胜出，而记错歌词的选手则下台。经过层层淘汰，最后的冠军获得 5 万美元的奖励和冠军奖杯。

《歌唱小蜜蜂》把深受人们欢迎的卡拉OK（Karaoke）与拼字游戏（Spelling Bee）结合了起来。拼字游戏是西方英语国家如美国、英国、澳大利亚、新西兰、加拿大等国家通行的一种幼儿填字游戏。《歌唱小蜜蜂》恰如其分地抓住了英语世界里普通人群的文化方式并融入节目，可以说是电视媒体娱乐深入平民文化的又一例证。

《歌唱小蜜蜂》的节目现场气氛十分热烈，整个演播室被布置成经典的美式卡拉OK酒吧：Live乐队、现场观众、派对中心演唱者、昏暗的灯光、逐字提示字幕的超大LED。这样的舞台设计很好的将演播室中各种角色结合在一起，也让中央圆形舞台上的选手更为聚焦。而且由于节目极强的互动性，成为当时继《美国偶像》之后又一档高收视率的歌唱节目。

节目名称：《我爱记歌词》

节目类型：（歌唱）游戏竞技类真人秀

播出频道：浙江卫视

开播时间：2007年10月

在美国国家广播公司推出了《歌唱小蜜蜂》3个月后，节目模式就被浙江卫视移植到国内，推出号称全国门槛最低的音乐比赛——《我爱记歌词》，作为翻版节目，《我爱记歌词》的节目模式与《歌唱小蜜蜂》的环节基本类似，其选秀门槛、舞台设置、领唱、伴舞等环节没有大的变化，就连冠军环节前的前奏"希望就在前方"也是完全参照美版的设置。

为了适合中国观众的欣赏口味，《我爱记歌词》对节目的本土化方面做了一些改进。《歌唱小蜜蜂》节目的一个重要动力就是奖金设置，高额奖金是刺激众多选手参与节目的关键。《我爱记歌词》则完全放弃了这个动力机制，而是把节目的重点放在低门槛、全民参与和自我表达这几个方面，并将现金奖励转化为公益爱心基金，突出了节目的公益性。由于弱化了竞赛和现金奖励的动力，《我爱记歌词》在游戏和娱乐方面的重心增加，主持人从原版节目的一位增加为男女两位。节目组对领唱歌手和乐队的选择也颇费苦心，在众多的乐队和歌手中反复筛选，并且随着节目在全国范围内知名度的提升，节目的领舞、主持人、伴唱等组成了明星阵容，他们不仅在节目当中非常出彩，也受到了众多粉丝的追捧，聚集了相当的人气。并且在节目中形成了一种品牌效应。

《我爱记歌词》成功推出之后，衍生了多个旗下产品，包括月度的"全国麦霸程式对决""麦霸英雄汇"等。除了这些活动，浙江卫视还陆续推出了两档同样以唱歌为主的节目《我是大评委》和《爱唱才会赢》，分别走机器人评委、智力比拼两条不同路线。后者借鉴美国综艺节目《成交不成交》的方式。节目由20余个"梦想天使"各持一箱子登场，箱中有1分至10万元不等的中国蓝公益金，游戏过关后嘉宾可挑选箱子打开，以尽可能多地赢取公益金为目的。这三档节目当时被称为浙江卫视的"综艺三剑客"，从周五到周日的3天里连续推出，形成了轰炸式的节目效应。

这种品牌链的联动效果，进一步扩大了《我爱记歌词》的节目影响力，节目与其旗下产品互相促进，实现了《我爱记歌词》节目模式的自我复制，对其他的电视制作机构具有极大的借鉴意义。

《Running Man》与《奔跑吧兄弟》

节目名称：《Running Man》（런닝맨）

节目类型：挑战竞技类真人秀

播出频道：韩国 SBS 电视台

开播时间：2010 年 7 月

《Running Man》是由韩国 SBS 电视台于 2010 年在《星期天真好》单元推出的户外竞技真人秀节目。每期由固定成员及不同嘉宾参演。对应每期节目不同的主题，分为不同的队伍进行比赛，最后获胜一方将获得称号或奖品。游戏中创造的撕名牌等环节收获无数好评，也使得许多综艺节目竞相模仿，在亚洲有着极高的人气。曾经加入节目的固定成员有刘在石、池石镇、金钟国、HAHA（河东勋）、宋智孝、Lizzy（朴秀英）、Gary（姜熙建）、李光洙等。

《Running Man》将自己定位于集运动、游戏、娱乐于一身的综艺娱乐性节目，其节目想要表达的是一种健康、积极向上、充满活力、贴近大自然的生活理念。节目播出以来，收获的不仅是高收视率与人气，还广泛地传播了韩国的文化，宣传了当地的许多景点，由此带来了相关领域经济的繁荣。每期节目的开头，主持人都会简短介绍所在地或者标志物的由来以及地位，"大韩民国的文化心脏""大韩民国的经济命脉""韩国的小普罗旺斯"等一系列形容语句通过主持人的感慨、醒目的字幕以及强烈的音效让观众印象深刻。几期海外特辑，每一次节目结束后，观众都会通过节目中所呈现出的各种风景以及解说词而心起向往，这就是节目所带动的旅游宣传效应。

《Running Man》中的固定成员在节目中都有自己的角色定位，并将每个人的特质发挥到了极致，如"能力者"金钟国、"背叛者"李光洙、"不良"智孝、"黑羚羊"池石镇、"舞王"刘赫、"机灵鬼"HAHA，"和平者"Gary 等，7 位成员分工明确，出生于 20 世纪 60、70、80 年代的他们对应了不同的受众群体，刘在石和池石镇的目标受众是中老年群体，金钟国和河东勋吸引的 30 岁以上的群体，而 Gary、李光洙、宋智孝则负责的是年轻受众群体。这样就能确保节目多层次的进行，使得受众的定位更加清晰。在如今受众为王的时代，这群搞怪和亲民的嘉宾也为这档节目增加了许多看点。

节目名称：《奔跑吧兄弟》

节目类型：挑战竞技类真人秀

播出频道：浙江卫视

开播时间：2014 年 10 月

2014 年，浙江卫视引进了韩国 SBS 电视台的综艺节目《Running Man》，推出了大型户外竞技真人秀《奔跑吧兄弟》，第一季由浙江卫视和韩国 SBS 联合制作，第二、三、四季由浙江卫视节目中心制作。第五季起更名为《奔跑吧》，由浙江卫视节目中心独立制作。《奔跑吧兄弟》的固定嘉宾有邓超、李晨、陈赫、郑恺、王祖蓝、王宝强、包贝尔、鹿晗等。截至 2023 年，《奔跑吧》已经连续制作了九季，以其独特的创意和轻松的氛围赢得了观众的喜爱，拥有了大批固定的观众群。

《奔跑吧兄弟》节目虽是源自《Running Man》，也基本照搬了原版成熟的制作模式，但从游戏安排、道具制作，甚至情节设置等各个环节依然能看到很多本土化的烙印。跑男团每个人都性格分明。前几季的《奔跑吧兄弟》的主要内容是以游戏的形式进行一系列的挑战，每一期节目都会设定一个主题，例如"校园回忆""职场生涯"等。参与节目的明星嘉宾需要按照规则完成各种任务，期间他们需要展示自己的智慧和勇气，同时也需要彼此之间的默契与配合。

《奔跑吧兄弟》融入了文化元素，打造了中国特色的"跑男"文化。西湖、敦煌、乌镇、洛阳、西安、武汉等各地的风土民情在节目中展现，在给观众们带来快乐的同时，也极大地展现了各个地方的民俗风情；节目还加入了社会热点元素。在内容设计和嘉宾参与方面结合当前社会热点和舆情走向考虑，注重健康理念的传播，提升节目正能量。如在《奔跑吧兄弟》特别季中，节目设计与公益扶贫等主题紧密结合，在引进之后，成功打造出了中国式《Running Man》电视节目模式。

第三节　节目解析：《最强大脑》模式

一、德国版《最强大脑》

节目名称：《最强大脑》(*Super Brain*)
节目类型：科学竞技类真人秀
播出频道：德国 ZDF 电视台
开播时间：2011 年 12 月

【节目介绍】

Super Brain 是德国 ZDF(德语：Zweites Deutsches Fernsehen，ZDF)①播出的综艺节目，也是一档专注于传播脑科学知识和脑力竞技的节目。每一期节目邀请七名参赛选手，他们在节目现场接受节目组设置的各种挑战，这些挑战有脑力比拼，也有心理大挑战。每期节

———————————

① ZDF 是德国的一个公共电视台，也是欧洲最大的电视台之一。它与德国公共广播联盟和德国广播电台是德国公共广播的三个组成部分。

目设定一个主题，邀请音乐、体育、科学等高手前来挑战，并以科学的方式分析高手能力。节目面向社会征集选手，集结了众多科学天才，展现他们超越想象、异于常人的神奇技能。所有的选手均由现场观众评选，最终获胜者得到 2 万 5 千欧元的奖金。

Super Brain 节目于 2011 年 12 月 28 日首次播出，截至 2023 年已经连续播出了 12 季。Super Brain 节目模式一经推出就在欧洲流行起来，已经有中国、美国、俄罗斯、瑞士、英国、巴西、哥伦比亚、意大利、西班牙等 32 个国家和地区对这个节目模式进行了引进和改版。

【节目内容】

以第五季第 7 期 Super Brain 为例：

序号	内　　容	时间	形式
1	上期节目精彩回顾+片头	40 秒	播放短片
2	主持人 Jörg Pilawa 上场，欢迎现场观众，宣布冠军争夺战即将开始，介绍本场将有六位选手争夺冠军，成为德国的超级大脑，得到 25000 欧元的奖金	1 分 20 秒	演播厅现场
3	Jörg Pilawa 请出了科学专家克里斯蒂安，坐到舞台一侧的沙发上，询问她怎么进行记忆训练，克里斯蒂安说大脑是具有可塑性的，要正确使用它	40 秒	演播厅现场
4	Jörg Pilawa 介绍将出场的第一位参赛者，大屏幕播放第一位参赛者短片，来自德国科隆的 Helge Rühs，他爱好舞蹈和足球。Helge Rühs 和舞伴跳舞出场，观众欢呼。主持人请 Helge Rühs 来到沙发前，接受他和科学专家的访谈	3 分 50 秒	播放短片+演播厅现场
5	主持人 Jörg Pilawa 带 Helge Rühs 来到舞台另一侧的选手椅子上，进行最强大脑的比赛。几十位舞者出场，Helge 将通过听舞步来识别舞者跳的是哪一种舞蹈，五种舞蹈，每种舞蹈展示几十秒	2 分 30 秒	演播厅现场
6	Helge Rühs 戴上耳机，背对舞台，主持人从鞋架上的舞蹈鞋中选择了第一种。两名舞者走上舞台跳舞。Helge 仔细辨别，50 秒后，Helge 回答是 CanCan(康康)舞，主持人展示鞋底的答案，回答正确	1 分 55 秒	演播厅现场
7	主持人选择第二种舞鞋，对应的舞者走上舞台表演，Helge 进行辨别，回答是 Horon(土耳其舞蹈)，主持人展示鞋底答案正确；主持人选择第三种舞鞋，舞者表演，Helge 回答 Tango(探戈)，主持人展示答案正确；主持人选择第四种舞鞋，舞者跳舞，Helge 回答是 Lindy Hop，正确；第五种舞蹈 Hip Hop。Helge 依然正确，主持人宣布 Helge 顺利通过本轮挑战	8 分	演播厅现场
8	主持人宣布第二位选手即将出场，现场播放第二位选手短片。来自柏林，50 岁的 Gert Mittring 博士，绰号是"德国最好的厨师计算器"，可以准确辨别各种食物的克数。Gert 医生拥有 11 个世界冠军头衔，同时还是心理学和教育学的博士，已经出版了 5 本书	3 分 10 秒	播放短片

序号	内 容	时间	形式
9	Gert Mittring 博士来到演播厅，访谈过后，主持人请 Gert 来到舞台另一侧的选手椅上坐定，准备接受挑战。大屏幕上出现有 1380 个 5 位数的数字矩阵，Gert 将通过快速记忆，将数字矩阵中由数字组合代码组成的密码打开面前一个保险箱	3 分 20 秒	演播厅现场
10	克里斯蒂安请一位观众随手写下一个 5 位数 79386，Gert 必须使用最多 7 个素数来计算隐藏代码	3 分 50 秒	演播厅现场
11	Gert 来到数字矩阵前，快速观察记忆，寻找素数。紧张的挑战中，另一位科学专家在幕后进行分析。Gert 成功找到了 7 个素数，打开了保险箱。 科学专家克里斯蒂安对他进行访谈，谈论大脑的非凡能力	6 分 10 秒	演播厅现场
12	现场播放第三位选手的短片，29 岁的 Alisa Kellner，来自慕尼黑，是一位建筑师和记忆世界冠军。在高楼的顶端，她可以激发大脑记忆，记住 40 种不同的颜色代码	2 分 50 秒	播放短片
13	Alisa Kellner 从演播厅上方的一根绳子滑落到舞台上。简单的访谈过后，Alisa 将接受挑战。镜头切换到法兰克福郊外德国最高的建筑，建筑的每一层有 40 个颜色代码，Alisa 穿上蜘蛛人装备，从高楼的外立面缓缓降落，她需要记住每一层的颜色代码	7 分 10 秒	外景同期声
14	Alisa 回到主持人身边后，接受挑战，将 40 个颜色代码中，其中 5 个颜色代码所在的楼层回答出来。Alisa 逐一回忆，全部回答正确	4 分 35 秒	外景同期声
15	镜头切换到演播厅，Alisa 与前两位挑战成功的选手一起坐到沙发上，与主持人 Jörg Pilawa 交流	1 分 55 秒	演播厅现场
16	播放第四位选手短片，来自勃兰登堡寄宿学校的学生，12 岁的 Max 和 15 岁的 Aneska。他们拥有破解游戏逻辑的能力	2 分 35 秒	播放短片
17	演播室，Aneska 和 Max 骑着单车出场，简单的访谈后，两人坐到选手椅上，接受逻辑游戏的挑战：破解四位数的颜色组合。几轮挑战后，Aneska 和 Max 成功破解后，来到舞台一侧沙发上，与前几名挑战成功的选手坐到一起	11 分 45 秒	演播厅现场
18	播放第五位选手短片，35 岁的 Johnnes Mallow，来自马格德堡，患有肌肉萎缩症，病痛让他只能生活在轮椅上，记忆力却越来越强。曾经五次赢得世界记忆锦标赛的冠军	3 分 40 秒	播放短片
19	Johnnes Mall 来到节目组就展示了他的记忆能力，在 9 分钟内根据机票记住了现场 100 个观众的航班信息。挑战现场，主持人提供 100 位演播室观众的照片，随机选出一个人，Johnnes 必须说出他的名字和飞行数据，并和乘客的机票信息进行核对。随机选出的五名观众中，Johnnes 回答正确了前四位，最后一名回答失败	14 分 20 秒	演播厅现场
20	主持人 Jörg Pilawa 介绍今天挑战成功的四组选手：Helge Rühs, Gert Mittring, AlisaKellner, Aneska 和 Max。请现场 100 名观众投票，共进行四轮投票，每一轮投票后，票数最低的选手离场。最后 Alisa Kellner 票数最高，获得"超级大脑"的称号，并得到了奖金	5 分 10 秒	演播厅现场

【节目分析】

德国的 *Super Brain* 是全球知名的智力竞赛节目，旨在挑战人类思维极限，探索人类大脑潜能。*Super Brain* 节目在世界范围内备受欢迎，被多个国家购买版权模式。中国版 *Super Brain* 是最初的版本，也是全球最成功的版本。美国版 *Super Brain* 是在成功的中国版基础上发行的。题目更加刁钻，考验了参赛者的记忆、反应和思维能力，配合了高级别的物理和心理学理论，展现了世界上最顶尖的大脑信息。印度版 *Super Brain* 展现了印度文化和知识的广泛性，独具亚洲风味。作为这一电视模式的原创版本，德国版 *Super Brain* 独具特色。

1. 参赛选手的多元化

Super Brain 的多元化主要表现在参赛选手的多样化和比赛项目的丰富性。*Super Brain* 的参赛选手几乎涵盖了各个层面，从儿童到老人，从健康选手到残疾选手，不同年龄、不同职业、不同民族的选手都可以同台比赛。在德国，参赛选手年龄最小的只有 10 岁，最大的将近 70 岁。这也是 *Super Brain* 创意团队在选择参赛选手时的独特标准，每一个年龄层、每一个职业的选手都代表了一个群体。选手越普通，观众的代入感就越强，对节目的关注度也更高。

这些来自不同层面的选手有一个共同的特点，他们都具备超强的记忆力或计算以及逻辑推理的能力。为了展示这些参赛选手的天才特质，*Super Brain* 设置了丰富多彩的比赛项目，有挑战选手记忆力的比赛，有考验选手超强计算能力的比赛，有体现选手瞬时记忆的能力比赛，也有考验选手逻辑思考能力的比赛项目。节目比赛中出现了很多有趣的选手，他们的天赋也各不相同，如测试选手的记忆力比赛项目，有的选手能记住完整的德国铁路长途网以及其中的所有车站，有的选手能够记住上千个婴儿的长相、姓名和出生日期，有的选手能在 100 秒内记住 100 对新郎新娘的正确排列顺序。在测试选手计算能力的比赛时，有的选手可以在几秒内说出幂次方，这些带有趣味性的比赛项目都增加了节目的娱乐性。

对参赛选手除了要求有超强的记忆力或运算、逻辑推理能力外，并未对其他条件有过多限制，是一场平民化的科学脑力竞赛。节目中曾经有一位叫 Dave 的选手，他是一个双目失明的天才少年，能够在不接触物体的情况下通过回声定位的方法辨识物体。节目播出后，这位少年得到了无数观众的喜爱和关注。节目组通过 Dave 这位残疾少年选手传达出这样一个理念：脑力的强大与年龄和身体无关，每一个人都可以拥有"最强大脑"。

2. 一场精心设计的科学竞技真人秀

德国版 *Super Brain* 是一档科学竞技类真人秀，专注于脑力科学和脑力竞技，开创了科学竞技类真人秀的全新模式。参加节目的选手是普通人而非职业演员或者专业科研人员。这也是真人秀节目的精髓，强调节目是"真人"的"秀"。

虽然参赛选手都是普通人，但节目组并不会将他们随意搭配放到舞台上进行科学竞技，而是由创意团队进行精心设计。仔细研究节目就会发现，选手们虽然普通但不平庸，他们在节目中的表现非常真实自然，并且具有一定的娱乐性。而且很多参赛者的个性与形象有反差，在同一场节目竞技的选手也是性格各异，他们的性格有的活泼，有的沉稳，有的幽默，有的木讷。有一些选手表现得非常坚强，有一些就内心脆弱，节目组特意将这些性格鲜明的选手放在一期节目中，极大地增强了节目的综艺效果，也吸引了更多的观众。

在以往人们的印象中，"科学"是普通人遥不可及的领域。*Super Brain* 节目为了打破人们的固有印象，在节目的比赛内容上也进行了精心的设计。他们邀请幕后专业的科学智囊团设计了节目题库，将脑力科学与普通人的生活紧密连接，以大众的视角让参赛者展示自己的非凡天赋。节目选手成为了人们心中的"平民明星"，*Super Brain* 也是一个用真人秀形式制作的科学普及节目，让人们觉得科学并非遥不可及，鼓励更多的观众发现自己的科学潜质。*Super Brain* 无论从思想性还是意义性上来说，都是一档积极而有意义的真人秀节目。

3. 名人嘉宾和主持人

Super Brain 节目邀请了众多名人作为嘉宾，这些嘉宾的身份有网球赛冠军、流行歌手、主持人、演员、导演、舞蹈艺术家等。每一期 *Super Brain* 都会请 3~4 位名人嘉宾。他们都具有相当的名气和社会影响力，这些名人嘉宾的加入为 *Super Brain* 增加了话题和关注度。

参加 *Super Brain* 的名人嘉宾有男有女，他们来自不同职业，共同特点是具有幽默感和综艺效果。名人的出现为节目增加了亮点和戏剧性。和其他竞技类真人秀节目不同的是，*Super Brain* 中的名人嘉宾没有表决权，无法决定选手的胜负，他们在节目中的主要功能是带动观众情绪，推动节目进程，活跃节目气氛。

因为没有投票表决的压力，名人嘉宾们在节目中的表现更加放松，他们和现场观众一起观看参赛选手的天赋展示，见证那些看起来不可思议的超级大脑。有时，名人嘉宾也会加入节目比赛中，以大众视角来挑战和验证比赛项目的难度，他们的表现更具有娱乐效果，让现场气氛更加活跃。

Super Brain 前几季的主持人是 Jörg Pilawa，他是德国著名的主持人、演员和制片人，性格严谨而幽默。*Super Brain* 严肃而活泼的风格也是在他的主持下形成的。Jörg Pilawa 在介绍比赛项目规则时非常严肃，但和名人嘉宾或参赛者互动时，又十分幽默风趣。主持人与名人嘉宾的表现是节目的亮点之一，也给节目增加更多话题。

4. 多机位拍摄手法

在真人秀电视节目制作中，多机位、多角度、纪实拍摄是一个重要的特征，无论是在演播室置景录制还是户外录制，摄像机位的数量比其他电视节目要多。为了完整记录选手、嘉宾及观众的真实反映，*Super Brain* 节目录制现场就有 20 多台摄像机，为观众最大程度还原现场的自然状态。纪实拍摄手法在增强节目真实性的同时，也展现了时空的完整性。多机位不仅能够拍摄比赛的宏大场面；还可以捕捉到节目现场的动态细节，参赛者紧张的表情，眨眼睛，握拳头，各种通过面部表情、身体语言展现的内心的细微活动，以及观众焦灼或关切的表情眼神，都可以被瞬时记录。

同其他真人秀的拍摄一样，*Super Brain* 每一个机位所承担的任务不同，真人秀节目从某种意义上说强调情节上的意外和突发，多机位设置下的多角度素材，从后期剪辑的层面进行剪辑渲染，可以增强设计的张力，放大情节点，也能让参赛选手呈现出最自然的状态。

真人秀节目中大量摄像机布置以及海量素材分组剪辑已经成为节目制作的常规配置。多机位的设置实际上是基于多视角的需求，导演需要多视角地展现一个设计，观众也需要多视角地去看一个情节。多机位摄制带来的庞大的素材量，这给真人秀节目的后期剪辑工作提出了相当严峻的挑战，经常是几个剪辑团队同时工作。*Super Brain* 在后期剪辑中经常利用电影中蒙太奇的剪辑手法，利用对比蒙太奇强化对比和冲突效果、交叉蒙太奇制造紧张气氛、平行蒙太奇多线索叙事等剪辑方式，增强节目的戏剧性。节目中选手专注的神情，观众既怀疑又期待的目光以及不断减少的计时器等镜头交替出现，突出紧张的气氛，这样的剪辑使电视真人秀更具艺术张力。

二、中国版《最强大脑》

节目名称：《最强大脑》
节目类型：科学竞技类真人秀
播出频道：江苏卫视
开播时间：2014 年 1 月

【节目介绍】

《最强大脑》是江苏卫视于 2014 年 1 月引进的德国《Super Brain》的节目模式，也是国内首档大型科学竞技类真人秀电视节目。节目口号是"让科学流行起来"。每期节目会有各具特点的天才选手轮番上阵，晒出看家本领，展现超越想象的神奇技能。节目组同时也邀请科学家，从科学角度，探秘天才的世界。每一季最终筛选出 12 位选手组成中国的最强大脑战队，迎战来自意大利、西班牙和德国的最强大脑战队，决出世界最强大脑。《最强大脑》制作团队在引进节目模式后，进行了本土化改造，通过对选手和科学家进行艺术性编排与加工，让节目更具有故事性、趣味性、观赏性。在节目舞美设计和舞台道具上，注重"动静结合"，并运用明星元素的偶像效应，使娱乐和科学相结合，也让更多的年轻人爱上了科学。截至 2023 年，《最强大脑》已经成功制作播出了十季。

【节目内容】

以第十季第 4 期《最强大脑》为例：

序号	内　　容	时间	形式
1	片头	20 秒	播放片头

续表

序号	内　　容	时间	形式
2	主持人蒋昌建上场，请出本赛程的脑力见证者郭麒麟、阎鹤祥。两人上场，与主持人和其他嘉宾交流。主持人请出牛娃组合，牛状状公仔和小朋友李帝霖	6分15秒	演播厅现场
3	蒋昌建宣布比赛开始，选手向三位脑王发起冲击。现场播放比赛规则短片《推心置腹　相辅相成》。主持人询问现场科学专家莜教授为什么设置这个比赛，阐述比赛规则。嘉宾庞博为新秀队加油	3分45秒	播放短片+演播厅现场
4	蒋昌建请莜教授继续介绍脑王怎么组队，参加哪些项目，三位脑王杨易、白宇鹏和朱辉宇分别抽出A部分和B部分。抽签完毕后，脑王两两搭档。《Q牛牧场》环节杨易和白宇鹏搭档，《极夜之途》环节杨易和朱辉宇搭档，《秘境寻踪》环节白宇鹏和朱辉宇搭档。主持人请庞博到备战大厅协助新秀队组队	1分20秒	演播厅现场
5	新秀选手在备战大厅组队，互相讨论交流，几位新秀的采访同期声说出自己的组队心愿。郭麒麟、阎鹤祥、莜教授、王昱然等坐在观察室观察讨论新秀们的表现	5分	纪实拍摄+采访同期声
6	现场大屏幕播放比赛题目视频《数字迷途》。新秀队组队完毕，入场。站到比赛台位上进行比赛。"数独大神"黄明睿获得第一名。选手陆续答题，排名靠前者优先选择各自战队	13分45秒	演播厅现场+采访同期声
7	张晋恺小朋友选择排名靠后的朱科祺做搭档，让现场颇为感动。新秀们分别选择三组战队。庞博宣布三个赛道的出战名额。介绍比赛规则，请《Q牛牧场》赛道的选手出场	9分25秒	演播厅现场+采访同期声
8	短片介绍《Q牛牧场》的比赛规则，屏幕上出现三个演播厅时空《备战大厅》《新秀备战间》和《脑王备战间》。嘉宾们讨论选手们的表现	6分10秒	演播厅现场
9	挑战开始，A项目常峻硕完成作答，B项目徐新凯、杨英豪完成作答。两组获得额外挑战名额	1分	演播厅现场
10	主持人请两位脑王杨易、白宇鹏出场。挑战动态观察记忆开始，现场大屏幕动画演示他们的比赛过程。选手比赛过程中，嘉宾们讨论他们的表现，现场声光特效强调比赛的紧张感	23分40秒	演播厅现场+采访同期声
11	主持人蒋昌建宣布第一场搭档挑战赛结束，现场验证新秀能不能战胜脑王。验证完毕，主持人恭喜三组新秀挑战成功	2分20秒	演播厅现场
12	主持人请脑王和新秀都站在舞台上，嘉宾莜教授点评他们的表现，其他嘉宾谈论自己的观赛感受	5分10秒	演播厅现场
13	主持人请石明鑫和徐新凯、常峻硕和杨英豪两组选手拿下荣誉勋章	40秒	演播厅现场

续表

序号	内　　容	时间	形式
14	主持人宣布第二场搭档挑战赛开始，短片播放比赛规则。开始备战测试，常峻硕和杨英豪组合，王宇轩、尹嘉晖组合获得额外挑战名额	8分25秒	演播厅现场
15	主持人请观众继续观看下期精彩挑战赛，本期节目结束	1分40秒	演播厅现场

【节目分析】

2014年1月3日，江苏卫视引进了德国的电视节目 *Super Brain* 模式开播，受到了广泛关注。引进的国内版叫《最强大脑》，在节目中，多位脑力天才们进行智力比拼，最终筛选出12位选手组成中国最强大脑战队，分别迎战来自意大利、西班牙和德国的最强大脑战队，决出"世界最强大脑"。在国内电视界，科学竞技类节目《最强大脑》以其高品质的节目内容、独特的娱乐理念与惊艳称奇的呈现方式，将科学类节目的质量与水平推向了一个新的高度。

中国版《最强大脑》是全球最成功的版本。这一版本得到了观众、科学家、政治家的广泛认可和赞誉。中国版《最强大脑》的问题趣味性高、涵盖面广泛。除了传统知识点，还涉及到物理、心理学等领域，让参赛者的视野更加开阔。中国版《最强大脑》不仅关注知识的挑战，更注重参赛者的实用技能，如记忆法、思维灵活性等。这也为观众提供了很好的学习机会。

1. 科学与娱乐相结合的真人秀

在《最强大脑》之前，国内也出现了很多的科学类节目。1998年，中央电视台的科教频道推出了《科技博览》《走近科学》《科技之光》等多个科学类节目，这些科学类节目以专题节目为主，主题基本都是传播科学、宣传技术，完成科学普及等，《最强大脑》将科学与娱乐进行结合，节目口号是"让科学流行起来"。将充满悬念的科学潜力考验与挖掘的全过程搬进了大型演播室，增加了著名艺人、科学达人组成的嘉宾团队，强化了演播室内的现场互动性与参与感。

《最强大脑》运用"真人秀"的理念与手段，对科学类节目做了改造与升级，将"科学"看作附着在人之上的一种能力。《最强大脑》采用电视艺术和科学呈现相互结合的模式，聘请了高端中外专家顾问团，在保证科学性的同时，让节目更具可视性，也让观众意识到电视真人秀和科学相结合可以这么生动有趣。它将难以视觉化的科学内容变成情节化、悬念化、过程化的"真人秀"画面。在中德对战赛中，节目组成功复原立体版《清明上河图》，将原本画卷上的神作还原到现实生活中来；为"超级找茬王"郑才千准备的超级魔方墙，由 2500 个色彩斑斓的魔方构建，让人眼花缭乱；为体操员盲穿激光线而设置的激光通道，光影交错中 83 根激光线组成的 10 米长廊，演播厅现场充满现代感和科技感的舞台，都带有极大的视觉刺激性和娱乐性。

2. 打造明星科学家和科学顾问团

综艺娱乐节目中，明星的加入是增加节目知名度和影响力的重要手段。《最强大脑》选用了很多当红的明星来做点评嘉宾，这些名人虽然在节目中占有的比重不算大，但是极大增强了节目的话题和影响力。

《最强大脑》邀请了众多在各自领域有着卓越表现的科学家和顾问，这个顾问团有来自国内各大高校和研究院的心理认知、生物医学、运动控制领域的专家、学者。还邀请了来自耶鲁大学、麻省理工学院等十多位外国专家作为科学顾问团的"外援团"。用专家团队来保证节目项目设置和评价体系的专业性，对每位选手从核心能力、难度系数、模式解析等方面，通过文字、图标等方式，给予了充分介绍和剖析。这些专家不仅参与节目的策划和录制，还为选手们的表现提供专业的评价和建议。他们在节目中扮演着非常重要的角色，让观众能够更深入地了解选手们的表现和实力，也让节目更具观赏性和启发性。

在此之前，科学家因为特有的职业性质通常不被公众注意，《最强大脑》里出现的科学家评审有别于传统的电视嘉宾的形象，坚持科学是唯一检验标准的表现，让科学说话，通过科学的评价选出真正的最强大脑，激发了受众对权威的信任情绪，从而对最强大脑节目产生好感。

通过打造明星科学家和科学顾问团，《最强大脑》成功地将科学精神传递给了广大观众。这种跨界的合作模式不仅让更多人对科学产生了兴趣，还为科学家们提供了一个展示才华的平台，进一步推动了科学普及和科学精神的传播。

3. 关注科学与人的关系

《最强大脑》的选手们需要通过科学验证来展示自己的"最强大脑"能力，这需要他们运用各种科学知识和技能来应对挑战。同时，观众也可以通过选手们的表现来了解科学知识的应用和意义。节目中的选手们不仅需要具备超常的智力和能力，还需要在比赛中运用科学知识来解决问题和应对挑战。这体现了科学与人的紧密关系，即科学知识可以成为人们解决问题和应对挑战的重要工具。

　　节目中所展现的"最强大脑"能力不仅是一种超常的智力表现，更是一种生活技能和解决问题的能力。《最强大脑》关注科学与人的关系，并不是机械地展示人脑特殊的功能，而是着力于众多普通人靠自己的努力和学习所能展现出来的能力，让观众看到与自己一样的普通人是如何将不可能变为可能的。通过选手们的表现和科学验证，让观众更深入地了解科学知识的应用和意义，同时也让科学更贴近人们的生活。

　　节目里展现了挑战者们的生活，包括他们向命运的挑战。以第一季的选手周伟为例，他被称为"中国雨人"，脑瘫使他无法与他人正常交流，反应迟钝和木讷。但就是这样一个人，成为数学界公认的心算天才。在《最强大脑》节目中，周伟展现了他卓越的运算能力。无论是多位数相乘、开方还是次方运算，这些常人需要笔算花费较长时间的题目，周伟都能瞬间得出答案。周伟的故事展示了无论面临多大的困难和挑战，只要用心去面对并努力不懈，总有可能超越自我并实现人生的价值。

4. 创新模式增加看点

　　虽然最强大脑的节目模式引自德国，但江苏卫视并没有照搬套用，而是针对中国电视栏目的实际进行了具有特色化的创新和尝试。在节目的环节设置上，中国版《最强大脑》与德国原版 *Super Brain* 相比较，有了较大的变动。中国版《最强大脑》的赛程分为晋级赛、挑战赛、中外 PK 赛三个阶段，取消了每场由现场观众投票选出冠军和冠军将获得巨额现金的奖励，将在中国版《最强大脑》中晋级的选手进行选拔，组成战队，与来自德国、意大利、西班牙的战队选手进行四国 PK，角逐出谁才是"世界最强大脑"。在晋级赛、挑战赛之外，首创中外 PK 赛，从而实现了在同一模式下，不同国家间脑力人才的真正 PK，让这种抽象的脑力科学通过看得见摸得着的实际比拼，在世界范围内唤起人们对脑力科学的兴趣。

　　《最强大脑》在节目规则上也与原版模式有较大的改编，原版节目中挑战者首先要完成规定的挑战项目，再由现场观众投票决定谁是冠军，决定权掌握在现场观众手中。《最强大脑》在晋级赛和挑战赛中将决定权分为两部分，先由嘉宾根据个人的判断打出相应的预判分，挑战者完成规定的挑战项目，再由科学评审打出难度分，预判分与难度分的乘积超过 80 分的选手才能晋级或淘汰其他挑战者。这样可以避免观众的主观判断，结果更加公正，也凸显了《最强大脑》的专业精神。原版模式中虽然也设有"科学博士"的角色，但是他并没有给选手打分的权利，而在中国版《最强大脑》中"科学博士"不仅可以通过难度分决定参赛者最后的成绩，还要对参赛者挑战项目中大脑运行背后的科学原理进行阐述。

　　《最强大脑》节目巧妙地融入了中国文化元素，对节目规则进行了细化，并在挑战项目和道具中大胆融入了中国文化元素。例如，在中国选手倪梓强对战德国选手 Jurgen Seliger 的项目中，沙盘模型就是依据《清明上河图》打造而成的。此外，节目还注重选手背后故事的发掘，将主流价值和正确审美取向相结合，向人们传递出一种积极、正面、健康向上的人生态度，构筑了一种富有人文气息的娱乐品格。这种结合不仅让观众享受到了娱乐性，还向人们展示了中国文化的魅力和人文精神，进一步增强了人们对中国传统文化的认知和认同感。

第七章　生活体验类真人秀

第一节　生活体验类真人秀综述

生活体验类真人秀是一种以体验式的方式呈现节目的形式，通过让嘉宾脱离日常繁忙的工作，到农村、客栈、其他人家中体验不同的生活，展现另类的温馨电视生活类节目。近些年国内热播的《中餐厅》《亲爱的客栈》《宝藏般的乡村》《听说很好吃》《打卡吧！吃货团》等都属于生活体验类真人秀。

生活体验类真人秀于 20 世纪 90 年代起源于英国。这类真人秀关注普通人及其日常生活兴趣。如园艺、烹调、装修、时尚等。它不像选秀类真人秀上演一夜成名的平民神话，而是提供着生活各方面的服务，是服务性和娱乐性的结合。它选择具体的对象进行有针对性的帮助和服务，有意改变参与者的现实生活，并对服务过程和改变过程进行全程跟踪拍摄与记录。当时热播节目有探索频道的《穿着禁忌》（*What Not to Wear*），恩德莫尔公司的《大食家》（*Big Diet*），Bravo 出品的《粉雄救兵》（*Queer Eye for the Straight Guy, Bravo*），Fox 的《天鹅》（*Swan*）、ABC 的《超级保姆》（*Super Nanny*）以及中央电视台经济频道的《超市大赢家》等。

生活体验类真人秀是一种非常重要的节目类型，当席卷全球的娱乐风暴刮过之后，强劲的选秀潮席卷了电视市场。而喧嚣热闹的选秀背后，以生活体验为卖点的真人秀节目类型悄然兴起，成为真人秀节目新一轮竞争的领跑者。

一、国外生活体验类节目

国外生活体验节目最明显的是生活类专业化频道在不断扩容和细分，它们的发展势头都比较良好，对国民经济生活产生直接的影响，受欢迎的生活类节目模式往往具有相对持久的观众吸引力，观众群也较为稳定。同时，生活类节目与日常生活息息相关的特性，使得节目策划具有高度的灵活性，可以围绕某一特定产品品牌设计新的节目内容片段。

1. 生活频道的专业化

与中国生活类节目在每个频道都有分布的状况不同，欧美电视频道非常注重自身专业化定位。欧美电视行业是高度市场化的产物，"目标观众（Target Audience）细分"已成为电视节目策划和播出的重要指导原则。欧美生活体验类节目，已经从具体生活细节的展示上升为生活方式的解读，反映主流社会的消费趣味和价值观。对各类群体受众均有覆盖：理财、家装、环球旅游及美食、酒店体验、高尔夫、汽车等节目均有自己固定的收视群体。

欧美的电视频道中，电视节目为了迎合观众对戏剧和故事性的需求。在节目制作中，往往是以多个小类作为一个完整节目的不同元素有机结合起来，以吸收更多的观众群体。许多生活类节目的资讯服务功能已经被弱化，而娱乐性则被不断强化，并与其他电视节目形式如真人秀、剧情、纪实类等紧密结合，比较常见的生活类节目有美食、探索和旅游类节目，家居翻新与 DIY 以及环保生活概念类节目等。如美国福克斯频道热播至今的生活类厨艺真人秀节目《烹饪大师》（*Master Chef*）以及其衍生节目《小小厨神》（*Master Chef Junior*），突破了传统的生活服类节目以中老年女性观众为主的收视窘境，融合真人秀和竞技的元素，给节目带来了紧张刺激的新鲜看点，也将年轻而富有购买力的群体吸纳为有效受众，赢得了广告主的青睐。

2. 生活体验类节目独具本国特色

德国的一百多家电视台几乎都有生活类节目。不论是公共电视台还是私营电视台，每天至少有 10% 的播出时间涉及健康话题。节目内容主要有四大类：一是专业医学养生类节目，如德国电视 1 台的《健康指导》，内容包含世界最新医学研究试验、流行病的最新应对措施等；二是生活类健康节目，介绍怎样预防常见疾病、如何进行科学锻炼等；三是服务类健康节目，如德国电视 2 台的《诊所》，转播德国各科权威专家给病人看病的全过程，并通过热线解答电视观众的问题；四是娱乐化的健康节目，主要关注有故事性的事情。

美国与英国的共同特点就是设置了专业频道。美国健康专业频道（Health）和英国的探索健康频道（Discovery Health）都对每个健康主题的节目做了详尽的再分类。其中相当一部分内容与身心健康、医疗卫生、心理疾患等有关。节目在表现形态设计上强调制造意外，设计悬念，插入大量背景专题片。背景专题片约占节目总长的 1/4。主持人以情动人，用丰富的阅历营造家庭聚会般的聊天式氛围。

法国的特别公益专题健康节目，以播出时间长、影响范围大而闻名。法国国家电视台从 1987 年开始组织的一年一度的特别节目《电视行动》，是法国最引人关注的一档大型社会公益医疗健康直播节目，主题是为各种疾病的患者改善医疗条件而进行社会募捐。如针对因遗传病致残的人，电视台在巴黎埃菲尔铁塔前的战神广场搭建演播室作为节目的主要活动地点，全国另设多个分场点和募捐点。主持人首先会对前几届活动进行回顾，其次由主演播室的若干名医学专家向观众讲解疾病的基本知识及最新进展，并回答患者问题，其间不断插播各种小专题，反映现状等。另外，在其他小演播室中，主持人与专家探讨与疾病相关的专业知识，同时还穿插体育、健身、舞蹈类节目，或组织一些有此类疾病的患者进行特长表演。这样一来，节目内容丰富，场景众多，还能产生巨大的社会影响。

韩国的生活体验类节目以旅行体验真人秀见长。《Flower Crew》是观众们能直接参与的新概念旅行实景节目，嘉宾在济州岛进行三天两夜的旅行，在旅行间成员们将通过 Naver V App 进行直播，由观众们投票来决定六位成员的命运，是一档以观众为主的新概念节目；《燃烧的青春》是一档描绘中年单身男女明星通过 2 天 1 夜的旅行结识新朋友的节目。《团结才能火》讲述了以金勇万、金成柱、安贞焕、郑亨敦四位 MC 在没有经纪人等工作人员的陪伴下，与普通人一起跟团去旅行的故事。韩国 tvN 电视台的旅行体验真人秀"花样系列"连续推出了《花样爷爷》及《花样姐姐》后，又制作了《花样青春》。《认识的哥哥》记录了背包的两位明星柳俊烈、李帝勋寻找真正自我的旅行故事，没有制作组的干涉，旅行者自己体验旅行的所有瞬间。

日本的生活类节目收视率高居不下。播出时长达 90 分钟的《电视加油站》(日本电视台第 4 频道)，收视率就曾一度高达 33.1%。住宅改造综艺节目《住宅改造全能王》，由电视台从广大报名装修遴选出改造家庭，委托有才华的设计师(多为一级建筑师)用经济的方式将窘迫破败的旧屋改造成舒适宜居的生活环境。节目中，日本建筑设计师把空间的利用效率和美学效果发挥到了极致，对于整体结构的把握和对生活细节的处理都做到了无懈可击。节目中突出的是追求实用、强大的收纳功能、合理的动线设置、流动的和风日照、温馨的人文关怀。另外节目后期设置回访环节，让整个节目更加完整，增添了更多人文关怀。日本 YTV 电视台制作的美食节目模式《旋转厨房》(The Rolling Kitchen)，在 2019 年的戛纳电视节上，得到了很多国家的青睐。

二、中国生活体验类节目

国内的生活体验类电视节目的种类、形式、内容在不断丰富和发展，很多节目在服务大众的基础上寻求更吸引眼球的元素，娱乐被毫无悬念地引入生活类节目，生活体验类节目有从十多年前就热播的约会节目《非诚勿扰》《百里挑一》、身份置换节目《变形记》、职场体验节目《职来职往》《非你莫属》、家居装修节目《交换空间》，还有全新制作的节目《梦想改造家》《暖暖的新家》《中餐厅》《锋味》等。

近年来随着生活服务类电视节目的兴起，越来越多的电视媒体开办了以服务百姓生活为宗旨的节目样态，此类节目以其在地域性上的心理接近性与题材上的贴近性，受到了观众的欢迎，收视市场份额逐步扩大，影响力也不断扩大。

早在 20 世纪 80 年代初中央电视台的《为您服务》就成为当时知名度很高的电视节目，

主持人沈力因此被称为"中国荧屏第一人"。国内其他电视台在发展初期也曾以这类栏目作为主要的节目内容，但随着新闻评论、娱乐、民生节目的崛起，生活类节目的数量越来越少。此后随着电视媒体的迅速发展，专业化频道的出现，生活类节目又开始了新的探索和寻找更生活化的表达，于是国内一批生活类频道相继产生，生活电视节目的策划、研发成了又一个新的亮点，和电视观众吃穿住行等与生活息息相关的内容也越来越受到广大电视观众的热捧。

从目前的电视收视市场的状况来看，受众对生活服务类节目的贴近性与个性化特征越来越注重。各地生活频道的开播为生活服务类栏目提供了相当大的平台与空间。中央二套的《为您服务》《生活》等栏目也成为这类节目的知名品牌。之后又出现了被大众熟知的《交换空间》，《交换空间》引进的是美国广播公司非常成功的一档改造家居装修的电视节目《改头换面》的版权，成熟的节目样态，经过设计的节目环节，成功的收视市场，这些都是可以借鉴的元素，《交换空间》的推出，给生活服务类节目注入新的元素和亮点，真实、实用、娱乐的概念吸引了大量的观众。

1. 约会体验类真人秀

1995 年，我国台湾地区的相亲节目《非常男女》一夜走红，这股"相亲风潮"很快席卷大陆。1998 年，湖南卫视《玫瑰之约》正式开播，在之后长达 8 年的时间里，一直是国内最受欢迎的相亲节目。在此期间，国内各电视台举办的婚恋节目风起云涌，如上海电视台的《相约星期六》，其多样的节目板块、特别的专场设置、专家亲友点评环节的安排为相亲嘉宾提供了充实的交流互动，赢得了良好的社会反响。

但是，电视婚恋交友类节目直到 2010 年才呈现出热化的状态，以英国 Fremantle Media 公司制作的交友类娱乐节目——《带我走吧》(*Take Me Out*)为原型的《非诚勿扰》格外引人关注，引发了一轮相亲类节目的收视热潮。更引起了各家卫视相亲类节目的白热化竞争。包括湖南卫视、东方卫视、山东卫视、浙江卫视、广东卫视等十多家省级卫视频道纷纷播放此类节目。在众多相亲类节目中，《非诚勿扰》无论从收视还是社会影响力都一直遥遥领先。几年之后，随着时间的推移，许多匆匆制作的相亲节目逐渐被市场淘汰，《非诚勿扰》则成为为数不多的幸存者之一，且节目影响波及海内外。其被英媒评为"影响在英国的华人的 2011 十大事件之一"；节目样本成为美国哈佛商学院的研究对象。①

2. 装修体验类真人秀

家居装修节目是生活体验类节目的重要组成部分，节目通常会邀请专业家居装饰师和设计师，展示他们的装饰技巧和家居美学。他们可能会为参与家庭进行全面的家居装饰设计，分享家居装饰的技巧和灵感。央视的《交换空间》就是国内家居装修节目的鼻祖，其他的还有《梦想改造家》《暖暖的新家》等。《梦想改造家》是国内由东方卫视打造的一档大型家装改造节目，节目借鉴了日本的《全能住宅改造王》，将家园改造融合人文关怀，聚焦与住房难题息息相关的家庭故事和人物命运，通过颠覆性空间布局重置，细致入微的人

---

① 王轶斐：《英国金牌制作人盛赞〈非诚勿扰〉》，《每日新报》，2012 年 8 月 17 日。

性化设计，把人文情怀贯穿其中，用温暖而光明的故事结尾，彰显出人性的善良。

3. 美食体验类真人秀

各式各样的美食节目一直受到很多人的喜爱，这些年，国内也陆续出了很多主打美食的综艺，比如《十二道锋味》《拜托了！冰箱》《中餐厅》等，还有各类纪录片《舌尖上的中国》《人生一串》《风味人间》等。这些节目展示了不同国家和地区的特色美食，以及美食背后的文化和故事。

《十二道锋味》由谢霆锋主持，邀请了众多明星加盟，每期节目都会介绍一道特色菜肴，并邀请名厨现场教授制作方法。节目还融入了谢霆锋的个人经历和感受，让观众能够更好地了解美食背后的故事。《拜托了！冰箱》是一档明星和厨师互动的节目，每期节目都会邀请一位明星和一位厨师，展示他们的冰箱和美食制作过程。节目以轻松愉快的方式呈现美食，也展现了明星们的日常生活和饮食习惯。《中餐厅》则是一档以中华美食为主题的生活类综艺节目，每期节目都会邀请明星和厨师一起合作，在有限的时间内制作出一道道精美的中餐。节目不仅展示了中华美食的魅力，也传递了合作、团结的精神。《舌尖上的中国》则是一部以中国美食为主题的纪录片，通过讲述不同地区、不同民族的美食文化和传承，展示了中国饮食文化的博大精深。此外，《人生一串》和《风味人间》也是非常受欢迎的美食纪录片，分别以烧烤和全球美食为主题，展现了不同地域的美食文化和特色。

这些美食节目的出现，不仅让人们更好地了解不同国家和地区的饮食文化，也让更多人开始关注美食背后的故事和制作过程。同时，这些节目激发了人们对美食的热爱和探索欲望，促进了饮食文化的发展和传承。

4. 旅行体验类真人秀

旅行类主题一直都是节目创作的重要品类，且时隔几年就会再度回归，甚至产出爆品。2014年是国内旅行体验真人秀集中爆发的一年。这一年，电视歌唱类选秀节目在政策调控下，逐渐回归理性市场。旅行类真人秀乘势而起，迅速成为大热的节目品类。湖南卫视《花儿与少年》，东方卫视《花样爷爷》《花样姐姐》《两天一夜》，浙江卫视《出发吧爱情》《一路上有你》《西游奇遇记》，江西卫视《带着爸妈去旅行》，深圳卫视《极速前进》，江苏卫视《前往世界的尽头》，东南卫视《茶道真兄弟》《真爱在囧途》，旅行卫视《鲁豫的礼物》，湖北卫视《如果爱》，等等，旅行真人秀成为综艺节目竞相追逐的创新高地。

2023年下半年，国内上新了一大批旅行生活体验类真人秀，诸如《向山海出发》《现在就出发》《以绿色之名》《出发吧，路即生活》《出发！笑游记》《期盼已久的假期》《一路前行》《非来不可》《舌尖上的乡村》《一路笑开花》等。相较于以往常态化旅行节目，新型旅行类节目大多进行了明显的垂直深挖和切口引入，还巧妙地契合了当下观众更为具体的收看诉求和情绪价值，节目提供更实用的旅行指南，为观众自己出行做好准备，节目内容强调真实自然与真诚陪伴。

电视业的飞速发展使得电视传播手段及传播观念也不断创新，传播视角由高高在上的俯视转为平视，电视的传播模式也由传者为中心转向以受者为中心，而当今生活体验类电视节目的发展正是以受众为中心，它最本质的内涵就是尊重每一个人，凸显并高扬人的主体地位，本着普通老百姓的日常生活中的问题和需求来进行节目的制作和传播，以平凡为美，重视抓取不经雕琢的原生态画面，在人们熟悉的生活中寻找人们不熟悉的内容，并将其凸显出来。

第二节　中外生活体验类真人秀节目比较

《交换家庭》与《变形记》

节目名称：《交换主妇》(*Wife Swap*)

节目类型：体验类真人秀

播出频道：美国广播公司(ABC)

开播时间：2004 年 9 月

2003 年 1 月，英国第四频道(Channel 4)推出了一档真人秀节目《交换家庭》(*Wife Swap*)(又译为《交换主妇》)。两个具有不同背景和文化的家庭，家中的妻子互相交换角色，到对方家中与对方丈夫和孩子过上几天的"同居生活"。节目规定，每个被交换的妻子，前往新家之前会留下一份手册，而新来的女主人第一周必须严格遵守前女主人的生活方式。第二周，新女主人就可以按照自己的方式，但原来的家庭成员必须遵守新女主人的规定。节目播出以后成为英国第四频道的收视冠军。

美国广播公司买下了该节目的版权，在每周一晚间黄金档播出。在节目播出的第一个周末，美国广播公司就拿下了同时段节目的收视冠军。《交换家庭》成为四年来该时段最受欢迎的节目，并成为八年来收视率排名最高的节目。[①] 后来多个国家陆续引进了《交换家庭》的版权，包括法国、德国、丹麦、西班牙、德国、意大利、印度、巴西、智利、以色列、澳大利亚等。

美国广播公司引进《交换家庭》后，在节目设置上进行了一些变动，把交换的时间延长为两星期。节目聚焦于两个生活习惯完全不同的家庭，将女主人相互交换，去对方家里生活两周。"交换家庭"时间到期后，两个家庭重聚一堂，互相讨论彼此的"交换感受"。节目中，人物的本性显露无遗，可以看到不同的生活方式和理念的碰撞。结局常常充满爆点，富有启发性。

节目名称：《变形记》

节目类型：体验类真人秀

播出频道：湖南卫视

开播时间：2006 年 7 月

《变形计》是湖南卫视 2006 年推出的一档角色互换体验式真人秀节目，这档节目结合社会热点，寻找热点中的人物，安排他们进行互换人生体验，体验对方的生活。《变形记》被称为"新生态纪录片"，在节目里暗中设置场景和环节，24 小时跟踪拍摄，以纪录

---

① 谢耘耕、陈虹：《真人秀节目：理论、形态和创新》，复旦大学出版社 2007 年版。

片的方式原生态展示人物的体验历程，随机访谈其体验感受，采访周边相关人物及专家学者。节目的播出得到了普遍关注，引发了全社会关于青少年教育的大讨论。

作为一档在社会热点中寻找题材的体验类真人秀节目，《变形记》在制作过程中借鉴了《交换家庭》的现场记录，两档节目在形式与风格上比较一致，都属于身份置换体验式真人秀，采用了电视剧式的戏剧性冲突，都是参与者进入一个陌生的环境中接受考验。在节目模式上，都用了纪录片式的跟踪拍摄来捕捉细节，既有纪录片的真实性要素，又有影视剧的戏剧化要素。两个节目在节目设置的关键元素上也有许多相似之处。如人为地找两个身份差异很大且可能与交换后的家庭发生矛盾的参与者，两个参与者在交换后都会与家庭发生矛盾，产生一定的戏剧效果，置换后两人在矛盾中爆发，爆发后又有所反思，有所改变。

《变形记》虽然借鉴了《交换家庭》的节目创意，但在制作过程中还根据中国人的道德观念和审美情趣进行了本土化改造，节目的主题关注中国的家庭和社会教育，更贴近中国观众的欣赏心理，通过主人公的亲身体会展现了发生在中国的社会现象和不同家庭背景，发达地区与落后地区人们的不同渴望与梦想，城市少年与乡村孩子，问题少年与优秀学生等。节目主题的选择充分考虑到了中国特定的意识形态、文化传统和社会价值标准，体现了我国真人秀节目的人文关怀、社会责任感和严肃而理性的人文思考。

《带我走吧》与《非诚勿扰》

节目名称：《带我走吧》(*Take Me Out*)

节目类型：约会体验类真人秀

播出频道：英国独立电视台(ITV)

开播时间：2010 年 1 月 2010 年 1 月 2 日，英国独立电视台(ITV)播出了交友约会类真人秀节目《带我走吧》(*Take Me Out*)，节目由英国著名电视人 Mark Read 和 Andy Geer 策划，由英国著名主持人 Mike Dent 主持。国内相亲节目《非诚勿扰》的节目模式是源于英国版本的 *Take Me Out*，由于《非诚勿扰》的巨大影响力，国内很多人习惯把这档英国节目称为"英国版《非诚勿扰》"。

在《带我走吧》电视真人秀中，英国 25 个 18～24 岁的帅小伙在 40 名女性观众的"严阵以待"下展开"爱的告白"，在八周的时间里找寻生命中的另一半。在每一轮的"爱的告白"中，每个小伙子都会被请到舞台中央，通过一个大屏幕显现出他们即将要面对的 40 个年轻漂亮的女性，当小伙子们逐一登台后，他们被要求在 3 分钟内对心仪的女性观众进行"爱的告白"。当一对恋人完成配对后，他们将手牵手一起走下舞台。

在《带我走吧》电视真人秀的整个过程中，一个秘密调查组始终跟踪拍摄着这25位小伙子的一举一动。主持人 Mike Dent 请来一位心理学家对他们进行心理测试，以帮助他们了解自己在寻找伴侣的过程中是否找准了自己的定位。在最后一周里，此前配对的恋人将重新回到舞台上再次进行配对。姑娘们将根据一周来的表现最终选出她们心目中的英雄。节目自2010年在 ITV 电视公司首播以来，收视率一路走高，大结局播出时收视人数达到了740万。

节目名称：《非诚勿扰》

节目类型：约会体验类真人秀

播出频道：江苏卫视

开播时间：2010年1月

《非诚勿扰》是中国江苏卫视制作的一档约会体验类节目，于2010年1月15日首播，节目模式来源于英国独立电视台的《带我走吧》(Take Me Out)，节目的互动形式完全突破过去传统的交友方式，体现了新时代男女的婚恋观。每期节目中有24位单身女生以亮灯和灭灯方式来决定报名男嘉宾的去留。《非诚勿扰》经常会为特定的群体举办专场，包括教师、外来务工人员、男嘉宾返场专场和针对海外华人的澳洲、美国、英国、法国、加拿大、韩国、美国西部、新西兰、德国专场。

《非诚勿扰》不仅反映了年轻人的婚姻、恋爱、家庭观念思想的碰撞，在一定程度上更是现在中国社会女性地位、思想的折射，每一个人的呈现都是社会的缩影，人们可以在这上面看到形形色色的人对同一个问题的不同看法，从而引发自己对于生活的思考。与《非诚勿扰》不同的是，Take Me Out 中的男嘉宾都不提自己的收入，而女嘉宾也不会问这些个人隐私。节目里的英国女性都比较重视男嘉宾的外形。女嘉宾灭灯的理由基本都是"他不是我喜欢的类型""他太胖了"之类的。

《非诚勿扰》自从播出就是一档收视率非常高的节目，节目中的话题时常会成为社会议论的焦点并对流行文化产生影响。随着《非诚勿扰》国际影响力的不断提升，引起了哈佛商学院的注意。哈佛商学院确认将《非诚勿扰》引进该学院的课程，并且专门派研究小组来中国深入《非诚勿扰》的台前幕后，对节目的制作策划、营销方式、主持人、节目嘉宾等方面进行全方位的调研。哈佛调研小组的教授表示:《非诚勿扰》是一档成功的电视节目,它所取得的成功、影响力、美誉度等,是一些国外节目都无法企及的。①

《改头换面》与《交换空间》

节目名称:《改头换面:家装版》(*Extreme Makeover:Home Edition*)

节目类型:家装体验类真人秀

播出频道:美国广播公司电视网(ABC)

开播时间:2003 年 12 月

迄今已经播出了 20 余年的《改头换面:家装版》是美国广播公司于 2003 年推出的一档生活服务类真人秀节目。节目中,一个由建筑师、设计师组成的装修小组,去一个经过申请并被认可的家庭,进行一次翻天覆地的大装修,让老宅在一周内彻底改头换面。被装修家庭一周后归来,看到装修一新后的住宅,大喜过望,家庭成员的惊喜反应往往成为节目的最大看点,而装修上的精心设计也使人大开眼界。

《改头换面:家装版》的早期节目通常会帮人装修房屋,而现在的节目已经是在某一天拆掉一所旧房子,而在第二天就建起一座新房子,并且新房子比原来面积更大,设施更完善。这所新房屋是专门为这个家庭设计的,完全体现了他们的兴趣爱好,尤其是为孩子或者某些需要特殊医疗设施的人考虑周全。节目大场面特别多,新房子竣工后,往往引来整个社区的邻居的观看,房主人面对华丽揭晓的新房子,无不喜极而泣。

家庭故事是《改头换面:家装版》牢牢吸引观众的特色之一,房子的命运与家族的命运交织在一起,房子与家族历史紧密相关。有的房子还经历过火灾、飓风,在重新修建装修房子的过程中,一个个美国家庭故事也被讲述。这两者的结合是它区别于其他生活服务类真人秀的特点之一。枯燥的建筑(装修)过程,因为家庭的命运、因为强烈的故事性而变得富有可看性,这也是我们制作真人秀节目或装修类节目中值得借鉴的地方。

节目名称:《交换空间》

节目类型:家装体验类真人秀

播出频道:CCTV-2

开播时间:2005 年 3 月

2019 年,央视二套连续播出了 14 年的《交换空间》节目制作完结。这档对国外装修真人秀节目《改头换面》进行本土化改造的栏目,综合了多种节目形态的元素,将专业的装修知识、时尚流行的装修理念融入比赛时紧张的气氛和妙趣横生的装修场景中,记录真实的装修过程,在保证实用性的前提

① 张漪:《哈佛商学院将〈非诚勿扰〉引进课程》,《扬子晚报》,2013 年 6 月 23 日。

下，更多地呈现了一种理念，它除了让参与节目的两家人在 48 小时内交换了住所空间，还让他们更多地体会到了另外一种积极的生活方式，一种对生活的热爱。

家居服务类栏目的第一目标是为家居生活提供实用有效的建议和方法，因此，其最基本的功能是其实用价值，也就是服务性，与此同时，互换的双方以做游戏的心态交换双方的房间，观众也以游戏的心情观看节目中的家庭成员跟随设计师搜街以及重见自己"新"房间时的或哭或笑的戏剧性表现。节目还加入了情感的元素，在每期节目中以友谊、亲情或者爱情为主题，将节目参与者联系起来，使节目不仅体现了房子的温馨现代，更突出了房间"家"的味道。

《交换空间》之所以能够成为播出十多年的经典节目，与它的节目选择性定位，节目的拍摄地选择，对"真人秀"节目的本土化创新以及参选家庭的社会特征、节目的强互动性都有着紧密的联系。

《厨艺大师》与《顶级厨师》

节目名称：《厨艺大师》(*Master Chef*)
节目类型：美食体验类真人秀
播出频道：英国广播公司(BBC)
开播时间：2006 年 9 月

《厨艺大师》是在英国 BBC 于 1990 年推出的老牌美食节目《顶级厨师》的基础上发展起来的，至今仍在播出。30 多年来"Master Chef"品牌红遍全球，在澳大利亚、美国、希腊、意大利等国均制作播出并取得良好收视，全球将近五十多个国家和地区都制作了 *Master Chef* 系列节目。

《厨艺大师》融合了竞赛、娱乐、淘汰、美食、户外旅游观光、名人等许多元素，比赛项目出其不意，把比赛现场搬到了各种各样的公众厨房，有在东方特快火车上的比拼，有去法国豪华参观的角逐，有在野外就地扎寨做饭的竞争，有在贵族私立学校食堂的竞赛，也有为上千名工地建筑工人做午饭的比拼，等等。场地的变化多端，带来了视觉的冲击，满足了观众的新奇感。

自 2001 年起，《厨艺大师》开始改版，制作方分别推出四档因为参与者不同而风格不同的节目，分别是《我要做厨神》(*Master Chef Goes Large*)、《专业大厨》(*Master Chef：The Professional*)、《名流大厨》(*Celebrity Master Chef*) 和《少年大厨》(*Junior Master Chef*)。

2006 年，BBC 推出了新的系列节目《名流大厨》，《名流大厨》节目突出了名人的元素，有奥林匹克的获奖运动员、演员、歌手、节目主持人、设计师等。在节目中，名人们毫不掩饰自己的情感和心情，做菜时争分夺秒，面对评委的评判时忐忑不安，失败时伤心失落，晋级时喜出望外。观众通过电视屏幕可以清晰地感知到他们的内心活动，还能了解到名人们的生活、他们喜爱的食物以及与烹饪有关的故事。

2023 年 12 月 8 日，新的一季《厨艺大师》在 BBC 1 成功播出完毕，来自全国各地的 32 位雄心勃勃的厨师，最终角逐出了本季总冠军。

节目名称：《顶级厨师》(*Master Chef*)
节目类型：美食体验类真人秀

播出频道：东方卫视

开播时间：2012 年 7 月

2012 年，东方卫视引进了英国《厨艺大师》的节目模式。打造中国首档美食才艺秀节目《顶级厨师》。中国版的《顶级厨师》，是原版节目 *Master Chef* 在全球的第 27 个版本。① 这也是中国首档美食真人秀节目，《顶级厨师》继承国外原版特色，展现平民的厨师梦想，同时结合国内观众收视习惯及节目制作形态因地制宜，自我创新，凸显中国特色，所有制作菜肴的主题均以中国菜式为主，而节目中的美食观察团也将由国内顶尖明星与资深美食家担任。

与原版相比，中国版《顶级厨师》的美食评审阵容就曾被大量诟病为节目最大的"软肋"。*Master Chef* 中的三位评审都是米其林大厨，可以说是真正意义上的顶级厨师，但中国版的节目中，除了刘一帆是和平饭店行政总厨之外，曹可凡和李宗盛的身份都属于业余级别。但《顶级厨师》的三位评委也是各具特色：曹可凡作为一名食客老饕，兼具了主持人的功能——做每期节目的开场白与结束语；李宗盛作为知名的音乐制作人，对美食的热爱不亚于对于音乐的热爱，是三位评委中相对温和的一位；刘一帆是唯一一位专业评审，来自历史悠久的和平饭店，他对于美食的严格标准与对选手苛刻的点评也成为节目的一大特色。《顶级厨师》的"顶级"正是通过三位评委对众多业余厨师一轮一轮的比赛选拔得以体现。

在继承国外原版特色的基础上，节目也凸显了中国特色。每期主题均以中国菜式为主，60 位来自各地的民间美食爱好者齐聚一堂，从展示自己的拿手菜到基本厨艺技巧的测试、按照要求制作指定菜式、根据有限食材发挥创造力等，不断挑战，直到选出最终的顶级厨师。《顶级厨师》让观众看到的不仅仅是一群人如何烹饪那么简单，"温暖人情""温暖家庭"的主题在《顶级厨师》中频繁出现。每位选手的性格和特点、选手之间的竞争和友谊、比赛时的压力和超越，都让观众与节目中的人物建立起深厚的情感。

第三节　节目解析——《花样姐姐》模式

一、韩国版：花样姐姐

节目名称：《花样姐姐》(꽃보다누나/*Sisters over Flowers*)

节目类型：旅行体验类真人秀

播出频道：韩国 tvN 电视台

开播时间：2013 年 11 月

---

① 曹玲娟：《〈顶级厨师〉，引进版权的本土化奋斗》，《人民日报》，2012 年 10 月 17 日。

【节目介绍】

《花样姐姐》是韩国 tvN 电视台的一档旅行体验类真人秀节目，2013 年 11 月在韩国 tvN 电视台播出。在《花样爷爷》大获成功后，罗英锡导演在《花样姐姐》中启用了韩国国内四位著名的女艺人尹汝贞、金慈玉、金喜爱、李美妍，以及"国民妈朋儿"李胜基作为出演嘉宾，远赴东欧、土耳其、克罗地亚等地进行拍摄。

《花样姐姐》的节目形式以旅行体验类真人秀为主，每期节目都会设定一个目的地，嘉宾们探索当地的文化、品尝美食、体验特色活动，等等，姐姐们的旅行体验可以带动观众更加深入地了解当地的风土人情。

《花样姐姐》以其"慢综艺"的旅行体验而极富特色，东方卫视在 2013 年引进了版权，在国内制作播出了同名旅行真人秀《花样姐姐》。

【节目内容】

以第一季第 1 期《花样姐姐》为例：

序号	内　　容	时间	形式
1	片头+精彩片段剪辑+艺人出场简介：大姐尹汝贞、二姐金慈玉、三姐金喜爱、四姐李美妍，"行李君"李胜基	1 分 50 秒	片段剪辑
2	回放旅行前一周，四位姐姐和李胜基在制作人罗英锡的"请回答1994 工作室"的第一次见面。罗英锡公布他们要去的目的地是克罗地亚，插播克罗地亚国家风光片，介绍旅行规则，成员们要自行制定旅行计划和预约酒店	4 分 50 秒	工作室中拍摄
3	门铃响起，四位《花样爷爷》的成员突然拜访，给姐姐们带来了惊喜。爷爷们和姐姐们在工作室喝酒、寒暄，爷爷们传授旅行经验，临走前还给她们留下零用钱	6 分 25 秒	工作室拍摄
4	回放旅行出发前第一天：美妍在预约伊斯坦布尔的酒店；李胜基在预约克罗地亚的酒店	2 分 35 秒	室内拍摄
5	回放旅行出发前，喜爱在准备食物；姐姐们收拾行李，憧憬着即将开始的旅行。李胜基在看聊天群里姐姐们有趣的聊天记录	2 分 30 秒	室内拍摄+外景片段剪辑
6	临出发的前一晚，艺人们吃着家里的晚餐	50 秒	室内拍摄
7	临行前，汝贞和老母亲道别。姐姐们来到机场，编导们开玩笑说和平时女明星的着装不同，姐姐们聊着天，机场聚集了很多李胜基的粉丝，每一个姐姐到机场都得到她们的欢呼	8 分	机场拍摄

序号	内　容	时间	形式
8	姐姐们和李胜基在机场讨论行程和酒店预约。制作人罗英锡把经费交给他们，告知预算费用，播放旅行中姐姐们因为省钱而起的一些矛盾片段	2分50秒	机场拍摄
9	讨论完毕，花样成员们发现自己已被粉丝们包围。李胜基开始行使"挑夫"职责，召集各位，办理登机手续。各种状况不断，播放片段，尹汝贞姐姐成了旅途当中最大的看点	7分50秒	机场拍摄+片段剪辑
10	花样成员凌晨到达土耳其首都安卡拉市。李胜基还未出机场就为姐姐们找咖啡厅，姐姐们无奈地边等边笑。接机处聚集了土耳其当地的粉丝	8分	机场拍摄
11	"花样"成员来到机场咖啡厅，除了买咖啡，还要换钱，李胜基询问当地粉丝和店员如何乘坐公共交通工具。播放美妍在旅行中的性格变化片段，由急躁的女生变成了一个有耐心的人。姐姐们边等待边吐槽李胜基从挑夫变成了包袱	8分10秒	机场拍摄+片段剪辑
12	成员们各自想办法中，喜爱和汝贞去问机场工作人员，李胜基也回到了咖啡厅，大家都在焦急时，只有慈玉从容地坐在那里写日记。播放慈玉在旅行中的性格片段，自始至终都保持灿烂笑容的她，却因为癌症转移时日不多	7分	机场拍摄+片段剪辑
13	金喜爱带李胜基来到机场工作人员处，李胜基在反省，为自己的无能感到羞愧，播放李胜基在旅行中的变化片段，十天的旅行，让他从团队的包袱变成了真正的挑夫	5分45秒	机场拍摄+片段剪辑
14	在喜爱的帮助下，最后花样成员们决定好了去往酒店的交通方案，播放喜爱在旅行中善解人意的片段。预告第二集在土耳其的行程，精彩片段剪辑	2分20秒	外景拍摄+片段剪辑

【节目特色】

《花样姐姐》是韩国电视制作人罗英锡制作的旅行体验真人秀"《花样》系列"的其中一部，在此之前的《花样爷爷》吸引了非常多的韩国与海外观众的关注。《花样爷爷》赋予了老年人更加洋溢的生命意识与生命活力。老年人通过"畅游"欧洲，重新焕发了青春的活力，感悟到人生的多姿多彩。在《花样爷爷》获得成功后，罗英锡又制作了《花样姐姐》，节目中不同年龄段的姐姐与一位挑夫弟弟的旅行非常有趣，引起了观众情感的共鸣和对旅行的向往。

1. 首次打造"慢综艺"的概念

唯美的景色、舒缓的节奏、诱人的美食……这些大同小异的韩国节目都是韩国导演罗英锡制作的，罗英锡制作的综艺在韩国和中国都很受欢迎，已成功打造了许多热门"慢综艺"，如《三时三餐》《花样姐姐》《两天一夜》等。这些节目风格一致，唯美又生活化的镜头，几乎所有的生活细节都被呈现在镜头前，除了常规节目流程外，节目对于周围事物的观察让人感觉到非常温馨。《花样姐姐》在旅行拍摄时，经常拍摄街道上的风景、猫狗、马路边的各种花草、店面的细节等。

与"快综"带给人紧张、刺激的视觉冲击不同，治愈人心是慢综艺需要把握的内核。观众在观看节目的过程中，收获对美好生活的想象，获得心灵的安宁，或收获再出发的力量。慢综艺最大的特点是慢，通过节目中安静的氛围和优美的景色获得治愈。《花样姐姐》就是以一种缓慢而真实的方式展示姐姐们的日常生活和旅行。而且与传统的旅行节目不同，它没有脚本，没有任务，只有姐姐们的自由行动和互动。每集节目中，观众可以欣赏到姐姐们在异国他乡的日常生活，以及她们与当地人的互动。

韩国"慢综艺"节目制作团队拥有非常高的专业水平和丰富的拍摄经验，尤其是导演与拍摄团队之间处于稳定合作的状态，这就形成了较为成熟的制作模式。《花样姐姐》创造性地融入了野外体验元素，并借助合理的编排和镜头处理，将"走遍韩国和世界美景"这一主题完美呈现给广大受众。

在物质生活得到一定程度满足后，人们就会开始追求精神和情感层面上的富足与认同。观众需要先行一步的综艺来引导，像《花样姐姐》这种温暖治愈、不急不躁、自然又惬意的节目，正好契合了观众的收视需求，节目在韩国和亚洲都掀起了一股"慢生活"的潮流。

2. 对艺人嘉宾的性格塑造

《花样姐姐》中的姐姐们是背包旅行，长途旅行到异国他乡，不免需要面对各种未知的挑战和困难，她们必须在节目中展现出真实的自我和情感。观众可以看到他们在面对困难时的反应和解决问题的方法，也可以看到他们在享受旅行时的喜悦和兴奋。虽然姐姐们均为明星，但这些明星却有着较强的表现力，在自然而然的话语行动中，不仅强化了明星的亲民性，而且增强了节目的可视性。

《花样姐姐》中年龄最大的嘉宾尹汝贞是韩国著名演员，出演了许多影视剧，角色定位通常是刁蛮、富有艺术家气息的老夫人，很少是传统的温情老妈妈，也因为在电视剧里总是演脾气古怪的老太太，观众也会觉得尹汝贞可能脾气不好。在《花样姐姐》中，这位老演员显得温情动人。离家前，尹汝贞反复告诉母亲不要关掉暖气，要暖暖和和地待在家里，外面天黑，不要出来送别。在旅途中，她成了最有笑点的人，适时的吐槽或自嘲都能让大家开心大笑，活跃了花样团的气氛。节目甚至改变了她在荧幕上的形象，在《花样姐姐》之后，尹汝贞得到了更多的影视邀约，塑造的角色也更为丰富立体。节目中女星们性格迥异的本色出演，喜爱姐姐的温柔和善解人意，美妍的急躁热情，"国民弟弟"李胜基从"包袱"到挑夫的角色反转魅力以及他们之间的互动成为最大看点。

《花样姐姐》中明星嘉宾的表现，证明韩国真人秀在节目过程中，对明星嘉宾性格的成功塑造。《花样姐姐》的播出不仅让参与的几位女星以及李胜基人气急升，还带动了拍摄地土耳其和克罗地亚等地在亚洲的旅游热。

二、中国版：花样姐姐

节目名称：《花样姐姐》
节目类型：旅行体验类真人秀
播出频道：东方卫视
开播时间：2015 年 7 月

【节目介绍】

《花样姐姐》是东方卫视 2015 年从韩国 tvN 电视台引进的明星真人秀旅行节目，韩国团队全程参与节目拍摄、制作。第一季中，由奚美娟、徐帆、王琳、林志玲、宋茜、杨紫组成的花样姐姐团携手马天宇和李治廷两位挑夫，前往土耳其、意大利旅行。

《花样姐姐》主要展示明星们在旅行中的真实表现和情感交流，明星们组成旅行团前往世界各地，完成各种旅行任务和挑战，同时也分享了他们在旅行中的感受和收获。节目采用了先进的拍摄技术和设备，捕捉到了明星们在旅行中的每一个细节和情感变化，各位姐姐的个性也随着旅途的开启逐渐展现。

【节目内容】

以第二季第 1 期《花样姐姐》为例：

序号	内　　　容	时间	形式
1	片头+预告花样团将前往墨西哥、秘鲁和阿根廷旅行	1 分	片段剪辑
2	宋丹丹做行程前的准备；姜妍在家中准备了一桌子的零食；王琳也在家中整理行李，特意带了两盒泡面，对上一季被节目组整蛊还"耿耿于怀"；上海金晨的住处，她要带的衣物铺满了房间；林志玲在台北的家中做行前准备，她在有条不紊地准备着各种衣物。首尔刘宪华的家中，他正在根据清单准备行李	7 分 45 秒	室内拍摄
3	被蒙在鼓里的"挑夫"李治廷，以为自己是来上海拍广告，遭遇"惊喜陷阱"，在拍摄现场得知要参加《花样姐姐》，便火速赶往浦东机场	8 分 25 秒	室内拍摄
4	李治廷先飞往了墨西哥，花样团员汇集到了上海，刘宪华扮成服务生为姐姐们送水果。宋丹丹和金晨没有认出来，直到刘宪华再次进房间	10 分 40 秒	室内拍摄

续表

序号	内　容	时间	形式
5	刘宪华在房间做旅行攻略，李治廷已经抵达墨西哥	1分25秒	外景拍摄
6	林志玲飞到了墨西哥，她还不知道李治廷已经在机场等她。两人见面激动尖叫。离开机场前往市区	4分55秒	机场拍摄+车内拍摄
7	播放墨西哥旅游风光介绍短片	30秒	短片剪辑
8	李治廷和林志玲来到墨西哥的公寓，两人在这里等待花样团的到来	1分40秒	室内拍摄
9	在上海等待出发时，刘宪华的活泼热情让姐姐们很开心。花样团出发前往机场，车内欢歌笑语。机场内，节目组把旅游经费给了花样团	8分	机场拍摄
10	回放出发前，姐姐们对"挑夫"刘宪华的游戏测试片段	5分15秒	室内拍摄
11	花样团飞往墨西哥，李治廷和林志玲在逛超市，准备欢迎大家的气球，两人回到公寓后开始布置	1分20秒	室内拍摄
12	花样团到达墨西哥机场，金晨的箱子忘记带，王琳又开始怀念上一季的李治廷。此刻大家都不知道李治廷已经在墨西哥	3分10秒	机场拍摄
13	刘宪华为花样姐姐们在网上提前预订了大巴车，王琳夸起了他。他已经把酒店都安排好，至此刘宪华彻底征服了姐姐们。开往墨西哥城	5分30秒	车内拍摄+墨西哥街景外拍
14	李治廷和林志玲已经把公寓布置好，林志玲出来迎接大家。花样团拖着大堆行李走进公寓，李治廷躲进了衣柜。花样团对居住的公寓赞不绝口	4分	外景拍摄
15	宋丹丹张罗着为大家分配房间，王琳发现了躲在衣柜的李治廷，喜极而泣。刘宪华向李治廷求助做挑夫的经验	4分45秒	室内拍摄
16	花样团在公寓喝酒庆祝新年快乐，宋丹丹为花样团每个成员都起了外号，在旅行期间，只能互相称呼外号。花样团家庭关系图出炉：小妈宋丹丹、大姨王琳、二姨林志玲、二胖姜妍、三胖金晨、大治李治廷、大华刘宪华	6分05秒	室外花园拍摄
17	花样团在公寓里吃着火锅，听着刘宪华的歌曲。播放下集精彩预告	4分20秒	室内拍摄

【节目特色】

近年来，观众对综艺节目的审美口味逐渐发生分化，不再局限于某一类型的综艺节目。当消费者对旅游的需求越来越多时，旅行体验类的节目自然就占有了一席之地。东方卫视引进的韩国版权节目《花样姐姐》以其独特的形式和内容，时隔多年依然让观众感到新鲜和感动。

1. 明星旅行团的组合带来的新鲜感

《花样姐姐》是一档旅行体验类真人秀节目，节目第一季由姐姐奚美娟、徐帆、王琳、林志玲、宋茜、杨紫携手马天宇和李治廷两位挑夫弟弟组成"明星旅行团"，展开一场前往土耳其、意大利的旅行。第二季由宋丹丹、王琳、姜妍、金晨、林志玲携手李治廷和刘宪华组成"明星旅行团"。节目中，明星嘉宾们被置于不同的旅行场景中，必须在有限的预算和时间内完成任务。观众可以看到明星们在旅行中的表现，包括他们的个性、生活习惯、社交能力、解决问题能力和文化认知等方面。

在《花样姐姐》星旅行真人秀中，明星的个性得到了充分的展现。不同的明星有着不同的性格特点和个人魅力，例如，王琳的热情开朗、积极向上；第二季里，宋丹丹具有主持大局的家长风范、热情开朗的北京人性格；刘宪华则是活泼天真，李治廷是暖男形象，这些不同的个性特点使得节目更加丰富多彩，也让观众更容易产生共鸣和情感共鸣。

旅行真人秀节目一般按照时间顺序叙事，以人物故事的起伏来吸引观众，因此情节设计和故事发展的跌宕起伏是观众关注的焦点。比如第一季中，宋茜因担心雨天淋脏白色球鞋而希望买一双雨靴，挑夫李治廷担心经费不足没有满足宋茜的要求，节目没有戏剧化两人的矛盾，而是在生活化的叙事中，将旅行中人与人之间的矛盾冲突自然呈现。

正是明星嘉宾不同的形象与个性，才让他们组成的"明星旅行团"带给了观众无限期待与新鲜感。明星们在一段时间内从相对个体磨合到有团队意识，他们自身的热点话题也提高了节目的关注度。

2. 纪录片式的旅行体验真人秀

中国版《花样姐姐》吸收了韩国《花样姐姐》的节目精髓，在主要情节及场景转换设置上自然流畅。节目组没有人为制造跌宕起伏的故事，不去强行煽情，将叙事重点着眼于对风光和旅行攻略的介绍，穿插团员们嬉笑打闹的小情节，就像一部清新治愈的旅行纪录片，以异国风情为背景，给观众心旷神怡的感受。

《花样姐姐》采用纪录片式的拍摄手法和顶级设备对节目细节的捕捉，精心制作节目中的每一个环节，在最大限度上抓住受众的目光。节目取景地选择在遥远的异国他乡，营造出一种陌生、新鲜的感受。通过记录明星们的旅行过程，从行程规划、机票预订、酒店选择到目的地游览等各个环节都有所涉及，展现了他们之间的互动、交流以及他们真实的一面，是一部纪录片式的旅行真人秀节目。

《花样姐姐》记录了在旅行过程中，成员们互相帮助、互相照顾，一起面对各种挑战和困难，这种友情和互动也让观众感到温馨和感动。在旅途中，总结一些旅行中的攻略，不同的成员也会根据自己的需求给观众更加全面的旅行方案与信息。比如《花样姐姐》第三季中，于小彤和张歆艺的俄罗斯交通攻略、团长林志玲的摩洛哥托运攻略以及花样团人文小分队的摩洛哥观塔攻略，都为观众提供了更多旅行信息和经验。

3. 注重文化交流和民族文化传播

韩国的真人秀节目非常注重对民族传统文化的传播，强调对历史文化和传统节日的尊重，在中韩两版《花样姐姐》节目中，都在打造旅行真人秀节目的民族化气质，实现跨文化交流，促进不同地区和民族间的文化、旅游产业相互吸引相互融合。节目组选择了前往土耳其、希腊、意大利、西班牙、墨西哥、秘鲁、阿根廷等国家进行拍摄，这些国家都有着丰富的历史和文化背景，节目组通过记录艺人们的旅行过程，展现这些国家的风土人情和历史文化，安排艺人们参与当地的文化活动和传统习俗，例如在土耳其体验当地的传统美食和手工艺品制作，在希腊参加当地的节日庆祝活动等。这些活动不仅增加了节目的趣味性，也让观众能够更深入地了解每个国家和地区的文化特色。

在《花样姐姐》第三季中，华晨宇收拾行李的时候带上了熊猫，希望把能够代表中国的物品送给外国友人。在摩洛哥的庆典上，花样成员表演了千手观音，林志玲特意穿上了旗袍，华晨宇唱流行歌曲，金晨跳民族舞蹈，用东方美惊艳了摩洛哥，也让世界领略了中国文化的千姿百态。

第八章 脱 口 秀

第一节　中外脱口秀节目综述

脱口秀(在美国被称为 Talk Show，英国则称为 Chat Show)，原指西方广播电视中一种以谈话为主的节目形式，由主持人、嘉宾和观众在谈话现场一起谈论各种社会、政治、情感、人生等话题。"脱口秀"是一个非常形象的译法，意思是脱口成章、即兴发挥。"Show"的基本含义是"显示给别人看"，指的是将自己的优势或特点表现出来。脱口秀节目是一种较为特别的电视节目类型，它以面对面、零距离和即兴谈话为主体，以口头语言的趣味性、话题的吸引性、谈话的深刻性和对观众产生的思考性以及对影视蒙太奇的"排斥性"为其显著特征。在美国，脱口秀节目的繁荣以及它对大众的影响已经成为学者们关注的一种独特文化现象。在中国，脱口秀节目的历史虽然不长却已经成为一种重要的节目形态。那么，究竟什么是脱口秀节目呢？其内涵与外延又是什么呢？

一、脱口秀节目的定义

脱口秀节目是观众聚集在一起讨论主持人提出的话题的广播或电视节目。一般脱口秀都有一列嘉宾席，通常由有学问的或者对那档节目的特定问题有特殊经验的人组成。脱口秀节目是西方常见的电视节目。从各大都市的地方电台到国家联合广播脱口秀，以及各种政治脱口秀，都是经常见到的。

按照传播学理论的观点，谈话是一种人际口语传播活动，包含了这种活动的参与者、谈话内容和交流方式，而不仅仅是单纯的一种信息交流手段的"以交谈的方式"。一般认为脱口秀节目是在正常谈话状态下，在一定的空间里，以人际传播的形式对某一话题进行议论、探讨、评说、抒发，借助电视媒介进行的一种大众传播活动。

电视脱口秀节目应该以谈话为主要内容，它必须在严格的时间限制之内开始和结束，并且要保持话题的敏感性。节目的看点就在谈话本身，脱口秀节目的谈话应该是一种无脚本的、带有即兴色彩的谈话。这种即兴色彩既体现了电视媒体具有的即时传真功能特色，以一种真正电视的形态表现出来脱口秀节目独特的魅力，又适应了观众希望通过电视实现社会交流的要求。

脱口秀节目以电视媒介为载体，区别于日常生活中的谈话，也区别于广播谈话，是视听双通道信息输出的一种大众传播活动。脱口秀节目的本质是人际传播。因为人是构成传播活动的两极，所以传播是各种各样技能中最富有人性的，它通过人类生活中最常见、最亲切、最便捷的交流方式——谈话，以文学、艺术、社会、人生、情感、命运为话题，以关乎人文知识、人文思想、人文精神、人文情怀、人文批判为内容，从而启迪心智、化育情感，帮助人们怀抱精神追求的兴味去创造并且享受生活。

二、国外脱口秀节目概况

脱口秀的起源可以追溯到18世纪英格兰地区的咖啡吧集会。劳动了一天的人们走进咖啡吧，讨论各种社会问题。不同于之前的酒馆和客栈，咖啡吧为人们提供了一个新的社交场所。在咖啡吧里，人们可以更自由地交流思想，形成自己的社交圈子。咖啡吧集会对18世纪的英格兰社会产生了深远的影响，它改变了人们的社交方式，促进了知识和文化的交流，同时成为政治活动和社会变革的聚集地。脱口秀得到真正的发展是在美国。20世纪早期，随着广播的产生以及人们对公共集会的热衷，越来越多的民众通过广播这一新媒介进行讨论，这也催化了脱口秀的诞生。与今天不同的是，那时的脱口秀大多是一言堂，即一位专家向听众发表观点，而没有听众的参与。从1933年开始，许多新的脱口秀形式出现，观众也有机会主动参与到讨论中，同时，脱口秀的关注点经常被放在一些受到广泛关心的社会问题上。20世纪80年代，脱口秀节目真正成为一股潮流并对社会产生重大影响，如今它已经成为国外电视媒体中容量很大、占主要分量的节目。

在美国，电视脱口秀是从广播脱口秀中走下来的，20世纪20年代广播节目和40年代的电视节目主要对近期发生的新闻热点进行谈论和评说。脱口秀在电视上的播出源于电视时代早期，电视发展史上有两档经典的深夜脱口秀节目，《今夜秀》（The Tonight Show）和《大卫深夜秀》（The Late Show with David Letterman），两档节目都已经播出了几十年，以名人嘉宾和幽默小品为其主要特征。电视新闻先驱爱德华·摩洛（Edward R. Murrow）曾于1950年代晚期主持了《小世界》（Small World），从那时起，政治脱口秀就主导了星期天早晨的电视节目。每日联合播出的脱口秀包括从家庭导向的《奥普拉·温弗瑞秀》（The Oprah Winfrey Show）和《罗茜·欧丹尼秀》（Rosie O'Donnell Show）、《杰瑞·斯普英哥秀》（Jerry

Springer Show）等众多节目。

日间脱口秀是国外电视脱口秀的主要内容形式，以《奥普拉·温弗瑞秀》《法官朱迪》《艾伦秀》《观点》《奥兹医生》为代表，内容多为健康、情感、心理、家庭等生活化题材，风格轻松、温馨、活泼，以相对低的成本和较好的收视率成为媒体、制作和发行公司喜爱的节目形态。

国外脱口秀节目的主要内容大致可分为以下 10 类：婚恋家庭、社会问题、个人生活观、医疗保健、休闲娱乐、心理健康、奇闻逸事、生活指南、司法治安、儿童教育。从内容上看，国外脱口秀节目的特点主要有以下 8 个方面：①题材广泛，既有严肃的大题材，如种族歧视、青少年性教育，同时也有轻松的小题材，如秃顶的男人美不美、爱打扮的男人是否太虚荣；②娱乐性强，纯消闲的内容占了相当的比例，如介绍影视歌星、选美大赛、服装时尚；③开放隐私，包括家庭隐私和个人隐私；④联系社会生活，多涉及各种常见的社会问题和伦理问题；⑤联系家庭生活，以夫妻关系和代际关系为主；⑥身心保健，有关医疗卫生和心理健康的内容，如减肥、健身、整容、心理咨询；⑦展示新奇事物，如通灵的人、失明多年突然复明、一夜成为百万富翁，等等；⑧展现与众不同的生活观。

脱口秀节目已有了相当长的发展历史，由于深受观众欢迎，每年都有此类新节目出现，有时一年中就有七八套新的脱口秀节目产生，并有着一大批脱口秀节目的电视爱好者。2008 年，美国电视界最高奖项艾美奖将脱口秀分成信息类和娱乐类两类进行评奖，但这种分类只是按照内容侧重点分的，事实上，制作团队和主持人都奉行脱口秀发展历史上已经被验证的内容理念：要信息量和娱乐元素两者兼备，缺一不可，即"信息娱乐"。国外脱口秀节目获得成功的最重要的因素就是信息与娱乐的紧密结合。这里的"娱乐"并非指的是人们通常认为的"八卦、无厘头、低俗、愚蠢、无聊"等特点。对于"娱乐"的定义，美国密苏里州哥伦比亚市 KFRU 电台的节目监制，布朗·威尔森先生说："人们在情感上被鼓舞了，他们在情绪上处于一种激动、被鼓励的状态。"①娱乐、鼓舞听众，这正是脱口秀节目的内在特质。

下面是国外电视史上几档颇有影响力和收视率的脱口秀节目：

今 夜 秀

节目名称：《今夜秀》（*The Tonight Show*）
节目类型：脱口秀
播出频道：美国全国广播公司（NBC）
开播时间：1954 年 9 月
1954 年 9 月 27 日，《今夜秀》节目由美国全国广播公司（NBC）制作，至今仍然在播出。它是美国历史最悠久，也是收视率最高的娱乐脱口秀节目。作为 NBC 王牌节目，节目曾造就了斯蒂夫·爱伦、贾克·巴尔、强尼·卡森、杰·雷诺等主持人。2014 年 2 月 17 日，吉米·法伦从杰·雷诺接管了 NBC 的老牌脱口秀《今夜秀》，并更名为《吉米今夜秀》（The Tonight Show Starring

---

① 刘景研：《美国的脱口秀节目》，《百科知识》，2009 年 12 月。

Jimmy Fallon）。

《今夜秀》节目由两部分组成：无厘头版的新闻联播与名人八卦访谈。节目一般会邀请至少两位嘉宾，通常是一位喜剧演员和一位音乐家或好莱坞名流和政坛精英。在邀请嘉宾入场前，主持人都会喝着咖啡，调侃今天的时事或轶闻，以营造轻松的气氛。与多数夜间脱口秀节目一样，它的主要目标是娱乐观众，让他们在睡觉前用一些笑声来放松自己。

我有消息告诉你吗

节目名称：《我有消息告诉你吗》（*Have I Got News for You*）

节目类型：脱口秀

播出频道：英国广播公司（BBC）

开播时间：1990 年 12 月

《我有消息告诉你吗》是 BBC 自 1990 年开始制作的新闻回顾类脱口秀节目，每周五晚上 9 点播出，至今从未间断过。主持人一般邀请幽默的女演员，常驻主持人是戏剧演员 Armando Iannucci 和 Phil Wang，除了邀请戏剧演员担任主持人，每期节目还会邀请两个来自不同行业的知名人士作为嘉宾。在节目中，主持人和嘉宾们会对各种热点新闻进行"唇枪舌剑"的吐槽和调侃。《我有消息告诉你吗》最主要的特点是毫无顾忌的吐槽风格。节目的话题范围广泛，包括电影、电视、时尚圈、政府和政界首脑。许多观众表示，不知道嘉宾们是如何忍住不吐槽并保持严肃的，因为当电视机屏幕前的观众已经大笑的时候，嘉宾们依然保持着专业的播音水平，把"槽点"持续传达给观众。

《我有消息告诉你吗》在英国脱口秀节目中始终处于领先地位，同时也是同类型电视节目制作的标杆。2011 年，这档节目被授予英国喜剧奖的终身成就奖。

大卫·莱特曼的深夜秀

节目名称：《大卫·莱特曼的深夜秀》（*Late Show with David Letterman*）

节目类型：脱口秀

播出频道：美国哥伦比亚广播公司

开播时间：1993 年 9 月

《大卫·莱特曼的深夜秀》从 1993 年首播至 2015 年都由大卫·莱特曼制作并主持。他首创了在节目中增加即时的背景音乐的形式，并以幽默、讽刺的风格见长。他经常拿名人开涮，讽刺美国社会的阴暗面，甚至痛斥一些荒唐、不公平的事情，让观众在批判精神的娱乐中找到慰藉。

《大卫·莱特曼深夜秀》具有不可预测性，观众无法知道会有什么疯狂的事情在节目中发生，节目总是花样百出，这和大卫·莱特曼的个人风格有很大关系，他喜爱荒唐的恶作剧，经常把节目内容推向观众可接受范围的极限。他曾经把自己和嘉宾的名牌西裤剪成短裤，不留神还戳伤了嘉宾，让观众席发出阵阵尖叫。莱特曼还经常走出演播室，深入到纽约街头，捉弄路人，让他们就一个新闻话题发表看法，被采访者经常对所提出的话题一无所知，以至于发表一些愚蠢和不着边际的评论，让电视观众捧腹大笑。莱特曼有时还像个恶作剧的孩子，在街角的隐蔽处安装一个喷头，当有人路过时，就向他们喷射水柱，拍摄下他们狼狈的样子。

莱特曼的节目敢于面对现实世界中可以触及的一切话题，从流行文化到就业问题，当代社会的热点统统包揽其中，包括每天发生的大大小小的国际国内新闻事件。不管话题是如何的严肃敏感，他都会把一些严肃和沉重的话题通过一种戏剧化的方式消解，并带给观众精神上的释放和解脱。美国"9·11"事件发生时，虽然有过挣扎，但莱特曼还是将这一新闻事件搬到了节目中。他抛却了华丽的开场白和独角戏。他坐在桌子旁说："这里是纽约城，悲痛充满了这里。"莱特曼请到了CBS的资深记者丹尼斯·拉瑟，谈到英勇的消防员和被夷为平地的建筑，丹尼斯不得不两次停下来回过头去擦拭泪水。莱特曼尽力让他平静下来："你是一个真正的职业新闻人，而CBS的职业新闻人是不会哭的。这不是你的错，你是个记者，只是一个平凡的人，不是救世主。"

他强烈的个人风格也让《大卫·莱特曼深夜秀》长盛不衰。《纽约时报》称："莱特曼的节目让纽约人重拾信心。""人们从未有过地围绕在他们的市长周围，而这位市长是莱特曼经常拿来开玩笑的对象。"对此，莱特曼后来说："虽然我时常使用幽默，有时甚至很令人尴尬，但我并不想拿它当作一把利剑，它最大的作用是能让我们的生活变得更美好。"

可以说，在大众文化弥漫的时代，莱特曼的节目始终洋溢着世俗的幽默和机智，显示着开放境界的从容可爱。《大卫·莱特曼的深夜秀》是艾美奖最佳综艺节目，莱特曼也获得了最佳谈话类主持人的称号。《纽约观察报》评价他是"一位与时俱进的开拓者，是我们这个时代电视节目的标尺"。

艾 伦 秀

节目名称：《艾伦秀》(*Ellen Show*)
节目类型：脱口秀
播出频道：美国CBS电视台
开播时间：2003年9月

《艾伦秀》又名《艾伦·德杰尼勒斯秀》，是美国CBS电视台的一档热门脱口秀节目。2003年开播，2022年正式完结。历时19年，制作了3000多集，主持人艾伦·德杰尼勒斯(Ellen De Generes)轻松诙谐的主持风格备受青睐。《艾伦秀》以轻松、幽默的风格为主，同时注重人情味和温情元素。艾伦在节目中经常与观众互动，与嘉宾进行有趣的对话和游戏，以及邀请观众参与节目。此外，艾伦还经常在节目中分享自己的生活经验和感悟。

艾伦秀的喜剧效果很多来自于对嘉宾的整蛊。很多嘉宾在节目中都受到过不同形式的"惊吓"。《X战警：逆转未来》中饰演暴风女的哈莉·贝瑞第一次上节目时背后突然出现一个蟑螂人。歌手阿黛尔走进商场，根据耳机的提示在奶昔店购买奶昔，从包中掏出剪刀剪下店内一把小麦草放进嘴里大嚼，还学起动物叫声。《艾伦秀》除了贡献了无数笑点也留下了满满的温情，很多人都在节目中收到了意想不到的礼物和惊喜。12岁的中国台湾地区神童冯羿从节目中得到了一套知名品牌送上的电吉他和音箱，艾伦还在音箱上贴上了自己脸部镶钻图案。

　　让嘉宾与偶像见面也是艾伦秀的看点之一。被称为"总统小专家"的美国小女孩梅茜却从未真正见过总统。艾伦让她如愿见到了奥巴马，并向他提问了很多问题，比如真的有秘密之书吗？总统的宠物狗也受特工保护吗？最后还收到了奥巴马为她准备的礼物——总统章。

　　多位名人如《老友记》中 Rachel 的扮演者詹妮弗·安妮斯顿、歌手凯迪·贝瑞、贾斯汀·比伯多次上她的节目，《艾伦秀》对于他们来说就像老朋友，见证了他们的人生成长。

柯登深夜秀

　　节目名称：《柯登深夜秀》(*The Late Late Show with James Corden*)
　　节目类型：脱口秀
　　播出频道：美国 CBS 电视台
　　开播时间：2015 年 3 月
　　《柯登深夜秀》是 CBS 电视台 2015 年 3 月制作的节目，用于接替克雷格的《深夜秀》，英国喜剧演员詹姆斯·柯登(James Corden)主持。主持过格莱美奖的他轻松幽默。他的喜剧天赋不但展现在节目的各类新奇板块活动中，更是常常在采访和脱口秀时妙语连珠。

　　柯登幽默的主持风格，以及节目中即兴喜剧、车载卡拉 OK 秀、街头音乐剧等独特的节目环节，使得这个节目在短短几年就成功跻身美国最火的脱口秀之一。车载卡拉 OK 秀环节让观众看到詹姆斯·柯登和其他嘉宾在车内演唱自己喜欢的歌曲，增加了节目的互动性和趣味性。街头音乐剧环节则让观众看到詹姆斯·柯登和其他嘉宾在街头表演音乐剧，展示了他们的表演才华和创造力。节目邀请的各位嘉宾也星光熠熠，从汤姆·汉克斯、贾斯汀·比伯到贝克汉姆，不一而足。除美国本土之外，该节目还登陆了英国、加拿大、澳洲、日本等不同国家。

三、国内脱口秀节目的发展

　　脱口秀节目是娱乐节目的一种，其以独特的幽默风格和深入浅出的讨论内容，赢得了广大观众的喜爱。随着时代的发展，国内脱口秀节目也经历了不同的发展阶段，并逐渐呈现出多样化的趋势。

　　和美国一样，中国最早的脱口秀节目也是出现在广播节目中，20 世纪 90 年代初期，电台广播中采用嘉宾和电话参与的脱口秀节目大受群众的欢迎。后来随着电视媒介地位的确立，脱口秀节目以绝对优势取代了广播的位置。我国脱口秀节目的鼻祖是 1996 年 3 月 16 日正式开播的《实话实说》，此后，脱口秀节目在我国各地如雨后春笋般地兴盛起来，基本上每一个电台、电视台都有自己的脱口秀节目。虽然中西语境有所不同，但从本质上来讲，脱口秀这种节目类型都是通过建立一种全国或地域性的谈话系统来实现它作为"公共领域"的功能。它为大众提供了一种公共话语空间。

　　20 世纪 90 年代以后，随着《实话实说》的热播，脱口秀节目作为一种新的节目形态在中国悄然兴起，这种在西方被称作"脱口秀"的节目以一种崭新的传播理念和令人耳目一新的形式受到了大众的广泛欢迎。脱口秀节目在中国起步虽晚，发展却极为迅速，基本上每一个省级电视台都有自己的脱口秀节目。当时比较著名的有：中央电视台的《实话实说》《对话》、凤凰卫视的《锵锵三人行》、北京电视台的《国际双行线》、湖南卫视的《新青年》等，这些节目很快形成了较为明确的节目定位，较为成熟的节目风格以及较为稳定的受众群，以各自的方式发挥着自己的社会影响力。

在众多脱口秀节目中，影响较大、较受欢迎的节目是《实话实说》。《实话实说》于1996年3月16日开播，当时脱口秀节目在中国电视界是一个空白，它在一开始借鉴了国外脱口秀的经验。但与美国脱口秀为了争取收视率而强调节目的娱乐性不同，中国当时的脱口秀节目一般都定位于社教类或新闻专题类，有人将之称为娱乐性新闻节目。因此，中国式的"脱口秀"更强调节目的谈话性质即人与人之间要求沟通的本能。《实话实说》为人们提供了一个相互沟通的场所，它由此建立了一个全国性的谈话系统。通过让人们自由讨论某些问题而引起全社会对这些问题的关注。在实践中它的确成功地做到了这一点，基本上它的每一期节目都会引起人们不同程度的关注和思考。

脱口秀节目真正引起观众和理论研究者的关注，并在电视节目制作中形成一股浪潮，就是从《实话实说》的热播开始的。《实话实说》最终能得到观众的喜爱和肯定，原因在于人们喜欢这种即兴谈话的新型节目形态，它满足了人们的精神需求。

我国一直在摸索适合我国国情和文化的脱口秀节目形态，《东方夜谭》《今晚》《非常静距离》等串起了我国脱口秀节目的发展历史。21世纪初期，以《杨澜访谈录》《鲁豫有约》《艺术人生》《超级访问》等为代表的访谈类和纯娱乐性脱口秀节目出现并热播。

2010年以后，随着电视媒体的快速发展，脱口秀节目也逐渐壮大。这个阶段的代表作品包括《康熙来了》《天天向上》等。这些节目在形式和内容上都有所借鉴，但也有自己的特色和风格。比如《康熙来了》以轻松愉快的谈话为主，同时加入娱乐元素，让观众在轻松愉悦的氛围中了解明星的生活和故事。《天天向上》则以励志为主题，通过邀请各行各业的嘉宾，传递正能量，鼓励人们积极向上。

随着互联网技术的发展，脱口秀节目进入了繁荣阶段。这个阶段的代表作品包括《奇葩说》《吐槽大会》等。这些节目借助互联网的传播优势，吸引了大量的年轻观众。它们在形式和内容上都更加丰富多样，讨论的话题也更加广泛和深入。比如《奇葩说》以辩论为主题，通过邀请各种不同背景的嘉宾进行辩论，探讨社会热点问题。《吐槽大会》则以幽默调侃为主，通过邀请明星和名人接受吐槽和自嘲，增加节目的娱乐性和观赏性。

如今的"脱口秀"已经成为中外电视荧屏上一种非常重要的节目形式。从某种程度上讲，脱口秀是当代大众传媒的社会作用的一个缩影，是人际交往的"双向交流"的原生态的展示；更强调的是自然流露，主持人从内容性质上归类属于评论节目，即由主持人邀请有关人士及听众，围绕公众普遍关注的重要问题，在轻松、和谐、平等、幽默、轻松的氛围中展开讨论。

第二节　节目解析：《奥普拉·温弗瑞秀》与《鲁豫有约》

一、奥普拉·温弗瑞秀

节目名称：《奥普拉·温弗瑞秀》(*The Oprah Winfrey Show*)

节目类型：脱口秀类

播出频道：由 Harpo 公司制作，在全美各电视台播放的辛迪加电视节目①

开播时间：1986 年 9 月 8 日

【节目介绍】

《奥普拉·温弗瑞秀》(*The Oprah Winfrey Show*)由美国脱口秀女王奥普拉·温弗瑞制作并主持，是美国历史上收视率最高的脱口秀节目。同时，它也是美国历史上播映时间最长的日间电视脱口秀节目。1984 年，奥普拉·温弗瑞在芝加哥主持 WLS 电视台的脱口秀节目《芝加哥早晨》并迅速蹿红；第二年，节目更名为《奥普拉·温弗瑞秀》(*The Oprah Winfrey Show*)。1986 年，奥普拉成立了自己的制作公司，该节目在全美首播，不久便成为全美脱口秀王牌节目。奥普拉赢得了该档节目的所有权，并使用自己的公司 Harpo 制作公司来制作该节目。很少有女性能够像她这样，成为电视及电影制作工作室的老板。奥普拉 1996 年推出了《奥普拉书友会》作为她电视节目的一部分。这种电视直播的书友会促进了美国图书读者数量的提高。

《奥普拉·温弗瑞秀》长期占据美国电视脱口秀节目的头把交椅，每周有两千多万观众收看，并在海外一百多个国家和地区播出，被称为电视史上收视率最高的脱口秀节目。而《奥普拉脱口秀》这档节目获得荣誉之多数不胜数，《时代》周刊把它列入了 1998 年至今最好的美国电视节目清单，而著名电视网站 TV Guide 也把它列为 2002 年来的 50 大电视节目。

2011 年 5 月 25 日，《奥普拉·温弗瑞秀》在播出 25 年后停播。

【节目内容】

以 2007 年 9 月播出的一期《奥普拉·温弗瑞秀》为例：

序号	内　　容	时间	形式
1	节目片头+本期预告，奥普拉介绍本期节目的主要内容	1 分 50 秒	主持人现场
2	介绍参加本期脱口秀的节目嘉宾：美剧《CSI 犯罪现场》的黑人明星希尔·哈珀	40 秒	播放短片
3	哈珀讲述自己新写的一本书，书的内容是关于黑人青少年的成长教育	2 分钟	现场同期声
4	现场播放哈珀和一些读过他的书的青少年在监狱见面画面	2 分钟	播放短片
5	哈珀向奥普拉讲述这次会面的感想	1 分 50 秒	现场同期声

---

① 电视节目辛迪加(Syndicate)，是一个节目分销系统，节目分销商把同一个新节目或旧节目的播出权分别卖给不同的电视台，以"一稿多投"的办法来扩大节目影响，增加节目价值。

续表

序号	内　　容	时间	形式
6	现场播放短片，著名广播主持人拉里·艾德尔就黑人教育环境发表自己的观点	50 秒	播放短片
7	播放短片介绍第二位嘉宾，黑人慈善家、教育家杰弗里·加纳，他为黑人儿童提供教育项目和免费的医疗、午餐等	4 分 10 秒	播放短片
8	奥普拉与杰弗里·加纳讨论关于黑人儿童的教育困境	3 分 40 秒	现场同期声
9	播放短片，内容是哈佛大学教授亨利·盖茨讲述自己作为黑人接受教育的经历	1 分钟	播放短片
10	奥普拉与杰弗里·加纳交谈，关于他的慈善项目的一些细节	4 分钟	现场同期声
11	奥普拉请出第三位嘉宾：杂志主编、教育家苏珊·泰勒	1 分 50 秒	现场同期声
12	播放短片介绍加州的一个黑人学生教育项目	2 分 10 秒	播放短片
13	奥普拉和这个项目的师生通过直播屏幕现场连线	8 分钟	现场同期声
14	奥普拉访谈苏珊·泰勒，讨论她的慈善教育项目，本期节目结束	6 分钟	现场同期声

【节目特色】

《奥普拉·温弗瑞秀》是美国一档日间脱口秀节目。独立、自强、积极、慈爱是节目的主题。作为《奥普拉·温弗瑞秀》的主持人，奥普拉同时以创作人员的身份参与节目的策划，使得节目从话题之初就渗透了她自己的想法和观点。她和她的节目是电视节目史上一个不可逾越的里程碑。

1. 美国大众文化的符号

在过去几十年里，"奥普拉效应"已经成为美国大众文化的符号。奥普拉凭借一流的口才和睿智的头脑赢得了无数观众的赞誉和追捧，她的言语和观点影响到全球众多国家，创造了文化与商业上的双重价值。

《奥普拉·温弗瑞秀》的话题选择主要集中于情感心理和生活两大类，占了节目比例的 58%，并且节目集中于女性关注的话题，以女性心灵作为直接的诉求点。话题极富情感张力，易于取得观众感情上的震撼和共鸣。话题包括：怎样处理职场生涯与家庭生活；怎样处理子女、夫妻、朋友的关系；怎样把握爱情、宽恕、仇恨等各种人类共同的心理情感。

对名流、明星的访谈是《奥普拉·温弗瑞秀》的一项固定内容。在长达 25 年的节目中，奥普拉在第一时间敏锐地抓住社会热点和影视明星，留给观众无数精彩的访谈瞬间。1986 年，她在钢琴表演家李·柏瑞斯去世前 6 周采访了他；在 1993 年的黄金时段中，迈克尔·杰克逊借着奥普拉搭建的平台公开指责那些批评他的人，并诉说患有致使皮肤色素混乱的白癜风带来的痛苦。在奥普拉的带领下，人们看到了迈克尔·杰克逊的神秘住所，听到了这位歌王对关于自己许多谣传的解释，这次节目以其独有的直播形式、极高的收视率创下了 1960 年以来娱乐节目类的吉尼斯世界纪录，成为奥普拉最得意的明星访谈之作。

从节目的选题来看，《奥普拉·温弗瑞秀》一般以话题型内容为主，关注性、虐待儿童、减肥困难、缺乏自信等与普通百姓生活息息相关的现实问题，试图通过对典型事例的探讨和分析，给人们提供一种指导性的建议。尤其是减肥，成了没有话题时最大的话题。奥普拉认为，肥胖者的受歧视问题是美国当前最新的偏见之一。此外，家庭生活也是奥普拉脱口秀的关注点之一，节目中经常讨论关于理财、安全、装修等话题，为人们提供帮助和参考。《奥普拉·温弗瑞秀》节目话题性较强，往往是一些有争议性或轰动性的事件，或是一些令人困惑的心理问题。因此，节目往往会邀请一位心理专家，帮助嘉宾解决自己的困惑，并提供一些建设性的意见。

奥普拉在节目中专访过很多世界顶级明星，比如流行音乐之王迈克尔·杰克逊、流行天后玛丽亚·凯莉、惠特尼·休斯顿等。无论是嘉宾还是主持人，都敢于在屏幕上秀出自己的生活、经历、想法，展现自己的个人魅力。再加上热情高涨的台下观众，很容易就把现场炒热。奥普拉不仅能设身处地地体会他人的苦乐，还能敞开自己的心扉，真诚地与观众进行感情交流。

奥普拉乐于向电视观众展现她生活中的每个细节，这在体现节目"秀"的特质的同时，也赢得了观众对她的好感和信任，观众也把她当作可以信赖和倾诉的对象。这种富有个性特征的主持艺术是奥普拉的脱口秀节目经久不衰的重要保证。奥普拉还把《老友记》最后一季的拍摄现场搬到了节目的演播厅，让观众和这些陪伴了他们十年的"老友们"亲密接触，场面令人动容。在采访明星时，奥普拉会有针对性地提出问题，有些问题甚至非常敏感、尖锐。但是奥普拉的提问形式以及她的个人魅力却使得来宾都愿意与她分享自己最隐秘的私人情感。于是揭秘性和情感性成了奥普拉节目最吸引观众的卖点，观众可以看到明星坦诚地展示最真实的自己。除了光芒四射的名人，她也会采访那些在大灾难中死里逃生的普通人，倾听他们的寻常故事。有在车祸中被严重烧伤的幸存者，也有被大猩猩袭击后毁容的人。

社会问题也是节目采访话题的另一个重点，社会类话题会关注一些新近发生，具有一定的新闻因素的社会事件。节目敏锐地抓住社会的风向标，通过这些深刻的话题，丰富了节目的关注层面，成为美国社会大众文化的符号，也是了解美国社会文化的一个重要渠道。美国伊利诺斯大学更开设了一门课程专门研究以奥普拉为标志的"美国文化现象"。

2. 深入挖掘人物故事

《奥普拉·温弗瑞秀》的节目故事包括两部分内容：一个是每一段落内的嘉宾自述，另一个则是整个节目主题的叙述。嘉宾自述的方式是嘉宾的部分口述加上现场播放短片的代述，短片部分是可以把故事讲得精彩的环节。嘉宾的自述是已经发生的故事，短片的部分起到弥补的作用，把故事讲得更清楚，让故事更加直观、形象。

2003 年 4 月 9 日播出的《Have You Been Scammed》(《你被骗了吗》)就充分利用了短片的功能来讲故事，这是一期专门揭露社会上一些典型骗术的节目，节目是为了警示家庭主妇，她们一方面梦想赚钱，另一方面又缺少社会信息，所以容易陷入一些陷阱。节目将这些骗术拍成了短片，内容有《宴会诡计》《在家工作的骗局》《网上找工作被不存在的公司骗取报名费》《网上购物的骗局》《人工培育的珍珠》《伪造的自动取款机》等。节目通过短片播放，将这些骗子们的骗术清晰地呈现了出来，用真实扮演的手法，再现骗子的行骗过程，再加上被骗人的自述，奥普拉的解说，还加上了一些图表、动画等表现手段，十分简单明了地拆穿了骗子们的谎言。

在处理故事的时候，奥普拉擅长以小见大，话题的展开全部基于一个个小而具体的点，可以是一个故事，也可以是一段复杂的感情经历，然后再从这些个体经验向社会问题上升，最后落脚到一个比较严肃的、具有普遍适用性的抽象概念之上，通过奥普拉的独特视角，以一种更加人性化的眼光，在个性与共性的统一之中，让故事得以升华。

美伊战争期间，奥普拉制作了多期关于战争的节目，她将眼光对准美伊战争中的"人"，有因为战争失去了双脚的战士以及他们的母亲，有仍在战场上的黑人女战士和她的家人。奥普拉精心选择了战争之下的人们，他们经历了身体的磨难，或者正经受着心灵的痛苦煎熬。节目情感真挚，引发了关于战争的合理性，参战人员、战争对人的影响、对社会的影响等多角度的思考，最后还上升到了对美国社会反思的高度。

在讲述故事的过程中，奥普拉经常采取层层递进的原则，让整个故事循序渐进，将情感慢慢积累铺垫，向观众呈现人类各种情感，并在情绪的最高点结束整期节目，从而达到荡气回肠或者让人难忘的节目效果。

3. 具有传奇魅力的主持人

《奥普拉·温弗瑞秀》的成功离不开主持人奥普拉的个人魅力。她的成功史就是一部传奇的励志片。奥普拉的童年在又脏又偏僻的农场里度过，她发奋学习，不仅拿到田纳西大学的全额奖学金，还在18岁那年一举摘得"田纳西州黑人小姐"的桂冠，从此走上了星光大道。

因为在恶劣的家庭环境下成长，所以奥普拉格外能体会那些不幸家庭背后的种种辛酸。她平易近人、善于倾听，从不装腔作势，高高在上。节目中的她是温情的、善意的，不以挖掘嘉宾的痛苦和隐私作为节目的卖点。真诚、亲切是奥普拉最为突出的一个主持风格。可以说，奥普拉是《奥普拉·温弗瑞秀》成功的保证，她的主持风格是这个节目的最大看点。

在脱口秀节目现场，敏锐的反应是奥普拉最为出色的技巧，她不会随意打断嘉宾的谈话，但是她会在最恰当的时机做出最恰当的总结，或者提出最恰当的问题，她的提问简明扼要、开门见山，非常明确地抓住问题的核心。在节目中，她既是一个完美的演员，又是节目导演的化身，她参与了大多数节目的前期策划和制作，熟悉节目的每一个环节和设计，所以，她一方面要扮演好自己的角色，另一方面要作为场上导演推动整个节目的进行。

直到今天，《奥普拉·温弗瑞秀》仍然占据着美国脱口秀节目的头把交椅。"我热爱这档节目，这节目已经成为我生命的一部分，正是因为我太爱它了，所以才深知何时离开才是最好的时候。25年，我和这节目已经深深联系在一起，所以对我来说，在节目满25年之际离开是最完美的。"2011年美国时间5月25日，最后一期《奥普拉·温弗瑞秀》落幕，走过 25 载的奥普拉脱口秀彻底告别荧屏。持续 1/4 个世纪，邀请过 3 万个嘉宾，拥有累计超过百万的现场观众，电视观众遍布世界近 150 个国家，拿过 48 尊艾美奖……在经历过这些辉煌之后，《奥普拉脱口秀》圆满地画上了句点。

二、鲁豫有约

节目名称：《鲁豫有约》(*A Date With Luyu*)
节目类型：脱口秀类
播出频道：凤凰卫视
开播时间：2002 年 1 月

【节目介绍】

《鲁豫有约》是凤凰卫视中文台在 2002 年 1 月推出的一档电视谈话类节目，由凤凰卫视的刘春、制片人樊庆元和策划人阿忆为陈鲁豫量身定做。该节目除在凤凰卫视外的全国 20 多家电视台播出。节目定位于"寻访拥有特殊经历的人物，一起见证历史，思索人生。直指生命的体验与心灵秘密，创造一种新颖的谈话记录"。栏目的特点是挖掘采访对象的人生故事、情感故事，通过一段段感情，讲述成长的艰辛、美好的感情、人生的甘苦。早期的《鲁豫有约》是以采访"被遗忘的大人物"来回忆一段难忘的历史，节目的准确定位和主持人的个性魅力，受到了观众的欢迎。

2005 年 1 月，《鲁豫有约》推出了新的版本，节目的播出方式由周播为日播；节目的播出空间从无固定的空间转变为可以容纳 300 位现场观众，同时请多个嘉宾的大型演播室；内容上进一步拓宽，突破话题选择单一的局限。播出平台也由凤凰卫视中文扩大到国内省级电视。新版节目瞄准观众身边的人物，愈发平民化和社会化。节目更加亲切，贴近生活和社会，引领嘉宾分享故事、分享回忆、分享心境。

《鲁豫有约》的访谈对象几乎覆盖了各个方面：政治、经济、文化、社会、娱乐。其中，被访对象在自己的领域内都是引人注目的焦点人物，具有一定的代表性。

【节目内容】

以《鲁豫有约》之《刘雪华的戏剧人生》为例：

序号	内　　容	时间	形式
1	本期节目预告+片头	1 分 25 秒	节目片段剪辑+片头
2	演播室，鲁豫介绍本期节目的嘉宾：曾被称作"琼瑶女郎"，演过许多部琼瑶的影视剧，影响了好几代人	35 秒	主持人现场
3	现场大屏幕播放刘雪华主演过的一些影视剧片段介绍：《几度夕阳红》《烟雨蒙蒙》《庭院深深》《甄嬛传》等，介绍她的演艺之路	1 分钟	播放短片

续表

序号	内　　　容	时间	形式
4	主持人鲁豫请刘雪华上场，与现场她的诸多粉丝交流	40 秒	演播室现场
5	鲁豫与刘雪华交谈，聊她演过的一些角色以及她的一些生活习惯	1 分 50 秒	演播室现场
6	现场播放短片，回顾刘雪华主演过的影视剧角色	1 分 40 秒	播放短片
7	演播室现场，鲁豫与刘雪华聊她的"哭"戏，她以能哭会哭的表演闻名。现场播放和刘雪华合作过的明星的采访短片，谈刘雪华的"哭"功。现场大屏幕播放刘雪华主演过的经典片段。刘雪华聊她拍哭戏的感受	3 分钟	播放短片+演播室现场
8	下节精彩预告	1 分钟	解说+节目剪辑
9	播放短片，刘雪华演艺生涯介绍	20 秒	播放短片
10	鲁豫与刘雪华聊她演过的其他一些角色，她对演戏的态度和方式。她主演《少女慈禧》后去泰国为泰国国王演出的经历	5 分 50 秒	演播室现场
11	鲁豫与刘雪华聊她初次见到琼瑶的印象。她和琼瑶的缘分和故事	4 分 20 秒	演播室现场
12	大屏幕播放影迷整理的刘雪华曾经拍过戏的外景地画面，鲁豫请刘雪华讲述当年拍戏的情景	2 分 05 秒	播放短片+演播室现场
13	下节精彩预告	40 秒	解说+节目剪辑
14	短片介绍刘雪华对演艺新人的提携。演播室现场刘雪华谈到自己年轻时受过李香琴的称赞非常感激	2 分 55 秒	播放短片+演播室现场
15	短片介绍刘雪华的童年经历。演播室现场鲁豫与刘雪华聊她的童年和个性	4 分 10 秒	播放短片+演播室现场
16	下节精彩预告	40 秒	解说+节目剪辑
17	短片介绍刘雪华与父亲的故事	20 秒	播放短片
18	演播室现场，鲁豫与刘雪华聊是如何走上演艺道路的。小时候家庭对演戏的态度，她进入演艺圈的机缘，对角色塑造的理解。节目结束	10 分 20 秒	演播室现场

【节目特色】

《凤凰卫视》于 2002 年 1 月开播的《鲁豫有约》是一档开放式的、以深入挖掘被采访者内心深处的故事为主的访谈节目。《鲁豫有约》一经播出后很快受到观众的喜爱与欢迎。节目在话题的选择、主持艺术、谈话氛围的营造方面都独具特色。

1. 适合大众口味的话题选择

选题对于一档有追求、有品位的脱口秀节目来说尤为重要。《鲁豫有约》的栏目宣传语是"寻访昔日英雄和有特殊经历的人群，见证历史，思索人生，直指人们的生命体验与心灵的秘密"。《鲁豫有约》在开播之初，将节目定位在了文化层次较高、收入较高、社会地位较高的受众群上。这些受众具有较强的社会责任感和历史使命感，同时对媒体的低俗化和泛娱乐化较为抵触，他们渴望看到一批有深度的电视文化节目，因此，《鲁豫有约》绝大部分选题避开了当下的热点话题与热点人物，确定了较为小众化的选题范围——昔日英雄、过气明星和有争议有故事的人物：徐悲鸿的夫人廖静文，作家张扬，带领中国女排创造奇迹的女排总教练郎平，创造承包神话的马胜利，80年代劳模邢燕子，著名钢琴家鲍惠荞……这些选题在当时的主流媒体上尚属空白，而这些独特的选题资源让《鲁豫有约》赢得了认可。

这些选题开创了我国谈话类节目之先河，许多曾经显赫一时的名人，在早期的《鲁豫有约》都掀开了神秘的面纱，开启了一段已经过去许久但又无法从一代人内心深处抹去的回忆，他们的故事并非一个人的简单经历，而是在中国时代变迁这个大背景下某个时代的见证者和记录者，他们从一个侧面折射出了共和国曾经走过的曲折与艰辛。

2005年1月，开播3年后的《鲁豫有约》进行了大规模的改版，涉及节目定位、选题、节目形态等多个方面，首当其冲就是节目选题的改变。改版后的访谈嘉宾基本上可以归结为以下六大类别：失意英雄、边缘另类人群、见证历史的焦点人物、经历人生重大变故的普通人、当下的热点新闻人物、文化名人和演艺明星。节目通过展示这些有特殊经历的人的丰富精彩的人生和他们的情感世界去感动观众，启发观众思考，让观众分享嘉宾的喜怒哀乐和人生经验。改版后的《鲁豫有约》更是拓宽了话题选择的范围，加大了对社会热点问题和焦点新闻的关注度，如针对风靡一时的选秀节目而推出的"选秀故事"；关注整容的"我为整容狂"。以及之前节目中的"人体模特"和"胖美人旋风"等，这些紧贴人们日常生活热点的话题也受到观众的欢迎。

此外，对见证历史的焦点人物的访谈向来是《鲁豫有约》的重头戏，无论是改版前的北大荒、知青系列，还是改版后的唐山大地震系列等，都是通过对亲身经历过中国历史进程中重大事件的中心人物的采访，通过他们与鲁豫面对面真实的交流，配上真实的历史影像资料画面，把观众带入《鲁豫有约》所建构的历史情境之中，共同经历某一事件探寻历史的真相。个体关于历史的记忆与观众集体无意识地对历史的关注相碰撞，激起的是智慧的火花。这类话题的选择是《鲁豫有约》独具特色的一大亮点，直接提升了节目本身的文化品位。

2. "讲故事"的节目特色

《鲁豫有约》从创办开始就以"说出你的故事"为口号，选题判断的标准强调访谈人物的故事性。对《鲁豫有约》来说，访谈的嘉宾必须有与众不同的故事，重要的不是嘉宾是否为名人，而是他们是否是有故事的人。《鲁豫有约》几乎每期节目所采访的嘉宾都有着传奇的人生经历和特殊感悟。观众在分享嘉宾的喜怒哀乐、人生经验的同时，也对人生与社会产生思考与反省。

《鲁豫有约》的"讲故事"风格保证了选题的可持续发展。无论是明星还是普通人，人人身上都有故事，鲁豫曾经说过："说故事的人不一定是名人，原则上是一个曾经大起大落、身上有故事的人，重要的是他的故事能给人以启迪。"①判断约请嘉宾的标准是"故事"而不是"身份"，这让《鲁豫有约》的题材真正达到了"用之不竭"的程度。

在讲故事的手法上，《鲁豫有约》采取的是与嘉宾一起"说故事"的方法，鲁豫真诚地与被访的嘉宾沟通，认真地倾听，极具亲和力；她引导嘉宾讲述了一个个鲜为人知的故事，展现出他们丰富曲折的人生经历，给观众以心灵触动和人生启迪，从而也引起了观众对节目的关注。电视剧《大宅门》播出时，《鲁豫有约》邀请了电视剧导演郭宝昌，由于《大宅门》在中央电视台黄金时段热播，许多观众因而对他本人的生活产生了浓厚的兴趣和探求欲望。他出身贫寒却生长在大宅门，大宅门的生活让他富足无忧，却又因为富足无忧的少爷身世而让他一生坎坷。在这期访谈节目中，电视《大宅门》的镜头不时播放，提供着背景资料，郭宝昌本人跌宕起伏的故事也在同时述说，李天意和郭宝昌——电视人物与真实人物，通过场景的切换，观众在已有的公共经验中体味着郭宝昌的个人生活，故事也在这种交错中开展与深入。

3. 鲜明的主持风格

鲁豫是一位经验丰富的节目主持人。她在与不同的对象交谈时采用不同的策略。在采访过程中，善于用一种体贴、温柔的态度拨动嘉宾的心弦，用一种平等的心态来做节目来和别人交流。谈心更需要一种尊重和诚恳的态度，要与人谈心首先要成为一名"听者"，倾听不但能获取有效的信息，同时也是对对方的尊重，这样才能赢得对方的信任。鲁豫在与年龄相仿的嘉宾谈话的时候，就像一个知心朋友一样与对方聊天；在与老一辈的人物相处的时候，她更多的是做一个真诚而热心的倾听者；在与小朋友聊天的时候，她更像一个大姐姐。在与嘉宾的交流中善于倾听，而在发问时则是带着真诚与坦率的理性，这样的发问丝毫不会让人觉得咄咄逼人。麻辣如李敖，面对鲁豫的镜头，也毫不避忌地谈论自己与胡茵梦之间二十多载的恩怨纠葛；沉稳似成龙，也敞开心扉地说出有关"小龙女"的是非种种。

善听善问是鲁豫脱口秀节目的一大特色。鲁豫作为主持人，非常注重与嘉宾的互动和交流，善于倾听嘉宾的故事和情感，同时也善于提出深入、针对性强的问题，引导嘉宾分享更多的信息和观点。

此外，鲁豫还善于从嘉宾的回答中挖掘更多的信息和观点，引导嘉宾展开讨论。这种善听善问的特点使得节目能够更好地展现嘉宾的个性和故事，同时也能够吸引观众的关注和情感共鸣。跟名人谈背后辛酸，跟普通人谈特殊经历，每个嘉宾就像一本故事书，在鲁豫的引导下，那些最精彩、最难忘的故事也被一一呈现在观众面前。在采访郭敬明时，鲁豫由新概念作文大赛说起，从一个"作文写得好的好学生"到现在经营公司的"郭总"，鲁豫且听且问，与嘉宾的互动自然又不随意。在《理想照进现实》中，鲁豫抓住"应届毕业大

---

① 佟奉燕：《不可能将自己100%脱光 鲁豫说出你的故事》，《北京晨报》，2001年12月27日。

学生"这几个关键字，首先采访的就是与自己同专业的主持系大四学生，聊到最初跨入社会的心态，第一次做节目的情景，因为相同的专业，也因为都走过学生时期，主持人与嘉宾多了许多相同经历，与嘉宾的话题也就变得多了起来。

人物访谈节目主要通过主持人与访谈对象之间的对话来构成，需要由大量语言来支撑。因此，人物那些真实感人的经历、生动的情节，以及揭示人物内心世界，体现人物性格特征的细节也主要是通过语言来实现的。在访谈节目中，细节主要是靠主持人问出来或嘉宾经主持人的启发而叙述的，这就要求主持人善于提问，善于挖掘。《鲁豫有约》引导嘉宾讲述自己的故事，通过调动采访对象的热情来达到双方的互动交流。

4. 与《奥普拉·温弗瑞秀》的比较

《鲁豫有约》和《奥普拉·温弗瑞秀》是 21 世纪初期中国和美国脱口秀节目的代表，两个节目有很多的共同点，鲁豫也曾经被美国 CNN 评为"中国的奥普拉"。《奥普拉·温弗瑞秀》是美国历史上收视率和播映时间最长的日间脱口秀节目，《鲁豫有约》是中国一档播出了十几年的谈话节目，两档节目在形式上有许多的共性：大沙发，坐在沙发一边聆听的主持人，观众环绕的舞台，舞台背景是放映短片和照片的大屏幕等。

虽然在节目形式上与《奥普拉·温弗瑞秀》有许多相似之处，但《鲁豫有约》并不是简单的模仿。《鲁豫有约》这样定义节目的主旨："寻访拥有特殊经历的人物，一起见证历史，思索人生，直指生命的体验与心灵秘密，创造一种新颖的谈话记录，充满人情味。"①《鲁豫有约》的重点是嘉宾以及嘉宾背后的故事。节目一般只邀请一位嘉宾，而这个嘉宾就是整期节目的话题核心，通常围绕着嘉宾的人生历程进行。这种定位使得《鲁豫有约》的访谈非常随意和特别，生活化的闲聊氛围让节目看起来很轻松。

《奥普拉·温弗瑞秀》采访的人物都是新闻热点，节目话题也是围绕着与民众相关的现实问题，这些问题不仅包括社会、政治、经济等方面的话题，还包括文化、教育、家庭等与人们日常生活息息相关的话题。通过讨论这些问题，奥普拉·温弗瑞能够引导观众思考社会问题的复杂性和多样性，同时能够增强观众对社会问题的关注和认识。在采访人物方面，奥普拉·温弗瑞通常会选择一些具有争议性、话题性的人物，或者是那些在某个领域取得了突出成就的人。她通过与这些人物的深入对话，让观众更深入地了解这些人物的人生经历和内心世界，通过对现实事例的探讨和分析，给人们提供指导性的建议。所以《奥普拉·温弗瑞秀》的核心是带有新闻性的热点现象，而不是专注于某一个人所经历的内心故事。

《奥普拉·温弗瑞秀》很少有一期节目只采访一个人的，因为节目的重点不在某个人，而在社会热点本身，所以通常采访的是与节目相关的多个人，采访的角度也都是从嘉宾对热点的感受或看法出发，不需要分享嘉宾的整个人生历程。并且奥普拉在向观众介绍采访嘉宾的时候，总是会强调新近发生在嘉宾身上的某个重要事件，信息的新闻性和冲击性都比较强，选题非常精准，能够引起社会的讨论和关注。

在节目的结构设计上，由于《鲁豫有约》是以采访的人物为核心，所以结构被淡化，

---

① 陈虹、聂德芸：《〈奥普拉·温弗瑞秀〉与〈鲁豫有约〉的对比研究》，《视听界》，2007 年 4 月。

有的时候节目涉及嘉宾的整个人生历程：童年、大学、工作、婚姻等各个部分，有的时候只涉及其中一个部分，节目几乎没有段落感，节目的节奏是由主持人来把握，由于节目没有明显的停顿，通常嘉宾会聊得比较尽兴，并且更加深入内心。节目以嘉宾的故事和情感为主线，通过深入、温馨的对话，探讨嘉宾的人生经历和内心世界。这种设计方式使得节目能够更好地展现嘉宾的个性和故事，同时能够吸引观众的关注和情感共鸣。

《奥普拉·温弗瑞秀》的节目结构非常清晰，因为它的节目宗旨主要是剖析社会热点，通常是嘉宾和其亲朋好友同时来做客节目。如 2009 年 5 月 11 日播出的《世界达人》节目，她邀请了《美国达人》的评委西蒙·考威尔，《英国达人》的选手苏珊大妈和保罗·帕特斯，《X 元素》的丽安娜·刘易斯，中国的《超级女声》张靓颖等数十人来到节目中，除了西蒙一直留在舞台上以外，其他所有人都只是表演了一首歌曲，然后和奥普拉进行了简短的对话，这种清晰的节目结构让节目非常紧凑，节奏较快，但是对于深入嘉宾内心的部分则比较淡化。

从话题到谈话场景设置，《鲁豫有约》与《奥普拉·温弗瑞秀》都有着较大差异，但这两档节目都是根植于各自的文化母体中，与自己国家的文化背景相符合，适合各自国家观众的口味。《鲁豫有约》在节目内容和形式上借鉴了《奥普拉·温弗瑞秀》的经验，这种借鉴不仅使得《鲁豫有约》在谈话类电视节目领域取得了一定的成功，也为中国电视界提供了一种新的节目形式和思路。当然，在借鉴的同时，《鲁豫有约》也根据自身的特点和观众的需求进行了一些创新和改进，使节目在中国市场上更具针对性和吸引力。

下 编　国内原创节目的兴起

第九章　综艺真人秀节目

第一节　原创综艺真人秀节目综述

　　我国电视综艺节目的发展脉络可以归纳为五个阶段：第一阶段，20世纪90年代初期兴起的以《正大综艺》《综艺大观》等为代表的表演类综艺晚会时期。这一时期，看电视是家庭的主要娱乐方式之一，可选择的频道数量较少，各省级卫视还没有上星频道，观众看电视娱乐节目还是以中央电视台为主。第二阶段，20世纪90年代中期以后，随着各大省级卫视陆续上星播出，观众可选择频道的范围也大为增加，湖南卫视、东方卫视等先后借鉴台湾地区的娱乐节目模式，出现了以《快乐大本营》和《欢乐总动员》为代表的娱乐节目，观众开始参与节目的游戏互动等，以何炅、李湘为代表的偶像型主持人拥有了大量的观众粉丝。第三阶段，20世纪90年代末期，以《幸运52》《开心辞典》等为代表的益智竞猜类节目时期。这一时期，观众收看到大量的娱乐节目，对电视娱乐节目的神秘感得以祛魅，拥有了更平常的心态和对节目的参与感，积极参加益智竞猜游戏，可以说是娱乐节目的黄金时代。第四阶段，21世纪初，以《超级女声》《快乐男声》为代表的从国外引进的平民综艺真人秀节目大批涌现，综艺真人秀进入大众选秀时期。由素人参与节目选秀，在选秀过程中成长为明星。这一类型的真人秀节目风靡荧屏几十年，选出了大批活跃在娱乐圈的偶像明星。第五阶段，2020 年左右，以《奔跑吧兄弟》《乘风破浪的姐姐》等为代表的明星综艺真人秀阶段，观众在真人秀节目中可以看到明星们非常真实放松的一面。

在传统的电视节目中，受众只能通过电视屏幕收看，很难参与节目互动。真人秀节目的出现为受众互动提供了空间，节目的主角已不再是明星，而是海选出来的普通人，这些普通人给了观众强烈的情感代入，许多普通选手的故事往往能让观众同悲同喜。真人秀带来的娱乐模式的突破可以说是对百姓生活的一种游戏式的记录。"百姓+生活游戏"成为新的娱乐模式。像央视的《非常 6+1》和湖南卫视的《超级女声》《谁是英雄》等都走了真人秀这条路，把普通人包装成娱乐电视栏目的主角，成为当时一种电视时尚。

而且在早期的真人秀节目中，观众的投票具有决定性的作用，甚至可以改变节目的整个过程。如《超级女声》的观众可以通过短信投票来支持选手，赋予了观众强烈的互动参与性。

一、国内原创真人秀节目的兴起

早期我国的电视综艺真人秀主要以引进国外的节目为主，如《幸存者》《超级模特》等。这些节目在国外取得了巨大的成功，但在国内却难以复制同样的辉煌。2003 年，《超级女声》借鉴了美国歌唱比赛节目《美国偶像》的运作模式，结合了大众投票、评委点评、选手成长记录等元素，让观众能够更深入地了解选手，从而提高了观众的参与度。播出后迅速引起了社会的广泛关注，成为了一代青少年的成长记忆。

2010 年以后，我国的真人秀节目进入高速发展期。在这个阶段，节目的类型更加多样化，涉及音乐、舞蹈、美食、旅行、挑战等多个领域。其中，一些具有代表性的节目如《爸爸去哪儿》《我是歌手》等，成为了观众喜爱的热门节目。《爸爸去哪儿》通过记录明星父亲与孩子的相处过程，展现了亲子关系的真实一面，引发了社会对亲子关系的关注。而《我是歌手》则通过竞技的形式，让观众了解到了音乐人的真实实力和背后的故事，同时也为音乐类真人秀节目树立了标杆。在这个阶段，真人秀节目也开始注重品牌建设。一些节目通过邀请知名主持人、嘉宾，打造具有特色的品牌活动或品牌理念，提高了节目的知名度和影响力。

以《中国达人秀》《中国好声音》等一批真人秀节目的成功为标志，中国电视真人秀节目实现了真正意义上的繁荣，成为具有普遍意义的社会文化现象。但是，随着中国电视台引进的国外节目模式越来越多，也出现了很多节目"水土不服"的问题。国外电视节目模式虽然提供了完整的节目框架和制作流程，具有很强的可操作性，但节目模式毕竟是从其最初开发地的社会和文化土壤中生长出来的，并不是所有的节目模式都适合移植，而且移植和引进的节目模式也必须经过本土化过程，才能适应中国的观众需求和国情。实际上，引进海外电视节目模式是我国电视业学习国外先进、科学的节目生产机制、创新节目形态的一种过渡性选择，但通过引进实现节目创意研发的升级再造，建立起原创节目的开发机制，才是我们真正的目标。

2015 年，国家新闻出版广电总局举办了广播电视节目创新创优研讨会，2016 年 6 月又推出《关于大力推进广播电视节目自主创新工作的通知》，这个研讨会和通知是中国广播电视行业阶段性发展的一个重要节点。在各大卫视的节目引进大潮中，节目创新方式出现了革命性的变化，逐渐从自主创新走向开放型创新，也是因为越来越多的电视从业人员意识到，中国的电视真人秀必须找到一条在内容与形式上都适合中国观众的真人秀电视节目的表达途径，才会有生命力。

在这个大背景下，2017 年，中央电视台陆续推出《中国诗词大会》《见字如面》《朗读者》等一系列文化类节目，得到了观众尤其是年轻观众的关注，掀起了一股文化综艺类节目的创作热潮。2015 年，东方卫视、欢乐传媒共同出品的喜剧竞赛真人秀节目《欢乐喜剧人》，以综艺的形式，通过相声、小品、曲艺、幽默表演、杂耍、变脸等节目样式产生最具喜剧天分的人才，网罗各路民间喜剧人才，用语言的幽默力量传递快乐。①

2017 年，湖南卫视作为卫视创新的领头羊，深耕垂直领域，包括文化、美食、慢综艺等多领域同时发力，在编排上，以《天天向上》《快乐大本营》等为代表的王牌栏目坐镇，以《歌手》《花儿与少年》等为代表的综 N 代节目升级回归。生活服务类真人秀《向往的生活》，带动了国内原创户外真人秀节目的火热。作为慢综艺真人秀的"鼻祖"，《向往的生活》让观众懂得户外真人秀不单单只有游戏，休闲、放松也可以那么有趣。此后几年，湖南卫视陆续制作的《中餐厅》《牧野家族》等户外真人秀节目都延续了慢综艺真人秀的特质，与快综艺体现竞技感、集中笑点的制作理念不同，慢综艺没有人为设置的游戏和任务，也不强调人设，而是设置好大框架，让明星"自己玩"。当户外真人秀显现疲态、"综 N 代"后劲不足时，一些没有复杂规则，节目形式简单的"慢综艺"如清流般，在综艺市场走红。

2017 年年底，湖南卫视制作了原创综艺真人秀节目《声临其境》，节目每期邀请四位演员同台竞技，通过台词功底、配音实力和互动搭档的比拼，最终由现场观众投票选出当期的"声音之王"，进入年度声音大秀。《声临其境》第一季大获成功后，2018 年，湖南卫视开播了原创音乐演唱真人秀节目《声入人心》，让高雅音乐和大众之间可以进行交流。节目组借该节目告诉年轻观众要成为什么样的人，听什么样的歌，观众的偶像可以不只是张扬有态度有个性的人，他还可以是非常内敛、有礼貌、有才华的人。同样是在 2018 年，浙江卫视制作播出了演技竞演类真人秀节目《我就是演员》，去掉了综艺节目特有的热闹浮华，回归演技本身，演员进行纯粹的演技对决。《我就是演员》的成功引发了 2019 年表演类综艺节目的勃发，一连出现了《演员请就位》《我就是演员之巅峰对决》《演技派》等多档同类型节目。

在国内综艺模式和内容经过近十年的发展后，综艺的创新也进入了自主研发和海外输出的阶段。2018 年 11 月 11 日，浙江卫视就《我就是演员》节目与美国 IOI（Is or Isn't Entertainment）公司在杭州签署模式销售协议，授权其及合作伙伴 HMP（Hollow Men Productions）公司在美国、英国、加拿大等英语地区制作《我就是演员》的节目。

2020 年，湖南卫视又制作了一档综艺真人秀《乘风破浪的姐姐》，鼓励观众不论处在任何人生阶段，都可以像姐姐一样勇敢出发，以自信、向上、拼搏的姿态追求自己的梦想并实现人生价值。2020 年 6 月 12 日首播后，《乘风破浪的姐姐》获得了超高点击量和社会讨论热度，"乘风破浪"成为国内年度热词。

2020—2022 年，国内原创真人秀节目的数量并没有受到疫情的影响，在特殊的时代

---

① 《冷题材变热综艺——〈声入人心〉让高雅音乐不高冷》，《羊城晚报》，2018 年 11 月 12 日。

背景下，快乐渐渐成为刚需，观众厌倦了虚假的表演，热切希望看到普通人关于生活和关系的思考，产生真正的共情。在这样的背景下，像音乐旅行真人秀节目《快乐再出发》、婚姻纪实观察真人秀《再见爱人》这类以真实、真诚打动人的节目以黑马姿态出圈。①

由此可见，要增强我国在全球电视竞争领域的影响力，需立足本土文化语境和本土市场，推动原创品牌节目的模式化生产。从早期的情景喜剧、娱乐类节目，到后来的益智类节目、故事化纪录片、真人秀，这些类型先后作为可资借鉴的模型或理念被引入中国，掀起了大大小小的热潮。引发了生产理念、节目形态甚至是制作模式的变革。

二、原创真人秀节目的成功之道

无论真人秀节目的类型与形式如何变化，内容才是节目在众多综艺中取胜的王道，或贴近生活、或引人入胜，只有内容的高质量输出，才是综艺久盛不衰的永久方法。

1. 增强节目模式的创新能力

良好的创意不仅是实现节目差异化竞争的必备因素，更是一个节目能成为流行趋势的核心要素。一档节目模式要想创新必须从节目的主题、定位、受众、形式及编排进行多方面整合，并且注重市场和观众调研。此外，节目策划团队需要研发出更符合中国受众的亮点和规则，来吸引受众。在内容的编排上要结合本国的历史文化特色，不断拓宽节目类型。在追求经济效益的同时要形成完整的产业链，以创造更大的商业价值。

在已经成为全球节目创意中心的欧洲，十分强调节目的原创性，在欧盟的统一规范下，大多数欧洲国家坚持对播出节目的本土内容实行配额做法，保护民族文化产业。有些国家甚至规定，热播的节目至少应有 60% 都是本土生产的。

中国的电视节目如何实现"海外引进—本土化改造—自主创新—海外输出"的转型升级之路，是业界必须面对的实际问题，也是提升文化软实力、影响力的现实路径。从学习海外电视节目的模式创意到原创出独具特色的真人秀节目，中国电视工作者越来越重视创新，对真人秀的运作规律有充分了解，极大提高了节目的创意能力和制作水平，创造出了众多贴近中国大众生活，满足受众需要的真人秀节目。

2. 重视节目的品牌价值

自主创新是广播电视播出制作机构应有的文化担当。创新不排斥学习、吸收、借鉴，但学习不是一味照搬照抄、纯粹拿来主义。总局有关文件要求，要不断研发生产拥有自主知识产权、体现中华文化特色的优质节目。这一要求实质上也是重申了广播电视媒体和广大节目制作机构应有的文化责任担当。

在电视创新产业全球化的大背景下，一档新的节目模式生产出来，它的生产和销售也有可能成为电视这个行业一个新的竞争领域，一个产业的增长点。因为在全球的电视节目市场，这种模式出来以后具先导优势，占位优势，还能够吸纳更多收视市场资源，获得专

---

① 《当真人秀回归"真实"，谁才是 2022 年度综艺?》，《南方周末》，2023 年 1 月 16 日。

属版权利益。原创真人秀节目只有完成了向大制作、大营销、大市场的转变，才能促进中国电视产业的繁荣发展。

重视节目的品牌价值。可以延长节目寿命，提高受众对节目的认知度。媒体行业作为文化创意产业的重要分支，不仅要注重知识产权的保护，更要注重自主知识产权的开发。电视节目模式作为电视媒体产业的核心产品之一，需要从业者对于知识产权提高尊重意识，随着我国法律建设的不断完善，针对节目模式的法律产权保护也在不断优化完善。

3. 结合新媒体技术融合创新

在新媒体技术迅速发展的今天，传统电视节目与新媒体的融合创新已成为不可逆转的趋势，这种融合创新，需要电视台、节目制作方和新媒体平台的共同努力。

首先，采用现代数字技术对节目形态进行革新。目前，包括增强现实（AR）、虚拟现实（VR）、互动技术以及实时数据可视化在内的技术手段被广泛应用于创新节目制作，打破了传统媒体的界限。AR 技术可以为观众提供更加沉浸式的观看体验。在一些文化类节目中，观众可以通过手机或 AR 眼镜看到古代建筑的 3D 模型，或是在历史节目中看到历史人物的虚拟形象。VR 技术能够让观众体验到更加真实的环境和情境。例如在探险类真人秀节目中，观众可以通过 VR 设备体验深海探险或太空旅行。交互式技术可以让观众参与到节目的决策过程中，影响节目的走向。

其次，利用新媒体技术进行传播方式的创新。新媒体技术使得真人秀节目的传播更加即时和广泛，通过社交媒体平台，如新浪微博、抖音、今日头条、微信视频号、快手等，真人秀节目可以实时分享幕后花絮、精彩瞬间和选手动态，吸引观众的持续关注，并引导他们到电视台或视频网站观看完整节目。以《我是歌手》为例，节目通过微博、微信等社交媒体平台，实时分享节目的精彩片段和选手的动态，让观众参与到歌手的选拔过程中，提高了节目的互动性和观众的参与度。此外，节目还通过新浪视频平台发布节目的精彩片段，进一步扩大了节目的传播范围和影响力。

4. 促进中国节目模式走出国门

随着国内原创节目的兴起，近些年不断有电视节目模式输出到国外。央视《朗读者》《国家宝藏》《经典咏流传》、东方卫视《天籁之战》、湖南卫视《声临其境》、北京卫视《跨界歌王》、腾讯视频《明日之子》等多档节目在国内的成功，也引发了国际电视市场的关注。越来越多的电视节目模式从中国输出到国外，向全球观众展示中国电视节目的魅力和影响力。

随着国内原创节目的兴起和国际电视市场的不断发展，未来将有更多的中国电视节目模式走出国门，向全球观众展示中国的文化魅力和创新精神。总之，电视节目模式的创新对于行业发展来说是十分必要的，甚至是行业发展的必然选择，完善并落实节目模式可持续创新的各项机制，实现节目模式创意的产业化、市场化运作，有助于推动电视文化创意产业的发展，为推进我国电视文化创意产业运作打下良好的基础。

第二节　求新求变，首创"声演"真人秀
——《声临其境》节目解析

节目名称：《声临其境》
节目类型：声音竞演真人秀
播出频道：湖南卫视
开播时间：2018 年 1 月

【节目介绍】

《声临其境》是湖南卫视于 2018 年制作播出的
原创声音魅力竞演真人秀节目。节目以台词和配
音为切入点，每期邀请四组台词功底深厚或者声音动听的演员，由他们来和配音演员同台
竞声，现场比拼配音能力、台词功底和与年轻演员的互动搭档实力。年长的演员们隐藏在
幕后，观众只闻其声，是一种纯声音的比赛。每场节目由现场的 500 名观众投票，经过
"经典之声""魔力之声"和"王者之声"三轮比赛，最后选出当期节目的"声音之王"。

《声临其境》在选择演员方面，主要看演员的作品以及实力。节目将众多的"好声音"
呈现到观众面前，让更多的观众关注到配音这个职业，也让更多有实力的演员展现出了语
言的艺术。配音的内容除了经典之外还是观众耳熟能详的、有很好的受众基础的片段。选
择配音后节目组还会和演员商讨，进行选择和调整。为了让观众在观看节目的同时更加能
够理解配音的类别和方向，节目设定了每期一个配音的主题，如动画片主题，童年记忆主
题，经典港片主题等。

为了给演员挑选配音片段，节目组每期都从十几个作品中筛选出 3 个备选，既要兼顾
口型难度、表现力度和台词的艺术性，还要考虑作品有一定的观众基础。为确保专业性，
节目组还邀请了迪士尼御用配音团队"领声"合作，极大地提升了整个配音环节的品质和
水准。

【节目内容】

以第二季第八期《声临其境》为例：

序号	内　　容	时间	形式
1	片头	15 秒	短片
2	画外音介绍本期精彩看点	20 秒	片段剪辑
3	北京，嘉宾袁姗姗练习配音	1 分 25 秒	纪实拍摄+嘉宾同期声
4	北京，嘉宾万茜练习配音	1 分钟	纪实拍摄+嘉宾同期声
5	北京，嘉宾喻恩泰练习配音，凯叔提供建议	1 分 30 秒	纪实拍摄+嘉宾同期声

续表

序号	内　　　容	时间	形式
6	北京，嘉宾涂松岩练习配音，王刚提供建议	1 分 10 秒	纪实拍摄+嘉宾同期声
7	指导老师张铁林指导万茜排练 指导老师张国立指导喻恩泰和袁姗姗排练 指导老师王刚指导涂松岩排练	1 分 20 秒	演播室+录音室拍摄
8	节目进入正式录制，四位演员在后台，三位指导老师在演播厅坐定，主持人凯叔出场，介绍嘉宾和芒果"新声班"	2 分 20 秒	演播室
9	声音大咖开始亮声，万茜、袁姗姗、喻恩泰、涂松岩在后台用化名模仿各种声音自我介绍。指导老师与声音大咖们幽默互动，凯叔介绍比赛规则	6 分 35 秒	后台+演播室
10	进入经典之声环节，万茜在《海底总动员》中一人饰演八个角色的配音，指导老师点评；袁姗姗为《公牛历险记》中的卢佩配音，指导老师点评；喻恩泰为《至暗时刻》中的丘吉尔配音，指导老师点评；涂松岩为《铁齿铜牙纪晓岚》中的和珅配音，指导老师点评	24 分	后台+演播室
11	四位演员来到演播厅舞台中央和现场观众见面。凯叔号召现场 500 位观众为他们喜欢的声音投票，这一轮比赛喻恩泰得分最高	3 分 50 秒	演播室
12	进入下半场竞演车轮大赛，凯叔宣布规则后，首先涂松岩和万茜开始比拼，指导老师王刚和张铁林分别为他俩支招。涂松岩为《唐人街探案 2》里的唐仁配音，指导老师点评；万茜为《无名之辈》里的马嘉祺配音，指导老师点评。两人表演完毕后，现场 500 位观众投票，万茜胜出，涂松岩被淘汰	15 分 20 秒	演播室
13	剩下的三位演员继续车轮大赛，万茜和袁姗姗比拼，万茜为动画片《长发公主》配音，指导老师点评；袁姗姗为《小鱼儿与花无缺》配音，指导老师点评。两人表演完毕后，现场 500 位观众投票，万茜胜出，袁姗姗被淘汰	16 分	演播室
14	万茜和喻恩泰分别与导师进行短暂的商量接下来要比赛的声音片段	1 分 20 秒	演播室
15	喻恩泰和万茜开始最后一轮的车轮大赛，万茜为《陆垚知马俐》中的马俐配音，指导老师点评；喻恩泰为《哈姆雷特》中的哈姆雷特配音，指导老师点评。两人表演完毕后，现场 500 位观众投票，万茜胜出，获得了年度声音盛典的门票，也获得了当期节目"最受观众喜爱的声音"	17 分 30 秒	演播室
16	下期看点预告	2 分 40 秒	下期节目精彩片段剪辑

【节目特色】

《声临其境》是湖南卫视于 2018 年制作播出的一档声音竞演真人秀节目，由于节目创意构思独特、兼顾娱乐性与艺术内涵，高品位的配音艺术魅力很快吸引了大量配音领域的专业人士及配音爱好者。第一季播出后创下了收视十一连冠的成绩。《声临其境》从 2018—2020 年连续播出了三季，从选题、嘉宾的选择、呈现方式、节奏及特效等方面都极具特色，同时也显示出我国综艺新的发展趋势——从引进海外模式走向原创，从娱乐性向文化性过渡。

1. 求新求变的原创追求

《声临其境》是国内第一档以"声音"为主题的电视季播节目，节目整体框架、规则设计、环节策划均为湖南卫视自主研发。节目以声音和台词作为切入点，抓住声音和配音的创新点，填补了综艺市场上的空白。2019 年 4 月 18 日，《声临其境》第二季播出后在清华大学召开了专家研讨会，众多专家学者参与了研讨，多角度分析了节目是如何坚持原创阵地提质升级，包括节目在增强文化自信、做好文化输出等方面做出的努力。与会专家一致认为："《声临其境》第二季做到了再次创新，作为原创节目，它助推了电视产业的发展，让中国的文艺市场焕发出更多活力，树立文化自信，也做到了让中国文化走出去。"[1]

新内容、新创意、新版面、新话题、新互动。《声临其境》无论是题材、立意乃至于创新手段都让观众耳目一新。节目张弛有度，展现了一种全新的综艺真人秀形式。长期以来，配音是配音演员在录音棚里对影视艺术作品的二次再创造过程，是一种小众的艺术，《声临其境》为了避免配音过程的单调和枯燥，设置了经典之声、魔力之声和声音大秀三个环节。配音作为节目模式的关键环节，节目在内容设计上更聚焦于"声音"这一主题，对于演员的技巧与表达有更高的要求。

《声临其境》首播后在新媒体领域引起了热议，在新浪微博综艺话题榜的阅读量突破 24 亿，参加节目的一些实力演员也再度爆红，如演员朱亚文，他把扎实的演技功力化作了对各种声音的呈现，不管是旧时代接地气的表白，还是新时代都市爱情的浪漫，朱亚文从细节上抓住了角色人物说话的语言特点，征服了观众，赢得了第一季节目的总冠军，并且获得年度"观众最喜欢的声音"称号。2017 年前后，中国的综艺真人秀节目通常以"颜值"为噱头和宣传点，参加节目的明星只要颜值足够，流量足够，就能带来话题和热点。《声临其境》则扭转了这一局面，成功让声音代替颜值，成就"声音之王"。《声临其境》第一期节目汇聚了周一围、潘粤明、张歆艺等演员，这几位实力演员通过近乎于苛刻的严谨态度和表演实现了对声音及所配音角色的理解和再塑造，在微博、豆瓣、知乎等网络公共平台，大批网友表达着对《声临其境》的好评。节目在赢得了口碑的同时，也同样赢得了

---

① 《专家研讨〈声临其境〉：用原创提质升级做好文化输出》，《光明日报》，2019 年 4 月 20 日。

收视率。酷云实时数据显示，《声临其境》实时直播关注度达到 1.08%，市占率为 9.85%，占比同时段综艺节目第一。①

2. 纯粹的节目内容

《声临其境》以台词和配音为切入点，用最纯粹的声音呈现艺术，让节目拥有了更多的呈现视角和表现张力。节目组邀请了一个由上海译制片厂的配音演员组成的声音导演团队，每期根据专业团队的建议和观众的感受选择剧本。如《魂断蓝桥》《董存瑞》《夜宴》《智取威虎山》《西游记》等经典影视剧本先后出现在节目中，在唤醒集体记忆和个体记忆的同时，观照主流价值观，营造身份归属感和民族认同感，无形中为粉丝文化的精神追求指引了方向。

参加节目的嘉宾也体现了演员本身的专业性和职业素养，节目设置上没有对这些名人嘉宾刻意制造噱头和窥探隐私。只去关注声音的温度和情感这一主线。嘉宾的专业主义和职业素养，现场的声音教学、业务交流，让观众对声音对技艺以及专业性产生了敬仰的心态。节目在不断地突破和创新中从多个维度展现了声音的魅力：绅士之声、恋爱之声、神秘之声等，阐释了配音不是单纯的技术而是艺术，做好配音的人不是简单的声音工作者，而是艺术家。配音者必须将声音、情绪、节奏与表情的有机结合才能让角色呈现在观众面前。嘉宾的演技通过声音的表现力传达出来，让观众对演员的关注回归到基本功上。

《声临其境》在定位上以声音创作的"真善美"为导向，用饱满的内容丰富节目雅俗共赏的泛文化属性。正因为有这样的节目宗旨，演员带给观众最直接的感受不是颜值，而是最为纯粹的声音。对于学习表演、主持的年轻人来说，可以说是一堂顶级台词课。众多实力演员以声音艺术展现了专业素养，用挥洒自如的表演功力给年轻的演员现场授课——与

① 《〈声临其境〉首播口碑炸裂无差评，湖南卫视原创再次引领创新风潮》，《广电视界》，搜狐网，2018 年 1 月 7 日。

其浮于虚无缥缈的外表，不如沉着于纯粹的基本功。众所周知，作为一名合格的演员，声台形表缺一不可，其中，"声"是演员从事表演工作的重要工具，不仅要具有传送力，还要富有感染力，既能给人以美的享受，又能吸引观众产生感情共鸣。在以往的经典影视作品中，很多角色都因为声音魅力给观众留下深刻印象。然而声音、台词却成为最容易被演员忽略的基本功，许多国产电视剧中配音泛滥，本应作为辅助手段出现的配音工作，却成为不少剧组节省成本或弥补演员台词功底差的捷径，甚至有一人配多个影视人物的同质化现象。《声临其境》邀请到一大批台词功底深厚、对声音艺术有很高追求的演员和配音工作者，让表演艺术从业人员和观众都看到了一名合格演员应该具备的专业素养，对行业的发展起到了十分积极的引领和示范作用。

3. 精准的节目定位

作为一种小众文化，配音文化为大众主流文化注入了生命力，而其成功也标志着信息爆炸时代观众的兴趣点已被切割为不同层次，只有抓住新的风向，才能吸引受众目光，《声临其境》的节目定位精准且具体，观众的忠诚度相比于一般现象级综艺要高许多。

《声临其境》在文化与娱乐之间找到了一种动态平衡。在影视剧播出时，演员的声音往往很容易被观众所忽略，节目通过演员的现场表演和展示告诉观众，声音是一门艺术，节目以台词功力作为评判演员的一个重要标准，既让观众在轻松的氛围中感受声音的温度，也让观众扎扎实实上了一节节台词课，因此节目兼具创新性、文化性和专业性。但是节目并没有放弃传统综艺的娱乐化特性，典型表现就是在节目中设置了由杜海涛、牛骏峰等年轻艺人组成的"新声班"，采取"学员请教"的模式，让学员可以与配音演员进行实时交流，加强演员与观众之间的互动，确保节目的娱乐性与专业性。以巧妙的综艺手段，使得配音这一门小众艺术走向大众视野。

《声临其境》节目组对嘉宾的定位是专业声音类演员。参与节目的嘉宾以实力派演员为主，他们的配音专业功底扎实，能够将自身个性与节目风格浑然一体。节目的嘉宾设置坚持立体化和多元化的双重原则，从而激发节目效果的动态平衡。作为原创声音类综艺，这也是从内容方面对观众负责的表现。

4. 对原创节目的启示和思考

2017年，国内的电视节目创意市场风起云涌，先后经历了文化类节目爆发、科技类节目接档、"综N代"节目后续乏力，以及第四季度的"慢综艺"引领风潮。2018年的综艺市场如何定位，如何在200余档综艺节目中实现突围，成为业界共同面临的问题。

《声临其境》就在这个大背景下诞生，节目积极探索配音行业的专业主义以及传统文化、高雅文化的接地气表达，将抽象的配音技巧、理论直观、趣味地呈现出来，把阳春白雪的文化用通俗易懂的方式稍加娱乐再进行传播，为真人秀节目开拓了新的展演空间。《声临其境》的成功告诉我们，在内容资源极大丰富、观众审美趋势日益多元化的发展背景之下，形态创新必将成为综艺节目成长的关键所在。

第三节　契合大众心理的"慢综艺"真人秀
——《向往的生活》节目解析

节目名称：《向往的生活》
节目类型：生活体验类真人秀
播出频道：湖南卫视
开播时间：2017 年 1 月

【节目介绍】

《向往的生活》是由湖南卫视和浙江合心传媒联合制作的生活纪实真人秀节目。节目主旨是为奔波焦虑的人们提供一个与城市忙碌的生活完全相反的生活状态：在一座山上的一个蘑菇屋里，有几个有趣的人，有狗、羊、小鸭子和鸡，他们一日三餐，接待同样有趣的客人，在这个蘑菇屋里，人们没有压力，只有轻松、平淡、恬静和舒适。节目的宣传语是"城市无法给你的，山可以"，希望为观众带来一幅"自力更生、自给自足、温情待客、完美生态"的生活画面。

《向往的生活》主要以烧水做饭、朋友聊天、田间劳作等缓慢的日常生活细节为节目核心。为了营造出慢生活的美好氛围，节目组提前半年多的时间在拍摄地附近种植农作物，并重新打造村民房舍，辟出一处宁静庭院——"蘑菇屋"，第一季节目前后录制时间长达七个多月，经历了真正的夏、秋、冬、春四季，记录了许多人渴望的悠闲生活。从 2017 年首播，到 2023 年已经播出了六季，分别是第一季"农夫篇"，第二季"江南篇"，第三季"湘西篇"，第四季"彩云篇"，第五季"桃花源篇"，第六季"大海篇"。

【节目内容】

以第二季第十一期《向往的生活》为例：

序号	内　　容	时间	形式
1	片头+本期节目精彩预告	1 分 40 秒	短片
2	本期主题：一出好戏——看不见的客人	30 秒	片段剪辑
3	夜晚，本期嘉宾们围坐在一起，排队洗澡的过程中。刘维接过何炅递过来的话筒开始唱一首老歌《因为你是范晓萱》，一曲完毕，大家鼓掌，聊起这首歌的故事	3 分 15 秒	外景拍摄+嘉宾同期声
4	吴映洁唱起她的成名曲，把众人逗得哈哈大笑，字幕预告今晚的节目是一个流行金曲乡村之夜	3 分 35 秒	外景拍摄+嘉宾同期声

序号	内　　容	时间	形式
5	于文文、何炅、黄磊、金龟子、毛不易等人一起加入全体小合唱，全是嘉宾们耳熟能详的成名曲，夜空下的农家小院，星光闪烁，小动物们也在嬉闹，其乐融融	4分10秒	纪实拍摄+嘉宾同期声
6	大家陆续回房间休息，地板上铺上榻榻米，金龟子给孩子们录睡前故事	1分钟	纪实拍摄+嘉宾同期声
7	第二天，天色渐亮，大家陆续起床，和院子里的动物们打招呼，吃早餐，整理房间	4分20秒	纪实拍摄+嘉宾同期声
8	几位男嘉宾来到田野里收油菜籽，状况百出，大家都来到了田野里，七手八脚地把大批油菜籽都搬到了院子里，边走边喊：什么最幸福，劳动最幸福	6分25秒	外景拍摄+嘉宾同期声
9	大厨黄磊准备做午饭了，几位嘉宾帮忙打下手，择菜，嘉宾们聊天，弹琴，唱歌，笑声不断。黄磊的炸酱面做好了，各式调料摆满了一大桌，大家享受美食的时候，狗狗们也来凑热闹	11分	外景拍摄+嘉宾同期声
10	天下起了雨，镜头拉开，现场有十几位摄像，黄磊请摄像师们吃他做的炸酱面。屏幕上出现字幕：家人就是一起吃饭的人	1分	外景拍摄+嘉宾同期声
11	吃完午饭后，大家围坐一起放空，何炅和几位嘉宾给小羊圈盖上防雨布，小鸭子不见了，他们又到处找鸭子	2分40秒	外景拍摄+嘉宾同期声
12	刘维和几个嘉宾雨中种菜，金龟子和几位嘉宾动情回顾他们刚来蘑菇屋的情景。何炅依依不舍地送别他们	15分20秒	纪实拍摄+嘉宾同期声
13	黄磊准备做梅干菜扣肉，何炅聊起拍戏的趣事	4分	纪实拍摄+嘉宾同期声
14	房间电话响起，神秘人打来电话，原来是飞行嘉宾黄渤、于和伟、王迅等人。黄磊、何炅等人准备食材	6分50秒	纪实拍摄+嘉宾同期声
15	黄渤、于和伟、王迅三人恶作剧，找了许多朋友打电话迷惑何炅和黄磊等人，他们分别打电话给蘑菇屋的何炅点了各式各样奇奇怪怪的菜	4分50秒	纪实拍摄+嘉宾同期声
16	黄磊、于和伟、王迅来到了蘑菇屋与何炅、黄磊、彭昱畅见面，宾主亲切寒暄，与狗狗热情互动。几个男人喝着咖啡，在蘑菇屋里聊着各种有趣的话题，号召观众去看黄渤的电影《一出好戏》	9分35秒	纪实拍摄+嘉宾同期声
17	几人在院子里开心地玩耍，如孩童一般，房间电话又响了，又有神秘的朋友打来电话点菜	7分50秒	纪实拍摄+嘉宾同期声
18	大家来到院子里开始干活，打油菜籽，唱着劳动号子，很快就筛拣好了一堆油菜籽	2分30秒	纪实拍摄+嘉宾同期声
19	大家来到了菜地里开始采集蜂蜜，在田野里与蜜蜂展开了一场追逐大戏。于和伟在房间里又接到了神秘女生朋友的电话	6分30秒	纪实拍摄+嘉宾同期声
20	下期节目精彩预告	2分25秒	节目剪辑

【节目特色】

2017 年，湖南卫视播出了《向往的生活》，在远离城市的乡野，有一个蘑菇屋，常驻这里的黄磊、何炅、刘宪华、彭昱畅，劈柴、生火、收割、钓鱼……热情招待前来的嘉宾。节目用最平凡的田间劳作和人际关系去还原生活的烟火气。嘉宾们在劳动中品尝收获的喜悦，谈笑间流露生活的感悟。节目为观众描绘了一个朴实的生活样本，呈现了观众心中向往的生活。

2017 年前后，国内的综艺真人秀节目竞争非常激烈，《向往的生活》以"远离喧嚣，崇尚田园"的主体风格，脱颖而出，制作团队有意识地打造了观察类"慢综艺"这样一种节目形态，国内的观众也是从《向往的生活》开始了解了"慢综艺"这个概念。

1. "慢综艺"真人秀

慢综艺是一种相对于快综艺而言的节目形态。通常，综艺节目真人秀都设计有节奏紧凑的竞赛单元，参与节目的嘉宾会出演一些戏剧夸张的桥段。与其形成鲜明对比的是，慢综艺没有紧张的游戏环节，也没有太多的剧本内容设置，而是将嘉宾放在轻松愉快的环境里，呈现出自然的生活状态，节目聚焦做饭、干活、聊天等活动，并在这个过程中彰显中国人的待客之道和生活哲学。节目传递的是"自己动手，丰衣足食"的理念，嘉宾日常所需要的食材要进行交换。如有一期节目中，何炅和刘宪华为了完成食物的交换，在玉米地里掰了 1000 多个玉米。中途虽有犹豫和退却，但最终还是收获了劳动带来的喜悦。节目通过这样的讲述向观众展示：只有通过实在的努力才能获得实在的成就感，用劳动才能换取自己向往的生活。

在《向往的生活》中，参加节目的仍然是当红的明星嘉宾，但是，节目展现的是明星嘉宾之间真实生活场景，通过对明星们在日常生活中的表现、明星自给自足的劳动生活方式吸引观众的目光，每期节目都会有明星客人光顾，蘑菇屋的主人要想办法招待他们，并满足他们在"吃"方面的要求。节目一反以往真人秀节目的套路，没有设置游戏环节，也没有安排任务和冲突。看起来内容简单的节目，导演组在幕后做了大量工作。蘑菇屋的选址就几经波折，才达到"独立院落、半山腰且只有一条不宽的山路"的要求。另外，为了保证整个蘑菇屋和四周的农作物看起来丰盛，导演组提前半年在蘑菇屋旁边种植玉米、西瓜、土豆等农作物，期望所有的绿色植物都以非常自然的状态存在。

2. 人文情怀和传统价值观的回归

《向往的生活》通过田园诗一般的生活场景，让观众感受到自然原生态的静谧，嘉宾们回归农耕生活，让人回忆起劳动与美食共存的幸福感，日出而作，日落而息，小狗撒欢，炊烟袅袅，充满了诗的韵味和家的温馨。节目的内容和情感都紧抓受众心理，人文情怀引发情感共鸣。节目中处处体现的以劳动为美，用劳动创造美好生活，也是对传统价值观的呼唤和回归。

为了让节目呈现真实的生活，节目组设定了很多规则。比如，嘉宾必须住在蘑菇屋，节目刚开始的时候，包括何炅、黄磊，都以为不用住在乡下，后来客人也都下榻在了蘑菇屋，节目录制也渐入佳境。在真实的生活场景中，节目巧妙地把人、景、情、色、香、味诠释得淋漓尽致，才能具有一定的感染力与情感上的共鸣与思考。

《向往的生活》表现了人与人之间纯粹而美好的关系，没有利益冲突，没有明星包袱，通过嘉宾之间敞开心扉的谈论，表达了彼此之间对生活和情感的认知、对人生的感悟以及对生活琐碎事件的看法。嘉宾之间真情实感的流露让观众感受到了生活的平淡与真实，节目倡导的生活价值观，是对传统价值观的回归，就是能够正面地对待自己的生活，让自己的生活充满正能量，不要被过多的物质生活所影响。

在《向往的生活》中，嘉宾以劳动来换取食物，劳动了才能有饭吃，这种最简单的交换关系是人类社会最初的劳动价值交换。主持人与嘉宾体验农民生活，通过劳动获得相应的生活费，然后才能购买食材，并满足嘉宾的点餐需求。这种朴素的交换原则纯粹、简单，也是现代人向往的劳动交换关系。节目规则还让平时衣食无忧的明星们去体验农村的田间劳作，而且也刻画了他们辛勤劳动的场景。如劈柴、采蜜、收割油菜籽、挖竹笋、掰玉米、播种施肥等，有力地诠释了"劳动创造价值"，倡导了自食其力，劳动光荣的朴素哲学，传播了中华民族勤俭节约的传统美德。

3. 乡村成为节目叙事的核心要素

与以往综艺真人秀节目主打现代城市生活不同的是，《向往的生活》让乡村上升成为节目叙事的核心要素之一，节目有两条线索，以明星嘉宾的对田园生活对真实体验感为导向的"生活线"，从乡村帮扶角度切入的"田野调研线"，一明一暗两条线索让乡村成为节目的"研究对象"和"记录目标"。在《向往的生活》第三季开播前，制作组组建了由体验嘉宾和来自各大高校的专家学者所组成的田野调查小组，他们和当地村干部及扶贫队一起，前往田间地头以及普通农户家中，了解乡村发展的真实需求，并在最后形成一份系统的调研报告，提出可行性的建议对策，推动乡村发展落到实处。所以在《向往的生活》第三季，嘉宾们除了延续前两季"自给自足、丰衣足食"的行为准则，体验真实的乡村生活。同时，黄磊还会在每一期的结尾，将真实的观察与体验汇总成一篇"田野调查报告"。节目在脚踏实地中触摸社会的温度，在蘑菇屋的"窗口"里折射出美好的生活细节与多元的文化景观。

《向往的生活》在不断创新中顺应着时代的发展，从第三季开始，着力于乡村国情调研，积极助力乡村振兴，推动美丽乡村建设。如湘西古丈县默戎镇翁草村，位于距古丈县约20分钟车程的群山腹地。《向往的生活》第三季首集一经播出，这座小小苗寨便热闹了起来，来自全国各地的游客前往翁草村，想要一睹小山村的美好。随着人流量的增加，当地土特产如茶叶、背篓等的销售均有显著提高，村里的水泥路通车了，村容村貌变好了，村内人气变高了。安静的小山村诞生出更多商机，进而吸引年轻人回家建设家乡、建设美丽乡村，让更多人不需背井离乡也能过上"向往的生活"。

4. 在创新中彰显社会价值

《向往的生活》将综艺节目发展变化的趋势与当下中国社会发生的变化联系在了一起，展现了中国人生活方式的改变、提升，或者是回归。提高公益属性，彰显社会价值，所以节目一经播出就引来了赞誉。这一尝试，也让节目实现了策划、主题、场景、叙事等多维度的迭代升级，再塑开创性的佳品典范。

"城市无法给你的，山可以。"《向往的生活》的节目口号很有意味，凝结着"劈柴担水"里的精神追求。节目通过回归简单的方式，感受生命的原初之美，以缓慢的叙事节奏讲故事，开创了一种清新式的真人秀模式。这可以看作该节目最大的创新之处。社会发展到一定程度后，当物质生活满足了，我们的精神世界如何填充？《向往的生活》找到了一条精神和物质得以和谐相处的路径，让参与者能够高高兴兴地加入其中，通过劳动感受生活的乐趣、体味朴实的意义。节目中，很多感人的环节都是经过劳动收获的，或者是在劳动过程中一点点积累起来的。

《向往的生活》播出后，还开始直播带货助力乡村振兴，文旅融合带火民宿产业。第六季《向往的生活》来到海南省昌江黎族自治县海尾镇的沙渔塘村，在浪漫的渔村生活中融入了生态保护、海洋知识科普等元素，在治愈心情的同时，也增强了观众的环保意识，为当地创造了更多发展机会。

《向往的生活》对综艺真人秀节目的创新发展有值得探讨和借鉴的意义。让观众品味到了中国传统文化与当下生活方式、精神追求相互交融的可能，这是一片具有广阔开掘前景的领域，也可以说是中国电视综艺创新发展的新的可能。

第四节　彰显女性力量的励志真人秀
——《乘风破浪的姐姐》节目解析

节目名称：《乘风破浪的姐姐》
节目类型：女性励志综艺真人秀
播出频道：湖南卫视
开播时间：2020 年 6 月

【节目介绍】

《乘风破浪的姐姐》是湖南娱乐频道和芒果 TV 在 2020 年制作的一档原创综艺真人秀节目，不同于青年偶像的选秀节目，节目邀请了 30 位 30 岁以上的老中青女艺人，通过合宿生活与舞台竞演，最终选出 7 位成员"破龄成团"。除了舞台表演，《乘风破浪的姐姐》还展示了 30 位女性嘉宾独特的奋斗故事，呈现当代 30 位不同女性的追梦历程、现实困境和平衡选择，展现了新时代女性关注自我、敢于绽放的魅力与风采。让观众在过程中反观自己的选择与梦想，找到实现自身梦想最好的途径，发现实现自身价值的最佳的选择。观众通过节目看到姐姐们的真实状态，她们面对婚姻、事业的人生态度，激励人们不论处在任何人生阶段，都可以像姐姐一样勇敢出发，以自信、向上、拼搏的姿态追求自己的梦想并实现自己的价值

截至 2023 年，《乘风破浪的姐姐》已经播出了四季，正是其蕴含的积极价值表达和蓬

勃的精神力量，在社会上产生广泛的影响，泛化为人们自我激励的年度热词"乘风破浪的姐姐"。

【节目内容】

以第二季第 9 期《乘风破浪的姐姐》为例：

序号	内　　容	时间	形式
1	上期回顾和介绍本期赛制	1 分钟	片段剪辑
2	本期嘉宾新裤子乐队到达机场，聊节目观感	30 秒	纪实跟拍+嘉宾同期声
3	姐姐们谈自己对新裤子乐队对了解程度，新裤子乐队到达节目后台	2 分 30 秒	纪实跟拍+嘉宾同期声
4	节目片头	1 分 05 秒	外景拍摄+嘉宾同期声
5	姐姐们谈对新裤子乐队加入的期待，希望能为接下来的比赛助阵	2 分 05 秒	纪实拍摄+嘉宾同期声
6	导演宣布按照新裤子乐队对姐姐们的喜爱度顺序进行排练，顺序分别是万茜队、张雨绮队、郁可唯队。万茜队首先抵达排练室排练	5 分 30 秒	纪实拍摄+嘉宾同期声
7	张雨绮团来到排练室和新裤子乐队成员认识，开始排练，排练过程中，穿插乐队和姐姐们的采访画外音，对歌曲的认识	5 分 10 秒	纪实拍摄+嘉宾同期声
8	郁可唯团来到排练室和新裤子乐队成员认识，宁静贴心地为乐队送来咖啡和点心，大家谈加入团体的感受	4 分 20 秒	纪实拍摄+嘉宾同期声
9	乐队成员分别来到三组姐姐队为她们排练。彭磊来到郁可唯队，庞宽来到张雨绮队，赵梦来到万茜队。乐队成员对姐姐们的刻苦训练非常钦佩。姐姐们在采访中谈对舞台的热爱，对一件事情的坚持，每个人都拼尽全力	5 分 25 秒	纪实拍摄+嘉宾同期声
10	正式表演开始，黄晓明、杜海涛在舞台上表演，主持。宣布比赛规则。现场大屏幕播放上一场的比赛回顾	4 分 15 秒	演播厅拍摄
11	黄晓明宣布为郁可唯队加油的嘉宾是杨澜，杨澜出场，和黄晓明坐在一起主持。宣布接下来是合作战的环节，新裤子乐队登场	3 分 10 秒	演播厅拍摄
12	广告	3 分 30 秒	广告片
13	杨澜和黄晓明宣布马上出场的是郁可唯队，演播厅现场与宁静的亲友团连线，杨澜推荐团员。郁可唯团上场和新裤子乐队一起表演歌曲《没有理想的人不伤心》	9 分 40 秒	演播厅拍摄+后台采访

续表

序号	内　容	时间	形式
14	黄晓明和杜海涛宣布即将出场的是万茜队，现场与李斯丹妮的亲友团连线，万茜队上场与新裤子乐队一起表演歌曲《别再问我什么是迪斯科》	10 分	演播厅拍摄+后台采访
15	黄晓明和杜海涛宣布最后出场的是张雨绮队，现场与伊能静的亲友团秦昊连线，张雨绮队上场与新裤子乐队表演歌曲《龙虎人丹》	9 分 30 秒	演播厅拍摄+后台采访
16	竞演结束，姐姐们回到舞台，黄晓明宣布进入投票环节，现场观众为三队姐姐们投票。在投票和拉票时，乐评人张漫、魏雪漫等点评三队姐姐们在舞台上的表现。杨澜、新裤子乐队现场为姐姐们祝福加油。黄晓明宣布本场竞演结束	9 分	演播厅拍摄+后台采访
17	台上台下，杜海涛、杨澜、新裤子乐队成员与姐姐们互动交流，杜海涛，新裤子乐队、杨澜等在后台采访，谈观看姐姐们本场比赛的感受	4 分 05 秒	纪实拍摄+嘉宾同期声
18	在另一个封闭舞台区域，黄晓明宣布第四场公演的投票结果。郁可唯团第一，万茜团第二，张雨绮团排名第三	5 分 55 秒	纪实拍摄+嘉宾同期声
19	排名第二第三的两队姐姐们去另一个房间领取结果，将有三位姐姐被暂时淘汰，结果揭晓，分别是张萌、吴昕、袁咏琳	6 分 33 秒	纪实拍摄+嘉宾同期声
20	三位被淘汰的姐姐与大家告别，采访和精彩回顾	4 分 14 秒	纪实拍摄+嘉宾同期声
21	黄晓明宣布 14 位姐姐进行重组，分成两队继续比赛。姐姐们自己投票选择两位做队长，宁静和李斯丹妮。姐姐们与两位队长进行两轮面聊，选择自己所在的队	14 分 18 秒	纪实拍摄+嘉宾同期声
22	黄晓明宣布第五赛段将进行复活换位赛，姐姐们开始了新一轮的刻苦训练	9 分	纪实拍摄+嘉宾同期声

【节目特色】

2020 年，湖南娱乐频道和芒果 TV 邀请了 30 位年过 30 的女艺人，制作了综艺真人秀《乘风破浪的姐姐》。节目播出的第一期收视涨幅明显，第二期在湖南电视台收获了 7.6 亿的播放量，而芒果 TV 官网的月活跃用户数量也因为这个综艺暴涨到了 1.68 亿人次，豆瓣评分到了 8.3 分。

随着《乘风破浪的姐姐》热播，职场、容貌、人生角色等中年女性面临的人生议题，通过节目中多位 30~50 岁的女性艺人展示出来，这一年，女性力量也成为综艺节目的关键词之一，"乘风破浪""姐姐"等热点词语不时被人们引用，女性话题也成为综艺节目的新方向和新视角，越来越多的综艺节目开始更深入挖掘女性力量与思想。

《乘风破浪的姐姐》不仅给观众在情感上带来了共鸣，打破了对姐姐们固有的年龄偏见，也为综艺节目的创新带来了新的方向。

1. 改写了"女团"的定义

随着现代融媒体技术手段的不断发展，国内团体养成类综艺节目通过对日本、韩国等偶像女团养成模式的学习与借鉴，得到了快速发展。2004年《超级女声》的热播掀起了一股电视选秀热潮，也让人们看到了将素人打造成明星的可能性。2015年，中韩联合制作了选秀节目《星动亚洲》，节目借鉴国外电视制作模式，让观众直接参与选手从素人成长为偶像的过程。2017年，网络综艺节目遍地开花，腾讯、爱奇艺、优酷等平台都在自制品牌综艺节目。出现了《偶像练习生》《青春有你》《创造101》《明日之子》等一大批主打养成元素的综艺节目。这些偶像选秀节目一直在推出具有"少女感"的偶像，以"青春"作为卖点，女团成员无一例外都是青春美少女的形象，在参加节目之前，她们是普通女孩，观众可以在节目中看到她们一步步由素人到明星蜕变的过程。所以，在以往人们的观念中，女团是一群完美无瑕的年轻女孩，在舞台上做着训练过无数次的完美动作。

《乘风破浪的姐姐》的播出改变了以往一贯的选秀模式和推崇"白、瘦、幼"的女性审美。由于观众对"少女感"的期待，一些女演员刚过30岁就担心自己没戏拍，惧怕年龄标签成为得到好角色和好剧本的阻碍。而在现实中，很多30岁以上的女性也正疲于应对事业、家庭的双重压力。《乘风破浪的姐姐》关注到年龄焦虑这一热点话题，节目中亮相的30位选手，都是已经具备一定知名度的女艺人——52岁的伊能静、49岁的钟丽缇、48岁的宁静等，她们不再是婆婆或妈妈的角色，她们独立、自信又性感，在舞台上用她们的方式来展现出女性的魅力，她们的自律、奋斗、不屈不挠都感染了观众。

《乘风破浪的姐姐》虽然也用了"女团"的噱头，但成员不是大众传统审美中的年轻女孩，而是有资历的女明星，她们已经拥有了各自鲜明的性格和娱乐市场地位，如直言直语的个性大姐大宁静、潇洒率真的全能美女蓝盈莹、机灵百变的温柔女孩张含韵等鲜活的人物。节目改写了女团的定义，正视并探讨年龄焦虑问题以及女性被定义现象，弥补了国内有关该话题探讨深度的不足，引起了女性的共鸣，无论是在女性个体价值观层次，还是整个社会价值观层次，都具有积极的意义。

在节目中，姐姐们卸下明星光环，通过辛苦的训练和残酷的考核，争夺仅5个成团席位。姐姐们在年轻的时候也一直接受着公司和大众对自己的限定，但是在时光流逝中，她们都意识到真实的自己才是最美好的，她们也可以变换不同的风格，可以在任何年纪开始追求梦想。姐姐们在节目中打破的是观众们对女团的定义，但在节目之外，她们打破的是对女性的定义和刻板印象，岁月为她们带来的是勇气、智慧，不是限制。所以节目一经播出，即因其对新时代女性群体的深刻洞察与现实关切，引发了观众广泛的情感共鸣。

2. "姐姐"准确的角色定位

《乘风破浪的姐姐》的制作同样运用了女团选秀中的赛制设计，如分轮竞演，模拟经纪公司考核练习生等赛制。但与其他综艺选秀节目不同的是，参加节目的姐姐们并不是不为人知的素人，而是为大众所熟悉的明星艺人。明星本身自带话题热点，所以节目中加入了选手之间的合作或者竞争等多种设计手法，给观众带来了各种不一样的体验和感受，同时，这些设计也能让观众更深入了解选手、激发选手的潜能。

《乘风破浪的姐姐》在对每位姐姐的角色定位上，都进行了精心搭配，如张雨绮的"憨憨"人设。张雨绮靠着"憨憨"的人设，成了节目的话题女王和人气女王。迷之自信、口无遮拦、霸气外露，任何一点放到其他艺人身上都是被观众厌恶的，但是在张雨绮这里却成了个性优势，同样一件事，别人做是蠢，她做就是可爱；同样一句话，别人说会被黑，她说就是性子直、勇敢做自己。还有宁静的"真性情"人设。宁静一直是敢爱敢恨、敢说敢做的性情中人。有直言不讳的火暴脾气，节目中，宁静被众星捧月，却没有架子，照顾队里的每一个人。作为队长，每次训练都是第一个到；知道自己舞蹈基础薄弱，就推掉所有工作待在长沙练习。宁静的真性情人设也让她收获了更多的观众粉丝。《乘风破浪的姐姐》中每位姐姐都个性鲜明，散发着独特的魅力，姐姐们的角色定位具有连贯性和延续性，也增加了观众对节目的黏性。姐姐们的表现在节目中衍生出一系列的热门话题，抓住了大众眼球。

《乘风破浪的姐姐》是一档综合性的真人秀，节目包含了慢综艺、话题综艺、竞技综艺、选秀综艺和观察类综艺节目的要素。在节目开播前，由于这些女明星已经家喻户晓，观众对她们在节目中的表现也充满了期待；当节目开播以后，女明星们的个性特点和节目中制造的新鲜话题就在社交媒体上层出不穷，也让观众发现了她们不同于以往形象的新鲜看点，正因为姐姐们在娱乐圈占据了一定的地位，所以她们在参加节目时就不会像往常的节目选手一样，腼腆害羞，反而更像是"主人"一般。有的姐姐还很"强势"，她们会对节目组甚至是对导演说"不"，给观众带来在以往的选秀节目中难以看到的画面。节目设计上刻意淡化了比赛性质，而是增加了对她们幕后故事的记录，重点聚焦在姐姐们为了比赛所付出的努力，她们在节目中的成长。这种调整也让姐姐们的形象更加丰富多元。

3. 在节目传播和推广中制造影响力

"真人秀"作为中国电视产业的组成部分，也成为提升国家文化实力、弘扬中华传统文化、传播主流价值观的平台。作为一档受众基础广泛的电视节目，《乘风破浪的姐姐》担当起传播当代中国价值观念的责任。由于这些姐姐们自身的话题性，节目刚开始外宣的时候就已经被大众熟知，早在《乘风破浪的姐姐》播出前一个月，豆瓣小组讨论便有了"为什么未播先火"的话题。2020 年 6 月 12 日节目开播当日，该小组讨论有近千条回复。6 月 13 日，上线 12 小时的《乘风破浪的姐姐》在芒果 TV 上获得了 1.5 亿的播放量，豆瓣评分达 8.6 分。节目宣传阶段，演员刘敏涛在江苏卫视表演的《红色高跟鞋》意外走红，展现出了中年女演员的自信与魅力，以独特的表演风格意外为该节目做了宣传，使观众对节目产生了极大的兴趣。

湖南广电集团旗下的互联网视频平台芒果 TV，是节目的主推平台。芒果 TV 创新联动《乘风破浪的姐姐》与《小康生活》，推出《小康生活听我"说"》填词改编挑战赛、《无价之宝》视频征集、实时弹幕互动专区等系列活动。根据节目主题曲改编的小康版《无价之宝》，在互联网平台掀起一波热潮。郴州菜农、退休职工、咖啡师、应届毕业生，健身房内、旅行途中，不同职业、不同年龄层的人们，纷纷晒出自己的小康版《无价之宝》，唱出心中的小康生活，展现新时代下人们朝气蓬勃的精神风貌，引导主流价值观。

节目中，姐姐们掀起了全民"乘风破浪"的热潮。芒果 TV 又联合微博发布了全民篇、家国篇、职业篇、全球华人篇乘风破浪瞬间召集令，网罗 2020 年各行业乘风破浪的故事。超过千位头部用户参与了话题联动。高原战士、中国女排、消防、医护、警察、城管、高校等各行各业陆续加入，从"乘风破浪的警花姐姐""乘风破浪的蓝朋友"到"高原战士版无价之哥""无价之火箭军小姐姐"，等等，"乘风破浪"成为当年的热门关键词，描绘了社会各界拼搏奋进的"破浪"之势。

4. 对女性价值与女性力量的引导

《乘风破浪的姐姐》得到了女性观众的认可，触动了她们的内心世界，节目表达的主题突出呼应了这个时代的精神气质，聚焦演艺职场 30 位不同性格、不同年龄、不同阶段的女性，关注她们如何经历刻苦训练，如何参与舞台竞演，挑战自身的更多可能性，展现各自不同的奋斗故事。着力引领更多女性消除年龄焦虑，以自信、向上、拼搏的姿态追求自己的梦想，实现自己的价值。

《乘风破浪的姐姐》创新性地呈现故事，巧妙地将公益元素与综艺元素有机结合，如携手留守儿童合唱团共同寻找"最美的声音"，激发孩子们在逆境中奋发向上的自信与勇气。

此外，节目还深入挖掘当代女性成长与奋斗的励志故事，其中有 83 岁成为国内高龄飞行第一人的硬核奶奶苗晓红，扎根基层的 90 后扶贫新力量邹玖霖，临危不乱的川航英雄乘务长毕楠，中国智造的支点、高铁女设计师高楠，驾驶航母的中国第一"女司机"徐玲等。这些各行各业中的女性榜样，与嘉宾们同台录制，传递女性奋斗者乘风破浪、勇往直前的时代风貌，彰显了新时代女性的强大力量。

《乘风破浪的姐姐》从节目定位、模式、内容、受众及传播机制等方面表现出了新的思维和创新，传递出了积极的文化观和价值观。《乘风破浪的姐姐》的成功创新也启示我们，只有成熟的传播机制与创新的表达，坚持"内容为王"，加强顶层设计，突出文化内涵，紧抓观众需求，才能获得长久发展。

第五节　高度融合，首创"演技"真人秀
——《我就是演员》节目解析

节目名称：《我就是演员》
节目类型：演技竞演类真人秀
播出频道：浙江卫视
开播时间：2018 年 9 月

【节目介绍】

《我就是演员》的前身是浙江卫视在 2017 年制作播出的演技竞演类真人秀节目《演员的诞生》，第一季收官后获得了各方关注，因为来到舞台接受挑战的本来就是演员，这不

是一个诞生演员的节目，而是告诉观众何为真正的演员，是一个互相平等切磋、打磨成长的节目。所以在 2018 年，浙江卫视把第二季更名为《我就是演员》。由张国立担任推荐人，章子怡、刘烨、宋丹丹担任常驻导师。节目以演技为视角，为有实力的普通演员和追梦人搭建一个与业界大拿面对面切磋的平台。

2018 年，浙江卫视《我就是演员》作为原创节目与 Is Or Isn't Entertainment（简称 IOI）公司签署模式授权协议，IOI 联合其合作方 Hollow Men Productions（简称 HMP），与浙江卫视一起共同开发制作《我就是演员》的国际版 *I Am The Actor*。中国原创综艺模式首次落地北美市场。

2019 年，节目经过全新升级与改版，更名为《我就是演员之巅峰对决》，节目模式也发生了改变，从最初由导师和专业陪审团通过投票进行选拔的方法，改成了由每位导师带领一位学生进行 PK 的淘汰方法。

【节目内容】

以第一季第 5 期《我就是演员》为例：

序号	内　　容	时间	形式
1	上期回顾	1 分 50 秒	片段剪辑
2	大屏幕播放上一期飞行嘉宾陆川导演的作品片段《女儿》，章子怡对战韩雪，李兰迪出演	10 分 40 秒	大屏幕播放短片
3	演播厅现场，章子怡和韩雪在舞台上，分别谈对自己所出演角色的感受，徐峥和其他评委点评她们在片中的表现，现场观众投票	2 分 20 秒	演播厅现场
4	画外音预告今天要来的九位新的演员，蒋梦婕、张新成、海陆、曹炳琨、王茂蕾、张含韵、杨迪、李念、王晓晨，她们中有一位获得挑战导师的机会。主持人伊一介绍专业评审团的十位评审	48 秒	片段剪辑+嘉宾同期声
5	主持人张国立和伊一介绍今天的评委刘嘉玲、飞行导师于和伟和特别嘉宾陈冲	2 分 47 秒	演播厅现场
6	张国立宣布第一组有四位演员同台竞演：杨迪、曹炳琨、王茂蕾、张含韵。播放四人简介、采访同期声和纪实拍摄	4 分 05 秒	纪实拍摄+嘉宾同期声
7	张国立宣布表演开始，四位演员表演《夜·店》	15 分 40 秒	演播厅现场

续表

序号	内　　容	时间	形式
8	评委刘嘉玲、陈冲、徐峥、于和伟等分别点评他们的表演。徐峥和于和伟上台即兴表演部分片段。张国立在舞台上采访四位演员，演员和导师互动。现场观众和评委投票，王茂蕾胜出	15 分 20 秒	演播厅现场
9	张国立宣布请到的第二组挑战演员：海陆、蒋梦婕、张新成。播放三位演员的简介和同期声采访	4 分	纪实拍摄+嘉宾同期声
10	海陆、蒋梦婕和张新成现场演出电影《末代皇帝》的片段	8 分 40 秒	演播厅现场
11	陈冲、刘嘉玲、于和伟、徐峥等导师分别点评三位演员的表演，导师和观众为喜欢的演员投票。于和伟上台即兴表演。张新成和蒋梦婕进入 A 通道	15 分	演播厅现场
12	张国立宣布第三组挑战演员：李念和王晓晨，助阵嘉宾是黄维德，三位演员的简介和同期声采访	2 分 40 秒	纪实拍摄+嘉宾同期声
13	李念和王晓晨、黄维德现场演出《我的前半生》片段	9 分	演播厅现场
14	刘嘉玲、于和伟、徐峥等几位导师点评她们的表现，导师上台与李念和王晓晨即兴表演，两位演员与导师互动交流	11 分	演播厅现场
15	下期节目预告	1 分 15 秒	视频剪辑

【节目特色】

2017 年，浙江卫视制作播出的演技竞演类真人秀节目《演员的诞生》引起了人们的关注。节目为演员提供了可以发挥演技的舞台，给国产综艺真人秀节目市场带来了很大的冲击。当时，国内影视行业的发展进入了一个快车道，在快速发展的过程中更需要良好的行业之风，浙江卫视精准切中影视行业中"演员"这一关键要素，节目不仅能让观众看到优秀的表演和演员，也能激励演员回归表演本质，倡导健康良性的行业风气。2018 年，《演员的诞生》改名为《我就是演员》，同年又被美国 IOI 公司买下了版权。

2018 年左右，国内已经进入全媒体时代，制作电视节目更注重原创性与专业性。《我就是演员》就是一档原创电视真人秀，创新是电视节目良性发展的基础，这档节目通过演员的演技竞演，展示表演技巧，也激发了观众对演员行业的兴趣，为中国真人秀节目创造了新的模式。

1. 定位独特，聚焦演技和作品

《我就是演员》节目中，无论是导师、推荐人、飞行导演、点评嘉宾，都在展示各自的职业本色和业务本行。用平实的视角，让所有人回归表演的初心，通过精湛的演技和优秀的作品，也让观众走进演员的职业本真，感受到一份积极向上的力量。《我就是演员》

也给影视从业者们提供了稀缺的复盘、互鉴、自省的机会，成了当时很多专业演员都想参加的节目。吸引了优秀编剧、导演、演员共同合作创作作品，独特的节目理念让作品整体升华。

随着影视市场化的发展，许多演员追求功利主义，寻求天价片酬，甚至使用剪辑、抠图等技术来代替演戏，这样的行为破坏了整个影视行业。而《我就是演员》这档节目围绕"演员演技"进行职业探讨，让演员对于职业重新认知，并帮助演员对演戏与舞台重拾敬畏之心。尤其是节目中一批演技精湛的老演员，他们塑造的经典角色，给观众带来文化审美愉悦的同时，更是为年轻演员树立了行业标杆。所以，《我就是演员》不仅引领了观众关注演员的演技本身，更是助推了影视表演行业的健康发展。

《我就是演员》作为一档演技竞演类真人秀，考验的是一个演员的综合能力。参加节目的每位演员要在舞台上平均表演十多分钟，并且把剧情脉络、角色之间的恩怨情仇表达清楚，有非常大的难度。节目给了演员展示和提升自身演技的机会，让行业内的制片人、导演从中发掘一些真正有实力的好演员。以这些演员为标杆，让更多演员坚信只要真正有演技总会得到关注。所以，《我就是演员》是一个综合了舞台剧、电影、电视的舞台，考验的是演员的演技、应变能力、台词功底、心理素质、配合度、对角色的理解等综合实力。

中国影视发展的几十年间，诞生了无数经典作品。在全媒体的时代背景下，影视作品登上综艺舞台是一种新的文化变革和艺术突破。有许多经典的影视作品在《我就是演员》的舞台上得以再次展示，为作品赋予了更多的思想内涵。如电影《1942》，在《我就是演员》中由两位实力派演员左小青和任素汐共同演绎。涂松岩和齐溪两位实力派演员在《我就是演员》中表演了《岁月神偷》的电影片段，这些表演都给观众留下了深刻印象。所以，在国内众多的综艺节目中，《演员的诞生》定位独特，以演技比拼脱颖而出。

2. 层次丰富，多样化的嘉宾结构

除了参加节目的众多演员外，《我就是演员》的导师也是一大看点，往往节目还没播出，导师人选就引起众多关注和讨论。节目设置了多样化的导师结构，分别是演员推荐人、三位常驻导师、七位飞行大导演、专业评审团、飞行导师、表演指导、特邀参谋官。导师们来自影视制作与表演的各个领域，涵盖了导演、演员、编剧、制片人等多个职业，他们多维度的点评让节目更具专业性。

《我就是演员》的常驻导师有章子怡、徐峥、宋丹丹、刘烨等，几位导师不仅要担任评委对选手们的表现进行点评，还经常上场示范，在前几期的节目中还设计了挑战导师的环节。导师们不仅是评委，还是被挑战者。现场的专业评审团对导师和演员的表演进行点评和投票。节目给了导师和演员展示实力的机会，也让观众欣赏到更多精彩的表演。多样化的导师结构还在节目中承担着不同的功能。每组选手表演完毕，先是三位常驻导师的点评，然后是飞行大导演的点评，专业评审团会再进行补充点评。导师们既是点评，也是一场场生动的表演示范课。在2018年的一期节目中，节目组邀请了喜剧表演大师罗温·艾金森，他塑造的憨豆先生风靡全球，在《我就是演员》节目中担任特邀鉴影官，他的认真和专业让观众感受到了优秀的表演是无国界的，不仅表达了对表演的态度和看法，还幽默地分享了自己曾经遭遇网络暴力的经历。

节目还邀请了众多知名导演，如陈凯歌、许鞍华、贾樟柯等，他们创作过许多脍炙人口的电影作品，在节目中，他们同样担当导演，将参赛演员的作品进行影视化。他们对剧本、对制作团队、对演员都有着非常高的要求。节目还邀请了一些著名编剧参与了剧本的创作。多样化的嘉宾结构不仅让整个节目更加专业，同时也为观众科普了更多有关表演的知识。

不同的嘉宾类型在节目中分别有着不同的职责定位。作为导师首先自身演技都非常过硬，佳作无数，有指导表演评判演技的公信力和话语权。在节目中，他们有选择演员去留的表决权，有公认的权威性。知名导演们则以导演的视角来评价演员的表演，代表了一定的高度。他们直接在现场为竞演演员带来表演细节上的把关和执导，对演员是一次难得的学习机会，对观众来说，能够在电视上看到导演指导演员，也是一种新的感受。众多知名导演带来的优质影视短片更是增加了节目的独特性。飞行导师在节目中具有和导师相近的职责，他们的点评可以让演员和观众听到更多的评判。节目还赋予了飞行导师"爆灯权"，他们可以裁定演员的去留。参谋官是由资深演员或导演构成的，他们的观点对导师和演员都有一定的借鉴性。"BOSS 团"即专业评审团，由出品人、制作人、影评人、编剧、导演组成，他们不仅能够从观众、市场、评论界的角度对演员的表演提出评判，更有可能为演员提供片约、开拓更多的事业机会。

综艺节目的形态越丰富，越能吸引观众，从而具有较强的竞争性。多样化的嘉宾架构，增加了节目的丰富性和层次感，也是竞演类综艺的原创模板，为输出好看又耐看的节目提供了有力支持，同时也为业内提供了强大而缜密的模式参考。

3. 高度融合，综艺节目的影视化制作

《我就是演员》将电视综艺与戏剧表演、电影拍摄这三个原本独立的概念进行了创新融合，是一档复合式综艺节目。在综艺节目中呈现影视化拍摄，也是《我就是演员》的创新之处。节目中呈现出来的影视化片段，每段都要拍摄将近 20 个小时，参与拍摄的导演和演员都是由负责影视化拍摄的导演挑选出来的。参与节目的有陈凯歌、许鞍华、陆川、贾樟柯、尔冬升等许多国内知名导演，所以，节目表现的不仅是演员跟演员在舞台上的演技比拼，还有导演和导演之间的较量，导演们在剧本创作和拍摄上都投入了非常大的精

力，追求精益求精。

电影和电视都是由影像和声音构成的，但在制作手段和传播形式上有着巨大的差异。电影是主要依靠造型、场景来体现故事情节。电影之所以好看，是因为电影是有故事的。不少国外真人秀导演经过长期经验积累后得出结论，真人秀更像是一部电影的前期准备工作。真人秀的故事是经过拍摄后总结出来的产物。一个好的真人秀结束时，恰恰是一个好故事诞生的时候。这也是为什么在国外"真人秀"节目往往是很多电影工作者在操作，因为他们知道真人秀是一个诞生好故事的摇篮。真人秀和电影的唯一区别就在于真人秀是后期编剧流程，而电影是先期编剧流程。先期编剧存在风险，而后期编剧理论上一定会找到叙事，找到故事。正是这种前提下，真人秀孕育故事，并且在此过程中故事的结局不可预料，因此产生电视影响力效应。

电视综艺节目在拍摄技巧、剪辑思路等方面有了较大转变，融合了很多电影元素，《我就是演员》节目以演员的舞台表演竞技为主，但观众看到的表演是一种原始表演的升华。节目中的影视剧本有的是原创，有的是由经典影视剧改编的，演员的服装设计、化妆等都力求完美，不光注重舞美效果，还通过灯光、LED屏幕实现不同时空的交叠，形成了电影蒙太奇的叙事手法。电影蒙太奇手法的运用打破了舞台空间单一的局限性，同时也使故事主题得到升华。

《我就是演员》的演播厅设置了许多机位，配备了轨道机器人、摇臂、斯坦尼康和飞猫四种特种设备，整个录制阶段利用多种高倍率镜头进行拍摄，贴切地刻画人物的情绪，以获得更好的视觉画面，为节目带来了极致化的专业品质和视听体验。作为一档技术综合性非常强的节目，《我就是演员》涵盖了综艺节目、电视剧、电影、舞台剧等多种艺术形式，为了进一步提升表演观赏效果，节目组还在舞美上进行了大刀阔斧的改进。现场不仅引入70多块冰屏，实现了多重变化的舞台效果，还增加了高空吊点和水池设计，使得场景更为立体，演员们可以吊威亚一展"轻功"，也能雨中飙戏，表演空间得到很大延伸。

《我就是演员》具备了成为一档国际节目模式的三大核心要点：自主原创、模式清晰、完成度高。《我就是演员》不仅在国内开辟了专业演员同台竞演的先河，在全球电视创意中也填补了空白。2018年，浙江卫视就《我就是演员》原创节目与美国IOI（Is or Isn't Entertainment）公司签署模式销售协议，授权其及合作伙伴HMP（Hollow Men Productions）公司在美国、英国、加拿大等诸多英语地区制作《我就是演员》国际版——*I am the Actor*，为本土及多国文化交流作出了一次成功的探索。

第十章　原创文化综艺类节目

第一节　文化综艺类节目的发展与创新

2001 年 7 月 9 日，《百家讲坛》在央视科教频道开播，节目邀请各个学术领域的权威人士就其所接触的领域，以讲座的形式在电视里为观众做演讲，人们发现原来历史也可以用讲故事的方式来表达，由此引发了观众对历史文化的学习热潮，同时节目也获得了很大的社会影响力。

《百家讲坛》是国内文化类综艺节目最早的发展雏形，节目找到了符合电视传播规律和受众心理的表达方式，节目的核心是保护和传承中国传统文化，并创新地将戏剧、文学、电影、评书等众多艺术门类的结构形式借鉴到节目之中。从 2001 年首播至今，《百家讲坛》已经播出了 20 多年，成为文化类节目的经典。

一、文化综艺类节目的发展历程

文化类节目的大量涌现，经历了一个由政策推动到市场自主参与的过程。2013 年，中央电视台《中国汉字听写大会》、河南卫视《汉字英雄》《成语英雄》、河北卫视《中华好诗词》、云南卫视《中国灯谜大会》等文化综艺节目相继播出，掀起了一股原创文化综艺节目的热潮。这些节目集综艺性和知识性于一体，将文化和娱乐相融合，为青少年打造了展示汉字水平的舞台，也让观众认识和重温了中华汉字的魅力，不仅获得了高收视率，还取得了良好的社会效应。2013年12月31日，国家新闻出版广电总局下发《关于积极开办原创文化节目　弘扬和传承优秀传统文化》的通知①，要求全国广电系统学习借鉴《中国汉字听写大会》《汉字英雄》等节目经验，积极开办弘扬和传承优秀传统文化的原创文化节目。通知发布后，以"汉字、成语、诗词"等为主题的文化综艺节目如雨后春笋纷纷涌现，如《中国汉字听写大会》《中国诗词大会》《故事里的中国》《典籍里的中国》《中国礼·中国乐》《长城长》等。这些文化类节目从文博、典籍、诗画、戏曲、中草药等传统文化领域切入，将传统文化融于娱乐之中，既体现了人文精神的回归，又取得了高收视率和社会关注度。

引领原创文化综艺类节目潮头的一直是中央电视台。2019年，《中国地名大会》在央视国际频道开播，节目以地名知识为载体，从地理、历史、语言、民俗、文学等各个角度展现中华大地的万千气象，引导人们发现地名背后深厚的人文底蕴，唤起观众的家国情怀。2021年，由中央广播电视总台联合多家单位共同制作的节目《中国考古大会》，围绕中国考古学百年历程中的重大考古发现、文化遗存、遗址文物等展开，梳理中华文明起源和发展的历史脉络。同年，《典籍里的中国》在央视综合频道首播，节目聚焦优秀中华文化典籍，通过时空对话的创新形式，以"戏剧+影视化"的表现方法，讲述典籍在五千年历史长河中的源起、流传及书中的故事，戏剧演绎和专家阐释双线并行，有效地帮助观众领悟中华优秀传统文化的魅力。

央视在文化综艺节目领域发力的同时，各大地方卫视也不甘示弱。2018年，北京卫视播出了《上新了·故宫》，由故宫文创新品开发员及神秘嘉宾跟随故宫专家进宫识宝，探寻故宫珍贵宝藏和深厚的历史文化，并联手设计师和高校设计专业学生进行设计，每期节目都会诞生一个文化创意衍生品，打通受众与故宫文化双向互动的新联结，节目以新颖的形式为故宫古朴典雅的建筑增加了鲜活气息。2021年，浙江卫视播出了世界遗产节目《万里走单骑——遗产里的中国》让观众跟随嘉宾探访中华文明之美，通过与当地的人文学者、申遗专家等进行交流，呈现中国世界文化遗产的新奇观、新地标、新景象、新人文，向世界讲述中国世遗的故事。节目主张让世遗文化"活起来、潮起来、燃起来"，向世界展现"中国式浪漫"，彰显源远流长的民族精神，将文化自信和中华文明传播至世界各地。2022年，河南卫视以创意民族风、巡演的形式，推出了《"中国节日"系列节目》，包括《河南春节晚会》《元宵奇妙游》《清明奇妙游》《端午奇妙游》《七夕奇妙游》《中秋奇妙游》《重阳奇妙游》等七档节目，深入挖掘中国传统节日的文化内涵，讲述了一个又一个精彩的中国故事。

文化类综艺节目是将文化与电视相结合的一种节目形式，通过综艺的形式将文化知识和价值观念传达给观众，不仅输出娱乐产品，还传递了优质文化和教育的作用。因此，思想、深度和文化厚度成为此类节目创作的核心，而在保持节目精神内核的基础上进行拓展创新则成为节目的发展途径。从《中国汉字听写大会》《中国诗词大会》《朗读者》，到《国家宝藏》《经典咏流传》《上新了·故宫》，再到《故事里的中国》《典籍里的中国》《"中国节

①　《广电系统倡导开办原创文化节目》，《光明日报》，2014年1月24日。

日"系列节目》，这些文化类综艺节目受众面广、影响力大、传播效果好，是推动中华优秀传统文化创造性转化、创新性发展的重要形式之一，具有一定的文化价值与创新意义，其创作特点和经验值得总结。

二、立足传统文化，讲好中国故事

中华优秀传统文化是好故事的独特资源，传统文化的领域极其广博，近年来，文化类综艺节目在传统文化的领域几乎都有涉足，如诗词、戏曲、文物、典籍、国乐、传统节日、杂技等。上下五千年，漫长的历史积累，沉淀了博大精深的中华文化，许多文化类综艺节目加强探索，力求从几千年厚重的历史中找到故事，并进行电视综艺化的呈现，观众也从这些充满浓郁中国味道的故事中，感受着中华文明的起源与传承，感受着中华传统文化的思想穿透力、文化影响力、艺术感染力。

在中国，文化节目从早年说教式的知识普及过渡到知识问答竞赛，再到以成语诗词竞赛、书信朗读、故事讲述、文化传承为核心的全民参与互动模式，知识类综艺节目，最后发展为现在的文化综艺节目。文化类综艺根植于中国传统文化，因此重视叙事、讲好故事是对一档文化类综艺节目最基本的要求。中华文明的历史长河为文化节目提供了丰厚的创作资源，当代融媒体的发展提供了良好的节目生态与制作技术。文化综艺节目立足传统文化，讲中国故事，好的故事可以持续地吸引观众注意力，契合了当下观众的表达语境。

中央电视台制作了好几档优秀的文化节目都是关于故宫的故事。2014年，央视中文国际频道播出的《国宝档案》，每期节目聚焦一件国宝文物，讲述从文物的艺术价值到历史背景，传承的经过，包括围绕这一件文物发生的内幕、传奇、悬案和真相等故事，以及国宝在海内外辗转流传的故事，相关的人物故事，命运沉浮等。《国宝档案》节目的最大特点是在介绍国宝的艺术价值、文物价值和历史价值的同时，着重讲述国宝背后鲜为人知的传奇故事和曲折经历，在引人入胜、跌宕起伏的故事中，使观众身临其境，领略中华国宝不朽的价值与魅力。2016年，中央电视台出品的三集文物修复类纪录片《我在故宫修文物》，重点纪录故宫书画、青铜器、宫廷钟表、木器、陶瓷、漆器、百宝镶嵌、宫廷织绣等领域的稀世珍奇文物的修复过程，以及修复者的生活故事。《我在故宫修文物》视角独特，拉近了故宫和普通人的距离。2017年，由中央广播电视总台、央视纪录国际传媒有限公司制作的文博探索节目《国家宝藏》携手九座中华文明历史文化遗产，透过影像化展示、故事化讲述，探讨中华文明的形成及其对世界的贡献，讲述国宝的古今故事。2018年，由故宫博物院和北京广播电视台出品的《上新了·故宫》，每期节目中嘉宾跟随故宫专家进宫识宝，探寻故宫历史文化，讲述文物的故事，并与跨界设计师联手高校设计专业的学生，每期诞生一个文化创意衍生品，打造"创新"与"故宫"相结合的制作模式。

2021年，由中央广播电视总台央视综合频道与央视创造传媒联合推出了文化类节目《典籍里的中国》，节目聚焦优秀中华文化典籍，通过时空对话的创新形式，以"戏剧+影视化"的表现方法，讲述典籍在五千年历史长河中的源起、流转及书中的故事。在典籍的选择上，重点关注能够集中代表中华文化精髓，并为观众所熟知且易引发共鸣的作品，如《尚书》《天工开物》《史记》《本草纲目》等。呈现中华文明的精神内核和千年发展的宏伟画卷，充分展示了中华文化的博大精深以及当代中国文化软实力的坚实根基。

三、寻找传统文化与现代时尚新交集

多年来，国内原创文化综艺类节目在不断探索历史与现代融合的路径，以艺术手段将历史轴线延伸至当今观众熟悉的时代，从传统文化中提炼和寻找出真正具有核心价值的元素，并通过价值凝练形成新的潮流，进而为文化综艺电视节目的本土原创树立根基。

2023 年，中央广播电视总台、中华人民共和国文化和旅游部联合推出的国际文化交流节目《美美与共》，以"文化丝路"为主题，邀请塞尔维亚、哈萨克斯坦、老挝等共建"一带一路"国家的嘉宾，全景式讲述共建"一带一路"倡议下文明互鉴、开放合作、多元文化交流碰撞的故事。中外艺术家以新颖的融合艺术形式，让"各美其美"在舞台上"美美与共"，彰显文化能够连接心灵、艺术可以沟通世界的作用，为世界文明交流互鉴谱写新的"文化丝路"。《简牍探中华》，以"简牍"为线索，采用"实地探访+探秘演绎+文化解密"的形式，讲述简牍的前世今生等等。人文类节目还有《诗和远方·非遗篇》，由张国立、华少、李云霄、郭孟旭组成的"非遗研学团"，从越剧之乡嵊州出发，走向丝绸之路上的千年沙漠古城内蒙古阿拉善，一路走过浙江省内外多个各具古韵的地方，唤起观众对非遗的亲近感，展现非遗在新时代的崭新生命力。

文化综艺类节目融合古今，寻找传统文化与现代时尚新交集，让灿烂文明焕发出熠熠光彩。挖掘中华优秀传统文化的思想观念、人文精神、道德规范，把艺术创造力和中华文化价值融合起来，把中华美学精神和当代审美追求结合起来，激活中华文化生命力。《中国诗词大会》自 2016 年开始在中央电视台首播，迄今已经连做八季。在题目设置上以中华优秀传统文化为主题，题目涵盖豪放、婉约、田园、边塞、咏物、咏怀、咏史等丰富的诗歌类别，从舞台到赛制，从主题到关键词，不断贴合当下社会热词，让当代观众在一诗一词中感受人生的诗意。

四、创新艺术模式，融合多元形态

文化综艺类节目除了向观众普及文化知识，还要给予观众审美享受。传统文化的琴棋书画、诗词歌赋、曲艺舞蹈、手工技艺，都可以成为文化类节目的主题内容，但这些文化内容需要经过二次创作，才能影像化、视听化。随着观众审美水平的不断提高，人们希望通过观看节目获取更多文化知识的同时，还能获得更多艺术上的滋养。

许多文化综艺节目采用了多元跨界的"文化+"模式，通过类型化、剧情化的表现形式助力文化类节目品质提升成为创作者的诀窍。北京电视台 2021 年播出的《书画里的中国》带领观众近距离触摸传统文化，打破传统文化遥远、陌生的刻板印象，请嘉宾"走"进历史，成为书中人和画中人，采用数字绘景、3D 复现等多种技术手段，让观众们走进书画里近距离感受传奇名作细节。2022 年播出的《书画里的中国》第二季融合"真人秀+影视"创作手法，让嘉宾在采风过程中参与体验，带领观众进入沉浸式欣赏体验之中。

中央电视台 2021 年播出的《典籍里的中国》聚焦优秀中华文化典籍，通过时空对话的创新形式，用"戏剧+影视+访谈"相结合的创新形式，完成典籍形态之转化。节目依托典籍的文化 IP，捕捉典籍中的亮点，把"珍珠"串联成文化之链，构建成深刻全面且有洞见

的文化传播、交流的历史图谱，对中华文明脉络进行梳理。节目设立"历史空间""现实空间"两大舞台创新节目形态，在历史空间中采用影视化拍摄手法，对典籍的故事进行可视化呈现，每一期节目不同文本媒介交融，相辅相成展现典籍内容，活化历史场景。《国家宝藏》采用了演播室综艺的节目形态，将艺术与非艺术结合、综艺性与纪实性结合、公共教育和综艺娱乐结合，进行了融合创作，展现了节目的多样形态，开创了"纪录式综艺"新模式。《经典咏流传》采用"文化+音乐"的组合方式，通过音乐、诗歌等具体的形式，让观众在轻松的音乐氛围中体会中华古诗词文化的博大精深。

五、价值担当，融合思想性与艺术性

从娱乐真人秀到文化综艺类节目，不论时代如何更迭，节目如何更新，内容始终是一个好节目的核心所在。娱乐真人秀是在各种选秀、游戏过程中讲述故事，制造困难和冲突，以此展现人性。近些年，许多真人秀则是通过事先拟定的"剧本"来建立"人设"，制造各种"剧情"和矛盾冲突。早期的文化类节目主要提供通识性的文化知识，经过近20年的发展，现在的文化类节则聚焦于具有较强专业性的文化内容，如典籍字画、文物考古、传统曲艺、手工技艺、礼仪冠服等。在形态上堪称百花齐放：访谈、朗诵、情景剧、文艺表演、游戏、竞技、户外旅行等形式被广泛应用到节目中，可以说，文化综艺类节目的形式越来越多样，内容越来越丰富。

文化综艺节目不仅仅是娱乐性的文化产品，更是传递文化价值的载体，担负了传承文化、增强社会文明程度的使命。随着时代的不断变化和文化的不断发展，我们需要维护和传承自己的文化传统，同时也需要从全球范围内吸取优秀的文化元素。文化综艺类节目体现出高度的文化自信以及文化的繁荣兴盛。致力于打破古今艺术形式之间的边界，展现中华文明是怎样在历史文明的长河中亘古不息，并影响至今。文化综艺类电视节目制作的基础元素是中华优秀传统文化，将其作为节目内核，与娱乐性、社会主流价值观相结合。

中国优秀的传统文化是中国电视发展的宝贵资源库，是民族精神的精华和载体，传承传统文化是使命也是责任。中国传统文化中既有丰富而复杂的经典古籍、习俗传统、文学作品等，也有许多优秀的核心思想和理念。文化综艺类节目运用新媒体技术手段，对历史故事进行重新演绎，为观众建构一幅中华文明历史的社会图景，实现与历史对话，从而激活深藏于观众心底的民族文化记忆，并通过文化记忆唤起文化共同体的价值认同。

第二节　创新模式激活文化基因
——《中国诗词大会》节目解析

节目名称：《中国诗词大会》
节目类型：文化综艺类节目
播出频道：中央电视台综合频道
开播时间：2016年2月

【节目介绍】

《中国诗词大会》是由中央电视台研发的一档原创文化综艺类节目，节目以"赏中华诗词，寻文化基因，品生活之美"为宗旨，通过演播室益智竞赛的形式，重温经典诗词，继承和发扬中华优秀传统文化。《中国诗词大会》在题目设置上以中华优秀传统文化为主题，题目涵盖豪放、婉约、田园、边塞、咏物、咏怀、咏史等丰富的诗歌类别，节目中的题目大多出自中小学课本。为营造出具有视觉冲击力的比赛场面，节目还运用了舞美、动画、音乐等视听手段，传达诗词之美以及喜欢诗词的人们背后的故事。《中国诗词大会》从2016年首播，每年播出一季，到2023年已经制作播出了8季。

【节目内容】

以第六季第7期《中国诗词大会》为例：

序号	内　　容	时间	形式
1	片头	45秒	短片
2	主持人龙洋以诗词吟赋开场，介绍参加本场节目的嘉宾：南京师范大学郦波教授，中央民族大学蒙曼教授。两位老师用诗词问候观众	3分45秒	演播厅现场
3	主持人介绍参加节目的百人团的选手：第一阵营的少年团，第二阵营的青年团，第三阵营的百行团，第四阵营的家庭团，本季的"云中"千人团，现场全景大屏幕出现了千名网友的视频头像。所有参与选手集体朗诵宋代苏轼的《念奴娇·赤壁怀古》，主持人宣布进入"大浪淘沙"环节	1分50秒	演播厅现场
4	嘉宾出题，现场百人团选手操控手中的按钮进行抢答。现场揭晓答案，嘉宾讲解题目中诗句的寓意。三轮答题结束后，只剩下了6位选手进入本环节的最后一题	3分05秒	演播厅现场

序号	内　　容	时间	形式
5	"大浪淘沙"环节结束，主持人介绍每个阵营答题第一名的选手。介绍一位表现出色的特殊选手：盲人选手吴幽。由于每一次答题需要工作人员帮她操作，所以在时间上无法和其他选手竞争。主持人建议吴幽和同团的另一位选手同时来到舞台答题，现场观众以掌声表示赞同和鼓励	3分20秒	演播厅现场
6	进入飞花令环节，少年团的郭津山选择百行团的赵明组成一组，剩下的三位选手组成一组	15秒	演播厅现场
7	播放飞花令比赛规则以及两位选手的郭津山和赵明的简介	55秒	短片剪辑
8	郭津山和赵明的两两对抗赛开始，两人分别听题，进行答题。几轮比赛后，两位嘉宾分别对所出的题目进行讲解，如诗句的创作背景，诗人的故事等	5分50秒	演播厅现场
9	主持人宣布进入下一个环节"助力千人团"。现场播放来自全国各地各行各业的助力团成员短片，一位来自北极边境派出所的民警，短片中他介绍自己工作的环境，为现场的两位选手出题。选手给出答案，现场千人团投票选出胜出的选手，这一组赵明胜出	3分35秒	短片+演播厅现场
10	主持人现场连线千人团外景嘉宾，外景嘉宾讲述他的工作故事，坚持和信仰。现场观众向外景嘉宾致敬	1分40秒	演播厅连线外景
11	第二组选手上场比赛，分别是李佳杰、吴幽和蒲琛苇。每一道题目答题结束后，两位嘉宾教授分别对所出的题目进行讲解、剖析	6分30秒	演播厅现场
12	主持人宣布进入下一个环节"助力千人团"。现场播放来自全国各地各行各业的助力团成员短片，中国首位冬奥会冠军杨杨，短片中她介绍自己正在从事的工作，为现场的三位选手出题。请选手分别用一句诗词祝福冬奥会的运动员。杨杨直播连线说她更喜欢吴幽的诗词。主持人宣布吴幽胜出，将和赵明进行个人追逐赛	6分	演播厅现场+直播连线
13	现场大屏幕播放个人追逐赛比赛规则	40秒	大屏幕短片
14	赵明的个人追逐赛，大屏幕播放身临其境题目，重庆、南京等城市外景，嘉宾郦波教授在南京秦淮河外景现场画面前出题，演播厅两位选手答题，郦波教授进行解答点评。两位教授和主持人互动，谈起关于城市和诗词的话题	4分10秒	演播厅现场+外景短片播放
15	进行下一题的比赛，这题是关于李白诗句的动画。蒙曼教授和郦波教授讲述李白的传说故事	5分	演播厅现场+动画短片播放

续表

序号	内　　容	时间	形式
16	进行下一题的比赛，这题是白居易的诗句，蒙曼教授和郦波教授讲述白居易、杜甫等诗人的故事	2分	演播厅现场
17	三道题回答完毕。赵明的分数揭晓：66分，进入待定区，吴幽上场，大屏幕播放吴幽的个人故事，主要是关于她的学习和生活。主持人现场采访吴幽	3分25秒	演播厅现场+外景短片播放
18	吴幽演唱京剧《梨花颂》选段	1分20秒	演播厅现场
19	吴幽的个人追逐赛。"身临其境"部分来到了甘肃的武威，外景嘉宾为吴幽出题。主持人现场为吴幽出题，蒙曼教授讲解题目中的诗句，几轮答题完毕，吴幽得分揭晓：55分。赵明获胜，吴幽淘汰。现场播放吴幽的语文老师的祝福视频。吴幽阐述感言，现场都为之感动	13分	演播厅现场+外景视频连线
20	赵明进入攻擂赛，现场百人团选手里也选出了一位13岁的男生周胤好，两人进入攻擂资格争夺赛：飞花令。经过"横扫千军"环节后，周胤好胜出	6分35秒	演播厅现场
21	进入第二轮：组合飞花令。经过激烈的诗句接龙比拼后，赵明胜出	2分15秒	演播厅现场
22	进入第三轮：超级组合飞花令。视频千人团选出比拼范围：植物红。这一轮，周胤好胜出	2分20秒	演播厅现场
23	节目进入最后一个环节，周胤好向擂主黄嘉伟发起挑战，进入擂主争霸赛。大屏幕播放书画家康老师现场作画出题。几轮比拼之后，周胤好胜出，成为本期节目的擂主，节目结束	15分30秒	

【节目特色】

近年来，中央电视台和各地方电视台纷纷推出了一系列具有中华文化特色的综艺节目，其中，诗词类综艺节目视听表达的多样化日益凸显。在表现形式上，由单一答题的舞台竞技模式拓展出谈话、音乐、舞蹈等多种艺术形式；《中国诗词大会》以其独特的文化内涵和社会影响力，引起了广泛的关注和讨论。《中国诗词大会》节目具有强有力的核心竞争力，它让人们发现，诗词类节目作为一种新型的电视文化节目类型，既有较强的可看性，又让观众有较高的参与度。

《中国诗词大会》以弘扬中华传统文化为己任，将传统文化内涵与当前电视文化发展进行了完美融合。以其独特的节目特色，展现了中国古典诗词的魅力，引领观众走进诗词的世界，感受中华文化的博大精深。

1. 重温古典诗词的文化内涵和价值观

《中国诗词大会》以中国古典诗词为基础，展现了中国丰富的诗词文化。参赛者们通过比拼诗词知识、解读诗词意境，展现了对诗词的深入理解和广博的诗词储备。观众也能在节目中欣赏到各种题材的诗词，感受古人的智慧和情感。节目不仅是一个诗词知识的竞赛，更是一个文学气息浓厚的盛宴。参赛者们的诗词解读和分享，充满了文学色彩和情感共鸣。观众在欣赏诗词的同时，增强了对中国古典文化的理解和欣赏能力。

《中国诗词大会》的节目宗旨是"赏中华诗词、寻文化基因、品生活之美"。节目以中华传统诗词为载体，不仅展示了诗词的魅力，还通过选手的竞技、专家的解读，传递了诗词所蕴含的深厚文化内涵和价值观。节目对中国的优秀传统文化进行深度的挖掘，用节目中蕴含的"文化内涵"唤醒观众内心的文化情感，将中华民族传统的诗词文化与综艺节目的形式进行有机结合，为传统文化赋予了新的时代特色。《中国诗词大会》考验的是选手的诗词知识，诗词的储备量以及对诗词的理解。参与节目的学者嘉宾还会对诗词进行深入浅出的讲解。节目找准了文化与受众的契合点，利用现代化的传播手段与传统文化嫁接，引起了观众的情感共鸣。与传统的电视节目不同，《中国诗词大会》融合中国的传统文化、汉字底蕴的诗词文化，以诗词文化为节目的核心内容，将诗词文化与社会生活联系在一起，让更多的人喜爱中国诗词，热爱和弘扬中国文化。

中国诗词是中国传统文化的瑰宝，是中国文化的精髓。通过诗词的朗诵和赏析，可以让观众更深入地了解和感受中华文化的博大精深，进一步增强民族自豪感和文化自信。中国诗词大会节目的文化内涵和价值观主要体现在弘扬中华文化、传承文化遗产、促进文化交流、文化自信、传承与发扬、艺术与人文以及教育与启迪等方面。这些内涵和价值观不仅是中国传统文化的重要组成部分，也是当今社会所需要的文化价值取向。

2. 创新模式激活了文化基因

《中国诗词大会》的节目创新模式激活了文化基因，让传统文化以新的方式活起来，让文化自信得以更广泛地传播。《中国诗词大会》的节目人员构成有几个要素：主持人、参赛选手、评论者、百人团选手。节目有如下几个环节：参赛选手自我介绍、百人团与参赛选手共同答题、选手抢答、飞花令。节目采用了多种比赛形式，如团体战和个人赛等，让参赛者和观众都能够参与到节目中来，增强了节目的互动性和参与性。

《中国诗词大会》创新设计了许多抽象主题的具象展示，如李白举头望明月的标志性设计，百人团与选手回答问题后的战船、射箭赛制与声响设置，以及花字配和卷轴元素在舞台设计中的运用等。节目的创作挑战环节非常有难度，参赛者需要在规定的时间内完成一首符合主题的诗词创作。这个环节不仅考验了参赛者的诗词创作能力，也能够让他们在紧张的压力下展现出自己的才华和应变能力。作为电视节目模式的一种创新，这种节目模式既可以让观众易于接受和喜爱，又可以让我国宝贵的传统文化得到传承和发扬。

《中国诗词大会》的参赛者需要自行准备诗词朗诵并在现场表演。这个环节不仅考验了参赛者的诗词功底，也让他们通过朗诵的方式向观众展示了中国诗词的韵律和美感。节目的诗词赏析环节非常有趣，参赛者需要对所朗诵的诗词进行赏析，阐述诗词

的内涵和艺术价值。这个环节不仅可以让观众了解到更多关于中国诗词的知识，也能够增强参赛者对中国诗词的理解和欣赏能力。其中"身临其境"实景题，针对知名度极高、影响力极大的国家级风景名胜、人文古迹等，或古今著名诗人在此做过诗词，或流传千古的名篇绝句在这里吟诵过。通过将诗词与实景相结合，让观众更直观地感受到诗词的意境和内涵。在舞台设计上融合了最前卫的科技元素，如第六季的《中国诗词大会》舞台以百合六瓣元素突出"六合六顺"的美好寓意，创新呈现"天地六合"的文化主题，传递清新隽永的审美趣味。

随着《中国诗词大会》每年一季的播出，节目也在不断进行创新，拓展参与人群，创新竞赛形式。节目新增了千人团，通过 5G 与增强现实等创新技术，以宏大的穹顶方式在节目舞台上首次呈现，视觉效果震撼炫目。节目组还通过多种形式的互动环节，让观众能够深度参与节目。例如，"诗词接龙"环节通过现场观众与嘉宾的接力答题，增强了观众的参与感和互动性；"飞花令"环节则通过现场选手和观众的诗词对决，这些创新模式都激活了传统文化的基因，让观众更深入地了解和欣赏中国诗词的文化内涵。

3. 中国古典诗词视界融合的创新实践

视界融合是指在不同文化、不同领域之间架起桥梁，将不同元素融合在一起，创造出一个全新的表达方式。在中国古典诗词综艺表达中，视界融合是一种创新的路径，可以将传统文化与现代元素相结合，让观众在欣赏诗词的同时，感受到传统文化的魅力和现代元素的新颖性。随着文化类综艺节目的发展日趋成熟，诗词类综艺节目也打破了单向输出的传统手法，构建起多元立体的创新传播构架，强调受众与传播者、受众与原初作品之间的双向交流。

中国古典诗词是中华民族的瑰宝，具有深厚的文化内涵和独特的艺术魅力。《中国诗词大会》每一季都给观众以视听表达的新元素，舞台整体表达与诗词的千变万化交融渗透，生动立体，引人入胜，不断提供给观众饱满的沉浸体验。如"身临其境"答题环节，各位嘉宾分别前往不同的文化名胜古迹为选手和观众出题。

视界融合是一种有效的创新路径，视界融合可以将传统文化与现代元素相结合，创造出具有吸引力和新颖性的表达方式。在中国古典诗词综艺表达中，通过文化元素的融合、舞台设计的创新、互动方式的创新以及跨界的合作等方式，可以进一步拓展古典诗词的传

播渠道和受众群体，让更多人感受到传统文化的魅力。《中国诗词大会》在节目中加入现代音乐、舞蹈、绘画等元素，与古典诗词相融合，让观众在欣赏诗词的同时，感受到传统文化的博大精深和现代元素的活力。在第七季中，节目增加了"诗词小剧场"，由三层屏幕组成了开合门的视觉效果，为舞台营造出从古到今的穿越之感。前沿技术为古典诗词文化赋能，打造了契合综艺自身主题和文化定位的缤纷多彩的视听环境，构建起意蕴丰厚的文化场域，将观众带入极具中国古典气质的氛围和意境当中。

《中国诗词大会》作为一档具有创新性和影响力的文化综艺节目，不仅通过创新的方式传播了中华传统文化，还展示了中华文化的魅力和价值，对培育民族文化自信、增强文化软实力以及推动中华文化走向世界都具有深远的影响。

第三节　开创"纪录式综艺"新模式
——《国家宝藏》节目解析

节目名称：《国家宝藏》
节目类型：文化综艺类文博探索节目
播出频道：中央电视台综艺频道
开播时间：2017 年 12 月

【节目介绍】

《国家宝藏》是由中央广播电视总台、央视纪录国际传媒有限公司制作的一档以文物为主题的文博探索综艺节目，节目向观众展示中华民族丰富的文化底蕴和历史遗存。结合故宫博物院和上海博物馆、南京博物院、湖南省博物馆、河南博物院、陕西历史博物馆、湖北省博物馆、浙江省博物馆、辽宁省博物馆九大博物馆（院）的重量级藏品，邀请了众多明星参与。

《国家宝藏》的节目内容涵盖了各个历史时期和各个地区的代表性文物。每期节目围绕一件文物展开，通过舞台剧表演和文物品鉴的方式，向观众展示文物的历史背景、文化内涵和背后的故事。节目不仅关注文物的历史文化价值，还关注文物所代表的时代意义和民族精神。

《国家宝藏》的节目形式以舞台剧和文物品鉴相结合的方式呈现，通过明星嘉宾的表演和专家学者的解读，让观众深入了解文物的背后故事和历史文化价值。《国家宝藏》进行了融合创作，展现了节目的多样形态。将艺术与非艺术结合、综艺性与纪实性结合、公共教育和综艺娱乐结合，开创了"纪录式综艺"新模式。第一季于 2017 年 12月在央视综艺频道首播，此后每年一季。2021 年 12 月播出了收官之季《国家宝藏·展演季》。

【节目内容】

以第一季第 2 期《国家宝藏》为例：

序号	内　　容	时间	形式
1	片头	30 秒	短片
2	开场音乐后，主持人张国立出场，介绍到场的故宫博物院院长、上海博物馆馆长、南京博物院院长、湖南省博物馆馆长、河南博物院院长、陕西历史博物馆馆长、湖北省博物馆馆长、浙江省博物馆馆长、辽宁省博物馆馆长	3 分 05 秒	演播厅现场
3	主持人宣布本期跟随方勤馆长进入湖北省博物馆，现场播放方勤馆长介绍湖北省博物馆的宣传片	1 分 10 秒	短片剪辑
4	主持人介绍《国家宝藏》为每一件文物寻找一位守护人，湖北省博物馆馆长推荐的第一件文物和它的守护人是谁呢？画面切换到湖北省博物馆。演员段奕宏宣布他要守护的国宝——越王勾践剑	3 分	演播厅现场+湖北省博物馆外景
5	主持人请出国宝守护人段奕宏，段奕宏介绍他守护的越王勾践剑，带大家进入越王勾践剑的前世传奇	1 分 55 秒	演播厅现场
6	张国立出场，讲述勾践的历史。引出勾践的前世传奇故事	1 分 05 秒	演播厅现场

序号	内　　容	时间	形式
7	段奕宏和几位演员表演舞台剧《越王勾践剑·前世传奇》	8分10秒	演播厅现场
8	围坐成一圈的九位博物馆馆长讨论越王勾践剑，越王勾践剑的历史、文化、思想内涵等	1分40秒	演播厅现场
9	段奕宏走上舞台，主持人张国立采访段奕宏，他对越王勾践剑的理解。请段奕宏开启国宝越王勾践剑的"今生故事"	2分10秒	演播厅现场
10	段奕宏现场讲述越王勾践剑的研究历史，短片切换到考古学家江旭东，江旭东来到演播厅现场。与主持人和段奕宏交流，介绍对越王勾践剑的最新研究成果。张国立宣布对越王勾践剑的第二次科学研究正式启动	3分30秒	演播厅现场
11	江旭东展示对越王勾践剑的第一个研究成果：打开越王勾践剑的微观世界；第二个研究成果：越王勾践剑为什么"千年不腐"；第三个研究成果：越王勾践剑的菱形纹是怎么构造的？江旭东博士觉得自己在最好的年华来解读最佳时期的国宝是非常荣幸的事	8分	演播厅现场
12	主持人宣布将为段奕宏和江旭东颁发国宝守护人印信，并请二位宣读守护誓言	30秒	演播厅现场
13	主持人介绍接下来的内容是湖北省博物馆馆长推荐的第二件国宝和它的守护人，撒贝宁来到了湖北省博物馆，方勤馆长带他找到要守护的国宝：云梦睡虎地秦简。撒贝宁介绍古代法律对今天的影响	3分30秒	湖北省博物馆外景
14	主持人张国立请国宝守护人撒贝宁来到演播厅现场，撒贝宁介绍他守护的云梦睡虎地秦简的历史故事，带大家走近云梦睡虎地秦简的前世传奇	2分40秒	演播厅现场
15	主持人张国立上场，讲述秦简的历史，引出云梦睡虎地秦简的传奇故事	1分	演播厅现场
16	撒贝宁和几位演员表演舞台剧《云梦睡虎地秦简·前世传奇》	7分20秒	演播厅现场
17	围坐成一圈的九位博物馆馆长讨论云梦睡虎地秦简的历史、文化价值、思想内涵等	1分30秒	演播厅现场
18	撒贝宁上场与主持人张国立交流，撒贝宁讲述自己对"喜"这个人物的理解，对云梦睡虎地秦简的认识。撒贝宁开启云梦秦简今生的故事	2分45秒	演播厅现场
19	大屏幕播放考古学家陈振裕短片。陈振裕教授来到演播厅现场与主持人张国立和撒贝宁互动。主持人向观众介绍越王勾践剑和云梦睡虎地秦简都是他发掘出来出来的，包括许多震惊世界的考古发现。陈教授讲述云梦秦简的发现过程	7分	演播厅现场+短片播放

续表

序号	内 容	时间	形式
20	撒贝宁请武汉公安局的三位汉警来到舞台。还原云梦秦简，古今对照，印证古人的智慧和法律的重要性。节目现场为撒贝宁、陈振裕教授和三位警察颁发国宝守护人印信。几位嘉宾在演播厅宣誓守护云梦秦简，守护历史和法律初心	7分20秒	演播厅现场
21	主持人介绍接下来的内容是湖北省博物馆馆长推荐的第三件国宝和它的守护人。外景短片切换到了演员王刚，他来到了湖北省博物馆，王刚要守护的国宝是曾侯乙编钟。博物馆馆长带王刚来到曾侯乙编钟的摆放处。王刚的采访表达了对曾侯乙编钟的敬畏之情	3分50秒	演播厅现场+外景拍摄+同期声采访
22	主持人张国立请国宝守护人王刚来到演播厅现场，王刚介绍他守护的曾侯乙编钟的出土历程，带大家走近曾侯乙编钟的前世传奇	2分	演播厅现场
23	王刚和几位演员表演舞台剧《曾侯乙编钟·前世传奇》	9分	演播厅现场
24	围坐成一圈的九位博物馆馆长讨论曾侯乙编钟的历史价值、学术价值、艺术价值等	1分30秒	演播厅现场
25	王刚上场与主持人张国立幽默互动，王刚讲述自己对曾侯乙编钟的理解和认识。王刚开启曾侯乙编钟的"今生故事"	3分	演播厅现场
26	王刚讲述曾侯乙编钟出土后的几次重要演奏，新中国成立后几次重大的历史节点	1分05秒	演播厅现场
27	王刚请出曾侯乙编钟的今生故事讲述人，来自武汉音乐学院的谭军。谭军是在1997年香港回归的直播晚会上演奏编钟的人，他讲述自己演奏编钟的故事，演奏中的各种不为人知的细节。谭军现场演奏编钟，主持人介绍他是全国第一个开设编钟演奏古乐的老师，培养了一批青年编钟乐团	7分45秒	演播厅现场+短片剪辑
28	谭军和武汉音乐学院的编钟乐团演奏《茉莉花》。演奏完毕，张国立和王刚采访乐团成员，团员们表达了编钟所带来的文化自信和民族自豪感。节目为王刚、谭军和乐团颁发守护人印信，宣读守护誓言	5分10秒	演播厅现场+短片剪辑
29	湖北省博物馆馆长讲述自己挑选这三件国宝的初心，节目结束	1分55秒	演播厅现场

【节目特色】

2017年，随着《中国诗词大会》《朗读者》等节目的热播，中央电视台文化节目元年就此开启。2017年8月，文博探索节目《国家宝藏》以时尚鲜活的综艺形态和创新演绎的传奇故事，获得了广泛的好评。

《国家宝藏》是介于综艺节目和纪录片之间的一种新型艺术形式。它用现代的手法将古老的历史文化展现出来，通过舞台剧和文物品鉴相结合的方式，来了解历史、接触历史。

1. 融合纪录片和综艺元素

《国家宝藏》节目的核心内容是围绕着各大博物馆里所珍藏的国家级文物展开的，这些文物代表了中华民族的历史记忆。节目中浓厚的文化内涵和历史价值是以纪录片的形式来呈现的，通过讲解和解读文物的历史背景、文化内涵以及故事情节，既增加了观众的知识量，又提高了观众对文物的欣赏和理解能力。《国家宝藏》节目具有真人秀、综艺与纪录片的特点，被称为纪录式综艺节目。

《国家宝藏》每介绍一个文物，都有关于这个文物的科学解读，包括文物的历史朝代、出土时间、出土过程等，以纪实性的方式来记录和呈现。节目将考古界对于文物的研究和了解，以综艺的形式表达，把专业的知识以通俗易懂的方式传递给观众，让观众在娱乐的同时获得丰富的历史和文化知识。融合了综艺元素和文化元素，使得节目不仅仅是干巴巴的文化讲解，还充满了趣味和互动性。

一般来说，纪录片的主题更加强调人文内涵，表达的内容也比较深刻。与一般的综艺节目相比，《国家宝藏》具有文化节目的特质，更加注重节目的人文内涵和文化品质。无论是节目中的"前世传奇"还是"今生故事"环节，都是与历史文物相关联的历史背景或人物故事。通过特邀嘉宾的陈述，将文物还原到当时的历史环境中，让观众了解到古时人们的生活状态以及当时的社会文化环境，增进对历史的了解和对文物的感性认识。如《国家宝藏》走进湖北省博物馆这一期节目中，文物守护人撒贝宁将历史文物——云梦睡虎地秦简的时代背景、所关联的历史人物、古时法律的特点以及对当今社会的影响，阐述得清晰而生动自然。将三位当代"武汉民警"邀请到舞台上，古代的"喜"与今日的警察对照，竟有诸多相似之处。让观众在轻松愉悦的状态下了解深奥的历史知识，看似枯燥无味的律法被解读得非常有趣。节目中还设置了一系列让嘉宾和观众参与的游戏环节，增加了节目的趣味性和互动性。

《国家宝藏》在内容上的独特性和文化价值，在形式上的综艺娱乐性，将历史和文化元素与综艺形式相结合，给予观众更多的文化情感体验，成功地吸引了大量观众，并在观众中引起了广泛的共鸣。

2. 注重文物故事的挖掘和展现

在中国飞速发展的大时代背景下，人们对文化和历史的认同感越来越强烈。《国家宝藏》对文物背后的故事进行挖掘和展现，通过文物故事，节目传递了中华民族的智慧、勇气、担当等优秀品质，让观众在欣赏文物的同时，也感受到了中华民族的文化自信和自豪，具有很强的时代意义。

《国家宝藏》以中国丰富的历史文化遗产为主题，致力于将每一个宝藏背后的历史故事呈现给观众。节目采用舞台剧与文物品鉴相结合的方式，特邀名人嘉宾走进博物馆，与文物面对面，通过戏剧化的讲述方式，让观众感受到历史的厚重与精彩。在"前世传奇"环节，名人嘉宾扮演历史人物或与文物相关的角色，通过舞台表演的形式呈现文物背后的故事。同时，节目从"故事"切入，邀请专家学者对文物进行解读，让观众了解文物的历史文化价值、背景和意义，缩小民众与历史的间隔。

《国家宝藏》节目通过精彩的情景剧、专家解读和互动环节，让观众感受到历史的厚重与精彩。在《国家宝藏》节目中，情景剧是呈现文物故事的重要手段。通过演绎文物背后的历史故事，情景剧可以让观众更加深入地了解文物的历史和文化背景。例如，在讲述故宫博物院收藏的乾隆御笔《兰亭集序》时，情景剧可以展现出乾隆皇帝与《兰亭集序》之间的故事，以及他对艺术的热爱和对文化的传承。这样可以让观众更加深入地了解这件国宝级文物的历史和文化价值。在现代科技的支持下，《国家宝藏》节目运用了虚拟技术、3D 打印等技术手段还原文物的原貌。通过这些技术手段，观众可以更加直观地感受到文物的形态、颜色、材质等方面的特点。例如，在讲述越王勾践剑时，节目通过技术手段还原越王勾践剑的冶炼工艺，让观众更深入地了解这件国宝级文物的艺术价值和历史意义。

节目的故事化形式，可以增强观众对节目的兴趣和参与度，让更多的人了解和热爱中国的历史和文化。《国家宝藏》节目邀请了众多专业的考古学家、历史学家对文物进行解读，挖掘文物背后的价值。专家们从专业的角度出发，对文物的历史、文化、艺术价值进行深入讲解，这些专业的故事讲述增加了节目的学术气息和文化价值，让观众更深入地了解中国的历史文化遗产，感受到历史的厚重与精彩。

3. 融合文化与美学价值

《国家宝藏》节目通过展示不同历史时期、不同地域的文物，展现了中华文化的博大精深和丰富多彩。节目深入挖掘了文物的美学内涵，通过专家的解读和现代技术手段的运用，观众可以更加直观地感受到文物的形态、颜色、材质等方面的特点，体验到文物的美学价值。

每一件文物都是历史文化的瑰宝，它们不仅具有历史价值，更具有美学价值。《国家宝藏》节目采用了多种艺术表现形式，如情景剧、音乐、舞蹈、朗诵等，将文物的美学内涵呈现得淋漓尽致。通过讲述文物背后的故事和历史，节目传递了中华民族的智慧、勇气、担当等优秀品质，让观众在欣赏文物的同时，也感受到了美的力量和艺术的魅力。

在现代媒体技术的支持下，《国家宝藏》打造了气势恢宏的舞美，给观众一种沉浸式的美学观赏体验。节目采用了 360° 全息幻影成像系统，将三维画面悬浮在柜体实景中半空成像，舞台中的九根 LED 冰屏柱，展示了九个主要博物馆的标志，借由吊点的轨道迅速移动，巧妙完成各个"小剧场"中场景的构建与转换，使整体效果更加精致与逼真，极大增加了舞台吸引力。大型 LED 环幕设计强化了视觉效果，例如，在讲述千里江山图时，节目通过全景拍摄和特写镜头，展现了这幅青绿山水长卷的宏伟气势和精湛工艺，让观众领略到了这幅千年古画的独特魅力。多元媒体技术的加入所带来的震撼的视觉效果，极大地增强了舞台的吸引力和真实感，使观众身临其境般地体验历史、感悟历史。①

4. 名人效应与国宝文物相得益彰

《国家宝藏》之所以获得这么大的影响力，与节目的名人效应是分不开的。每期节目都会有多位名人加入，这些名人来自各行各业，主要有演员、歌手、主持人、学者等。他们都在各自的领域取得了不菲的成绩，在社会上有很高的知名度和影响力。通过名人效应，节目将文博的厚重与综艺的娱乐情绪巧妙结合，打破了文化圈与娱乐圈的壁垒，拉近了与观众的距离。名人嘉宾的参与还将节目的观赏性提升到了一个全新的高度，提高观众的参与度，激励他们发掘文物的内涵，塑造文物生命。

《国家宝藏》的主持人张国立是一位优秀的表演艺术家，他的主持是节目的一个亮点。张国立拥有渊博的文史知识和亲和力，他在舞台上和其他名人嘉宾之间的默契互动赋予了节目很大的看点。有一期节目中，国宝文物"曾侯乙编钟"的国宝守护人是王刚。张国立和王刚都是演艺圈的资深演员，他们在过去的几十年里合作过多部电视剧和电影，如《宰相刘罗锅》《铁齿铜牙纪晓岚》等，这些合作经历不仅让他们在演艺圈树立了良好的口碑，也让他们在观众心目中留下了深刻的印象。在《国家宝藏》节目中，张国立和王刚以老搭档的身份再次同台，互相调侃、逗趣，让观众捧腹大笑。他们还通过自己的表演和讲述，为国宝文物增添了更多的故事和内涵。《国家宝藏》邀请了众多明星参与节目，包括演艺界的李晨、雷佳音、易烊千玺、何炅等，名人嘉宾在《国家宝藏》的舞台上不仅展现了各自的专业素养和表演才华，还通过互动和交流，让观众更加了解和认识这些国宝。除了演艺界的明星，名人嘉宾中还有众多的学者教授，如担任"妇好鸮尊"国宝守护人的郑振香，是中华人民共和国第一代考古学家。"云梦睡虎地秦简"的今生故事讲述人，是湖北省原文物考古研究所所长陈振裕先生。通过学者教授的讲述，将国宝文物的历史和价值呈现给观众，这种名人效应在一定程度上也促进了文化传承和普及。

文化类综艺节目的发展离不开创新，而《国家宝藏》节目就是其中的佼佼者，节目的

---

① 《从〈国家宝藏〉看文化类节目的融合创新与突围》，《记者观察》下旬刊，2020 年第 7 期。

创新艺术模式，融合多元艺术形态，在内容上展现中国传统文化和文明，在形式上进行多种艺术类型的叠加与多元的探索。节目的热播不仅带动了文物相关产业的发展，还为文化类综艺节目的策划创意提供了新的思路和灵感。

第四节　文物与文创的跨界融合
——《上新了·故宫》节目解析

节目名称：《上新了·故宫》
节目类型：文化综艺类节目
播出频道：北京卫视
开播时间：2018 年 11 月

【节目介绍】

　　《上新了·故宫》是一档由故宫博物院和北京电视台联合打造的文化类综艺节目。节目将文化元素和综艺娱乐相结合，每期都会邀请一位明星嘉宾作为"新品官"，带领观众走进故宫博物院的各个角落，探索故宫的历史、文化和艺术。同时，节目还通过虚拟现实、动画等现代技术手段，让观众了解故宫的各个展馆和文物。节目嘉宾涵盖了影视明星、文化名人、艺术家等多个领域的知名人士。这些嘉宾不仅具备深厚的文化素养，也拥有广泛的粉丝基础，能够吸引更多观众关注和参与节目。同时，节目还会邀请专业人士对一些重要的文物进行解读和分析，让观众能够更加深入地了解文物的价值和意义。

　　自 2018 年 10 月开始，节目连续播出了三季。《上新了·故宫第一季》《上新了·故宫第二季》《上新了·故宫第三季》。通过年轻化的表达方式，让更多观众了解故宫博物院的历史和文化，感受中华文明的深厚底蕴，在社会上引起了"故宫文化热"和"故宫文创产品热"。

【节目内容】

　　以第二季第 7 期《上新了·故宫》为例：

序号	内　容	时间	形式
1	片头	30 秒	短片
2	故宫外景，张鲁一出镜，希望来一个有力气、能干活儿的嘉宾	30 秒	外景拍摄
3	本期嘉宾，新品助理开发员佟丽娅出场，与张鲁一会面，播放两人参演的电视剧《爱国者》片段。揭晓今天的故宫探索任务：紫禁城主人是如何重农亲耕的	52 秒	外景拍摄+短片播放

续表

序号	内　　容	时间	形式
4	短片介绍历代王朝重农亲耕的思想	48秒	短片播放
5	演员郑元畅出场和张鲁一、佟丽娅汇合，三人一起去故宫寻找古代帝王重农亲耕的线索	1分钟	外景拍摄
6	三人来到紫禁城，找到了故宫出版社宫廷历史编辑室编辑王志伟。王编辑告诉他们康熙皇帝曾经在护城河里种过莲藕。并拿出一张民国早期护城河照片，河里种满了荷花	1分35秒	外景拍摄
7	紫禁城解说短片	40秒	短片播放
8	王编辑介绍护城河的长宽以及功能，除了保卫功能，还储存冰块，供夏天使用。并告诉他们下一站要去的地方是：中和殿	1分58秒	外景拍摄
9	御猫说短片，介绍中和殿	55秒	短片播放
10	三人来到中和殿，故宫博物院研究员许静正在这里等待，许静介绍中和殿名称的来历	1分40秒	外景拍摄
11	短片介绍先农坛，古代皇帝祭祀先农的地方	15秒	短片播放
12	许静带他们进入中和殿参观，并为他们介绍明清皇帝祭祀先农的场景，动画短片展示皇帝"三耕三返"的具体样貌	2分30秒	外景拍摄+短片播放
13	许静告诉他们，在乾清宫外面的台阶上，还有与粮食和蔬菜有关的线索	1分15秒	外景拍摄
14	许静带他们来到乾清宫外面的台阶上，告诉他们这是社稷金殿和江山金殿，是紫禁城最小的宫殿。张鲁一发现了嘉量——中国古代的标准量器，许静讲述嘉量的寓意。都代表着皇帝对农业的重视。动画展示古代的粮食产量，与袁隆平先生发明的水稻产量对比，都心生敬意	5分55秒	外景拍摄+短片播放
15	许静讲解康熙培育水稻品种的故事，短片介绍《几瑕格物编》。许静讲述御稻米种植推广历经34年的艰辛。节目展示中国从古至今国泰民安，丰衣足食的愿景	2分50秒	外景拍摄+短片播放
16	御猫说短片介绍交泰殿	50秒	外景拍摄
17	许静带三人来到交泰殿，画面展示交泰殿的恢弘设计。张鲁一请求打开看看宝玺里面的东西	8分05秒	外景拍摄
18	许静让他们找一下与时间有关系的文物。大家都发现了大自鸣钟。短片介绍大自鸣钟，当时京城里的人都以大自鸣钟为标准给钟表上发条。许静说大自鸣钟和时间相关，但和重农亲耕没有关系	1分20秒	外景拍摄+短片播放

续表

序号	内　　容	时间	形式
19	张鲁一又发现了铜壶滴漏，许静介绍康熙皇帝对二十四节气的改革；短片介绍紫禁城春夏秋冬的四季更迭	4 分	外景拍摄+短片播放
20	短剧，康熙批复奏折，体恤民情，为南方的天气灾害忧心	2 分 30 秒	情景短剧
21	民以食为天，许静为嘉宾们带来了一幅复制品《耕织图》，是康熙让画师复制的《御制耕织图》，描绘了康熙朝代农业繁荣的景象。播放情景短剧《陌上桑》	4 分 40 秒	外景拍摄+情景短剧
22	三人来到了承乾宫的青铜器馆，短片介绍故宫里的青铜器，三人在青铜器上寻找农耕的痕迹，找到了传世文物：战国宴乐渔猎攻占纹图壶。动画还原战争场景	5 分 33 秒	外景拍摄+短片播放
23	上新时间，上新研究所里，嘉宾们听设计师介绍设计的故宫文创产品	5 分 63 秒	外景拍摄
24	设计师设计与农耕相关的文创产品，情景短剧在此弘扬农耕文化	4 分钟	外景拍摄+情景短剧
25	御猫说短片	1 分 15 秒	短片播放
26	一周后，张鲁一和郑元畅来到了文创店，等来了设计师的新品：故宫礼盒	3 分钟	外景拍摄
27	《上新了·故宫》主题曲	1 分 15 秒	短片剪辑

【节目特色】

由故宫博物院、北京电视台出品的《上新了·故宫》是一档以故宫为主题的文化综艺节目，通过展示故宫文化、探访故宫历史、介绍故宫文物等方面的内容，将故宫文化和现代流行文化进行有机结合，让文物活起来。2018 年播出以后，连续数周成为当日全网收视冠军，豆瓣评分高达 8.3 分，节目的出现让更多的人开始了解故宫文化，了解故宫背后的故事，也让很多年轻人对故宫产生了兴趣和热爱。

近些年，以故宫为主题的电视节目越来越多，故宫文物频频出镜，这些节目多数为文化纪录片。《上新了·故宫》是第一个以真人秀方式创作的故宫文化节目，开辟了文化类节目的全新概念。

1. 对故宫的探访与学习交叉进行

传统文化类节目制作以听、说、读、诵等形式传达中国文化，主要是一种单一型的直线传播，《上新了·故宫》节目中采用了"探访与学习"交叉设计，对吸引观众的注意力和情感起到了重要作用。"探访"包括对故宫的深入了解和探索。节目组通过实地拍摄和采访，向观众展示故宫各个角落和背后的故事。观众可以跟随节目组探访故宫的各个区域，了解故宫的历史和文化背景，欣赏故宫的建筑和文物，感受故宫的独特魅力。"学习"包括对故宫文化和历史的深入学习和理解。节目组邀请了专业的历史学家和文化学者，向观众介绍故宫的历史、文化、艺术和科技等方面的知识。观众可以通过节目学习到各种文化知识和历史背景，加深对中华文明和文化的了解和认识。

"探索与学习"这两条线索相互交织，相互促进，观众在欣赏故宫的同时，也能够更好地理解和传承中华文化。节目布下的"探访""学习"两条并行的线，都是通过明星来表现的。一条是不定期邀请一位演员担任"新品开发员"，组成"探访线"，探访线将故宫的真实样貌呈现给观众，通过实景探秘，故宫美轮美奂的建筑风格和细节在镜头下具有强烈的视觉冲击性和观赏性，开发员不仅带领观众领略了故宫的美丽景色，还向观众展示了故宫的文物和历史，让观众对故宫有了更深入的了解，为观众呈现出一场别开生面的文化之旅。

另一条是以演员张鲁一为代表的"学习线"，张鲁一同样担任文创新品开发员。在节目中，张鲁一参与故宫的游览，深入了解了故宫的历史和文化，通过查阅古籍，与专家的交流和学习，对故宫的文物和历史有更深入的了解，观众可以学到更多隐秘而不为人所知的历史知识，继续完善已有认知，为观众呈现出故宫的另一面。学习线与实地探秘的真人秀环节形成截然不同的两种风格，探访过程是节奏轻快的，重视觉冲击。而对古籍的阅读却需要沉静下来，以一颗敬畏之心感受文字和历史赋予的意义。双线并行的这两个环节相互补充，相互影响。

2. 创新的历史故事再现

历史故事情景再现是电视节目中经常用到的一种演绎方式，《上新了·故宫》用明星表演对历史故事进行再现。每当故宫开发员们探索到关于主题的人物时，节目中几乎都穿插着一段贴近史实的剧情演绎，较为真实地还原了人物形象，这种以故事的形式传播文化的方式更容易为观众所接受并记忆。

《上新了·故宫》的情景剧通过演员的表演和布景，高度还原了故宫的历史场景，让观众仿佛置身于几百年前的故宫之中。情景剧不仅展示了故宫的美丽景色和文物，还通过演员的表演和剧情的设定，深入挖掘了故宫的历史故事，让观众对故宫的历史和文化有了更深入的了解。《上新了·故宫》的情景剧注重细节的呈现，从演员的服饰、发型到道具的陈设，都力求还原历史真实面貌，让观众感受到历史的真实感和可信度。如张鲁一饰演的皇帝朱棣，表演精湛，结合了剧情、表演、音乐等多种元素，就像观看一部电视剧的剧情。

情景剧不仅具有娱乐性，同时也具有教育性，它通过生动有趣的剧情和表演，让观众在轻松愉快的氛围中了解历史和文化，达到寓教于乐的效果。如为了表达乾隆皇帝对江南的那份热爱和憧憬，周一围饰演的京城乾隆与镜中的江南皇帝进行了跨越时空的对话，让观众更加真切地感受到乾隆皇帝对江南的向往，并表达出他在天下和自由两者只能选其一时那种深深的矛盾、挣扎，使观众从另一个角度发现乾隆皇帝对子民的担当和作为帝王身上所背负的责任，这种演绎方式给观众一个新的视角去认识这个人物，并赋予了人物饱满的感情色彩，由此更能与受众产生情感上的共鸣。

以情景剧演绎文化故事，让文物和史实变得鲜活生动起来，将所要表达的历史故事立体的展示在观众眼前。新品开发员或者嘉宾进行故事演绎，故事、服饰和道具都是经过严格的历史考据，力求真实的还原，同时通过旁白和文字对情景剧进行补充。

故宫文物在《上新了·故宫》中被当作一个"个体"来展现，每一个文物都有自己的故事。比如在节目中，小葫芦是怎样被玉井陶瓷车间创造出来的，又是如何经过多道手工工序的加工而成的。不仅展示文物，还能让观众进行深度思考。

3. 创新的外景拍摄

文化类综艺节目大部分都在各卫视的演播厅、舞台进行拍摄。《上新了·故宫》一改舞台化拍摄的手法，开创了在故宫实地拍摄的先河，嘉宾进入故宫进行实景化的拍摄，让故宫成为"主角"，在与故宫的接触中感受故宫的文化。更难得可贵的是故宫首次对外展示了未开放的区域，这些区域平时是不对游客开放的。通过拍摄故宫未开放区域，让观众感受未知故宫区域的神秘，同时也增强了观众的参与感和互动性。观众可以通过观察拍摄过程和参与拍摄活动等方式，与节目互动交流，从而更好地体验故宫的历史和文化。

传统的故宫拍摄多采用固定机位和单一的拍摄角度，而《上新了·故宫》则采用了外景拍摄的方式，打破了传统的拍摄模式，为观众带来了全新的视觉体验。通过外景拍摄，可以更加全面地展示故宫的全貌，让观众感受到故宫的宏伟和壮观。同时，外景拍摄也打破了故宫内拍摄的空间限制，让拍摄更加自由、灵活。在拍摄手法上，节目采用了先进的拍摄手法和技术，例如无人机拍摄、稳定器移动拍摄等，这些手法和技术使得拍摄更加流畅、自然，同时也更加具有视觉冲击力和表现力。

《上新了·故宫》中经常出现猫咪的镜头，播放的故宫知识短片也是以"御猫说"的名字来解说的。御猫指的是生活在故宫中的猫咪，在故宫中，有一些巨型"御猫"雕塑，以明代锦衣卫、清代御前侍卫形象出现，造型各异，给古老的故宫增添了一丝有趣。在《上新了·故宫》中，观众经常在角落里、在宫墙之上看到猫咪镜头，给观众带来了欢乐和惊喜。

4. 文创和文物跨界融合

《上新了·故宫》以故宫丰富的文化资源为依托，深度挖掘其历史价值，通过现代的创意设计，让传统文物焕发新的活力。节目将文创和文物进行跨界融合，以文创产品为载体，将故宫的文物和历史融入其中，让观众在日常生活中能够感受到故宫的历史和文化。同时，这种结合也让文创产品更加具有文化内涵和独特性，满足了消费者对文化体验的需求，推动了文化创意产业的发展。

故宫有着丰富的历史文化遗产，故宫里的文物有着独特的文化内涵和历史价值。《上新了·故宫》通过深入挖掘这些文物的价值，将文物的元素融入文创产品的设计中，让消费者在购买产品时能够感受到传统文化的魅力。节目注重将传统文化元素与现代设计理念相结合，通过创意设计，让文创产品具有独特性和时尚性。例如，他们可以将古代的图案、色彩、工艺等元素融入现代家居用品、服装、饰品等设计中，让消费者在使用这些产品时能够感受到传统文化的气息。

《上新了·故宫》与众多知名品牌、设计师、艺术家等共同打造独具特色的文创产品，这种合作模式不仅带来了新的创意和设计理念，也扩大了故宫文创产品的市场影响力，使更多人能够参与到文创产品的创新与推广中来。通过创意设计，让传统的文化元素与现代审美完美结合，为消费者带来别具一格的消费体验。《上新了·故宫》的文创产品还体现了文化类节目的社会责任感，节目关注环保、公益等社会责任领域，通过开发具有教育意义和环保意识的文创产品，如环保袋、笔等，鼓励人们关注环保、支持公益事业。

综上所述，《上新了·故宫》通过深入挖掘文物价值、创意设计、数字化应用、跨界合作、营销策略、教育普及、旅游开发以及社会责任等方面的综合运用，实现了文物和文创产品的完美结合，通过文创产品这一载体，将故宫的文物和历史融入其中，让观众在日常生活中能够感受到故宫的历史和文化。同时，这种结合也让文创产品更加具有文化内涵和独特性，推动了文化创意产业的发展。

第五节　破解历史谜题的文化推理节目
——《闪耀吧！中华文明》节目解析

节目名称：《闪耀吧！中华文明》
节目类型：文化综艺类节目
播出频道：河南卫视
开播时间：2022 年 9 月

【节目介绍】

　　《闪耀吧！中华文明》是由河南卫视、优酷网联合制作的文化综艺类探索节目，以文化探索纪实为主题，以推理探索和中国漫画相结合的叙述方式，挖掘中国古代文明与历史文化，与观众共同解读中华民族闪耀时刻。节目由"文明追光者"陈坤携手许丹睿深入三星堆、秦始皇帝陵、唐长安城、南海一号、殷墟、敦煌等六地考古现场和文博秘境，对话各大博物馆馆长、一线考古队队长、文博考古历史专家等，通过悬疑解谜的风格特色和跨次元的视听表达形式，融入了 CG 特效①、国漫动画等技术手段，用现代技术破壁演绎厚重文明，拉近年轻人群与传统文化的距离，实现了中华传统文化的创造性转化和发展。

　　《闪耀吧！中华文明》于 2022 年 9 月 2 日起每周五 19：30 在河南卫视、优酷网联合播出，节目共 12 期。

【节目内容】

　　以第一季第 2 期《闪耀吧！中华文明》为例：

序号	内　　容	时间	形式
1	片头+本期精彩内容剪辑	1 分 40 秒	短片
2	字幕提出问题：后羿射日真的存在吗？三星堆博物馆内，陈坤、许丹睿和挖掘负责人许丹阳讨论象牙化石和其他文物	5 分 50 秒	外景拍摄+解说
3	陈坤画外音，提出疑问，在三星堆的地下还埋着哪些历史碎片？能带给我们文明的线索吗？陈坤和考古人员讨论三星堆出土的黄金面具和残片，丝织品的残片证明了当时是有丝绸的，而且是西南地区发现最早的丝绸	2 分 40 秒	外景拍摄 + 解说+陈坤画外音

---

　　①　CG 特效（Computer Graphics Effects）是指通过计算机图形学技术制作的虚拟视觉效果。它利用计算机软件和硬件，将现实中难以实现或无法实现的场景、角色、动作等以数字化的方式呈现出来，为观众带来震撼的视觉体验。

序号	内　　　容	时间	形式
4	在考古出土的众多文物中，陈坤一步步发现后羿射日的线索，神兽、青铜人、神坛等。考古人员继续为陈坤讲解这些文物的故事。陈坤认为羿很可能被刻画成了青铜人像	2 分 55 秒	外景拍摄 + 解说 + 陈坤画外音
5	博物馆内，陈坤和许丹睿讨论羿会是谁？高 2 米多的青铜大立人像会是羿吗？手里拿的是不是弓？考古专家帮助他们分析。在戴有黄金面具的青铜人像前，考古专家讲解出土时的情形。青铜纵目面具，体现了古蜀人极致的想象力，专家说这是古蜀国王蚕丛的形象。陈坤继续发出追问蚕丛是否是羿的原型	8 分	外景拍摄 + 陈坤画外音 + 采访
6	短片介绍古蜀国王蚕丛的故事	50 秒	动画短片
7	陈坤寻找蚕丛是否是羿的原型的线索，追问为什么史书上记载的蚕丛活了几百岁	2 分 05 秒	外景拍摄 + 陈坤画外音
8	陈坤、许丹睿和考古人员许丹阳来到了月亮湾古城墙遗址前，讲解古城墙的历史。许丹阳又带他们来到三星堆古城墙前面，陈坤追问山海经神话故事，问三星堆是否有通往神秘世界的隧道。考古人员却说发现的比他所问的更伟大	4 分 30 秒	外景拍摄 + 陈坤画外音
9	许丹阳介绍他们的考古发现的祭祀堆所代表的是一个国家，可能是一个文明。并告诉他们，蚕丛不是一个人，而是一个朝代。陈坤也推断出，蚕丛是一个群体，代表了先人的智慧、勇气	4 分	外景拍摄 + 陈坤画外音
10	节目片段汇总，陈坤总结这次探访的收获，对三星堆文明的理解	2 分 20 秒	外景拍摄 + 陈坤同期声
11	下期节目预告	2 分 15 秒	片段剪辑

【节目特色】

《闪耀吧！中华文明》的节目特色主要体现在以下几个方面：

1. 推理探索和中国漫画相结合的叙述方式

《闪耀吧！中华文明》采用了创新的表达方式，通过悬疑解谜的风格特色和跨次元的视听表达形式，运用推理探索和中国漫画相结合，融入 CG 特效、国漫动画等技术手段，用现代技术破壁演绎厚重文明，拉近年轻人群与传统文化的距离。为观众呈现了传统文化的独特魅力。

节目采用了推理探索的形式，通过设置谜题和悬念，引导观众逐步深入了解历史和文化。在节目中，陈坤和许丹睿扮演的角色不仅是探索者，也是解谜者，他们需要通过走访现场、咨询专家、分析历史资料等方式，寻找线索，解开谜题，还原历史事件。例如，在殷墟考古现场，他们通过研究甲骨文和青铜器的图案和符号，推断出商朝时期的历史事件和文化特点。此外，在敦煌考古现场，他们通过研究壁画和石窟的布局和结构，推断出敦煌在中国历史和文化中的重要地位。推理探索的方式增强了节目的互动性和趣味性，也让观众更加深入地了解历史和文化的内涵。

在《闪耀吧！中华文明》中，国漫动画不但被用来呈现历史事件和人物形象，还被用来辅助叙事，帮助观众更好地理解历史和文化。例如，在第一期节目中，用 CG 特效来呈现《山海经》中"扶桑神树、后羿射日"的神话传说，让观众对我们祖先浪漫而又瑰丽的想象力和创造力有了更直观的感受。此外，国漫动画还被用来还原历史场景，如大唐长安城的繁荣景象，让观众能够身临其境地感受历史的风貌。

国漫动画在《闪耀吧！中华文明》中的应用为节目带来了更加生动、有趣的视觉效果，也让传统文化和历史知识更加形象、直观地呈现给观众。这种方式吸引了年轻观众的注意力，也让他们更能够理解和接受传统文化和历史知识。

2. 实景拍摄和虚拟场景相结合的跨次元叙事

跨次元的叙事方式是一种新型的叙事方式，它将不同的媒体形式和不同的次元世界相结合，创造出一种全新的叙事体验。在电视综艺节目中，跨次元的叙事方式往往通过将虚拟场景和现实场景相结合来实现。在《闪耀吧！中华文明》这档电视综艺节目中，跨次元的叙事方式得到了很好的应用。节目结合实景拍摄和虚拟场景，创造出一种亦真亦幻的叙事氛围。在实景拍摄中，观众可以看到真实的考古现场和历史遗迹；而在虚拟场景中，观众则可以看到通过 CG 特效和国漫动画等技术手段呈现的历史事件和人物形象。这种跨次元的叙事方式不仅增强了节目的趣味性和视觉效果，也让传统文化和历史知识更加生动、形象地呈现给观众。

如今，虚拟场景在电视综艺节目中的应用越来越广泛。一方面，虚拟场景能够创造出震撼人心的视觉效果，提高节目的观赏性。电视综艺节目往往通过视觉效果来吸引观众的注意力，而虚拟场景的运用可以创造出各种炫酷、逼真的画面效果，如梦幻般的舞台背景、立体感十足的 CG 特效等。这些效果让观众沉浸在节目中，增强了他们的观赏体验。另一方面，虚拟场景的应用也能够帮助电视综艺节目更好地传递节目主题和情感。在电视综艺节目中，主题和情感往往需要通过场景、氛围等来营造。虚拟场景的运用可以创造出与节目主题相符合的氛围和场景，让观众更好地感受到节目的情感和主题。

在《闪耀吧！中华文明》节目中，实景拍摄和虚拟场景的结合就得到了很好的应用。通过实景拍摄，节目呈现了六大文明考古现场的历史和文化原貌，增强了节目的真实感和可信度；而通过虚拟场景的运用，节目将古代文明和历史文化元素进行创新呈现，让传统文化和历史知识更加生动、形象地呈现给观众。这种结合方式不仅提高了节目的观赏性，也让观众更好地了解和认识中华文明的历史和文化内涵。如在敦煌考古现场，节目通过虚拟场景技术还原了古代壁画和石窟的布局和结构，让观众能够更加直观地感受敦煌在中国历史和文化中的重要地位。此外，在秦始皇帝陵考古现场，节目通过虚拟场景技术还原了秦始皇的陵墓结构和布局，让观众能够更加深入地了解秦朝时期的历史和文化。

3. 综艺真人秀与纪录片相结合的节目形式

将纪录片与综艺节目相结合，可以同时展现学术的严谨和综艺节目的娱乐性，让观众在轻松的氛围中了解历史和文化。纪录片一般是通过实地拍摄、专家访谈、历史重现等方式，呈现历史事件或文化现象的真实面貌，同时运用特效和音效等手段，营造出更加生动、立体的视听效果，让观众能够更好地感受到历史的厚重和文化的魅力。综艺节目一般是采用游戏、挑战、互动等娱乐元素，增加观众的参与感和趣味性。例如，设计一些与历史文化相关的游戏环节，邀请嘉宾参与挑战，让观众在轻松的氛围中了解历史和文化。

《闪耀吧！中华文明》将纪录片与综艺节目相结合的过程中，保持了学术的严谨性和真实性，以客观、真实、科学的方法呈现历史和文化，避免出现误导和误解的情况。从神秘又让人匪夷所思的古蜀文明，到埋藏盛唐辉煌文化的唐长安城，再去往有着千人千面兵马俑的秦始皇陵。在《闪耀吧！中华文明》节目中，文明现场选择的标准主要遵循历史脉络，选取重要历史节点，从不同维度展现中华文明的闪耀时刻。节目融入真人秀手法，以更直接、更感性的第一现场感触，带领观众沉浸式打卡博物馆和文物台前幕后的故事。陈坤是发起人也是求问者，和追光伙伴许丹睿一起，屡次以提问的形式和推理解谜的方式，带领观众还原和探究遗迹文物的前因后果，重现历史事件的细节。科普历史文化知识的同时，构建出一个个鲜活丰满的历史时刻，切身感受历史文明与传承。

《闪耀吧！中华文明》节目策划和研发历时8个月，在策划每一期台本的时候，导演组和编剧组会先阅读很多的书籍和学术论文，有一个初步的脚本设想后，提交专家审核，在实地勘景之后，还会再跟专家进行信息上的确认和脚本设计上的确认，保证学术上的严谨性。

在全新的媒体环境下，传播方式不断革新，这也为电视节目提供了非常广阔的表达空间，如何让优秀的电视节目被更多人看见，打破与年轻观众的沟通壁垒，始终是内容创作者的共同追求。《闪耀吧！中华文明》通过创新性的节目设计，将传统文化与现代技术完美融合，为观众带来全新的视听体验。此外，节目还通过年轻人群更易接受的方式进行传播，如短视频、漫画等形式，将传统文化与现代技术完美融合，让更多的年轻观众能够接触到并喜欢上传统文化，拉近了年轻人群与传统文化的距离，实现了中华文化的创造性转化和发展。

终编　中外电视节目创意趋势综述

　　21 世纪的电视节目在全球范围内经历了巨大的变革，随着科技的发展和观众需求的多样化，电视节目模式不断推陈出新，产生了许多备受瞩目的节目类型，包括真人秀、脱口秀、文化艺术节目等。除了这些流行的节目类型，21 世纪的电视节目还呈现出许多其他的特点：电视节目与观众的互动性越来越强，观众可以通过社交媒体、在线评论等方式参与到节目中。此外，随着全球化的发展，国际合作和交流使得电视节目可以跨越国界，让更多观众共享优秀的节目资源。

　　本编将对 21 世纪中外流行的电视节目模式进行综述，希望通过对过去 20 多年电视节目模式的解析，可以更好地理解电视节目发展的规律和趋势，为未来的电视节目制作和传播提供有益的借鉴和参考。

一、催生全球流行节目模式的国际贸易市场

　　电视节目的国际贸易市场是一个充满机遇和挑战的领域，随着全球化的加速和信息技术的不断发展，电视节目的国际贸易市场逐渐扩大，各国之间的文化交流和互动也日益频繁。然而，这个市场是一个复杂而竞争激烈的市场，只有一小部分节目模式能够获得成功并成为全球性成功的模式。

　　在节目模式的国际贸易中，不同国家和地区的观众对节目的需

求和喜好是不同的，因此，在一个国家成功的节目模式可能并不适用于另一个国家。同时，节目模式的创新和发展需要不断的尝试和改进，很多节目模式可能会因为各种原因而失败。此外，节目模式的国际贸易也受到版权、知识产权等问题的影响。

因此，只有根据市场需求不断创新和改进的节目模式，才能够获得成功并成为全球流行的节目模式。

1. 在国际贸易市场中，成功的节目模式需要具备以下几个要素：

（1）符合市场需求：节目模式需要符合目标市场的观众需求和喜好，包括文化、价值观、生活方式等方面。

（2）创新性和独特性：节目模式需要具有创新性和独特性，能够吸引观众的眼球并满足他们的好奇心。

（3）可持续性和可复制性：节目模式需要具有可持续性和可复制性，能够在不同的国家和地区进行推广和复制，实现商业价值。

（4）良好的品牌形象和口碑：节目模式需要具有良好的品牌形象和口碑，能够赢得观众的信任和喜爱。

（5）合适的合作伙伴：节目模式需要与合适的制作商、发行商、广告商等合作伙伴合作，共同推动节目的制作和推广。

以上标准中，节目的创新性是全球流行的节目模式的核心标准。在节目的创新方面，欧洲大批的电视节目创意公司投入人力物力财力，通过创新节目、售卖模式来赚得利润；美国资本雄厚的商业电视公司则热衷于把这些节目方案制作成抢占电视市场的热播节目，获得更高的收视率。在中国，随着电视行业的不断发展和竞争的加剧，进行节目创新也成为各大电视台和制作公司的重要任务。而且中国电视节目的创新不仅注重本土化和文化特色，同时也积极探索新的节目形式和制作技术。

节目创新是一个持续的过程。随着市场、用户和渠道的不断变化，节目也需要不断适应和创新，以保持其吸引力和竞争力。一方面，节目需要不断变化以适应市场的需求和观众的喜好。包括对节目内容、形式、播出方式等方面的创新。另一方面，节目也需要保持一些不变的因素，如专业性、真实性、人文关怀等。这些因素是节目的基础和灵魂，是观众对节目的信任和认可的重要来源。在创新的过程中，需要注重保持这些不变的因素，确保节目始终保持其核心价值和吸引力。

2. 世界电视节

当前世界上和节目模式交流和贸易相关的电视节主要有以下几个：DISCOP 土耳其电视节、法国春秋季戛纳电视节、捷克 NATPE 电视节、英国爱丁堡电视节、日本东京电视节、非洲 DISCOP 电视节、新加坡 ATF 电视节、印度孟买媒体博览会、上海电视节、北美电视节、加拿大班夫电视节等。这些电视节为节目模式提供了展示和推广的平台。通过电视节，制作公司和电视机构可以将他们的节目模式展示给更多的观众和买家，扩大节目的影响力和市场价值。同时，电视节也为制作公司和电视机构提供了与其他同行交流的机会，分享经验和技巧，促进节目模式的创新和发展。

戛纳电视节是全球规模最大、最具影响力的国际电视节之一，每年春秋季都会举办"电视模式节"（MIPFORMATS）。MIPFORMATS 是来自 40 多个国家/地区的节目模式制作商、创作者、买家和分销商的全球最大聚会，专注于深入挖掘国际模式行业的最新内容和技术趋势，每年的"电视模式节"都会出现许多鼓舞人心的节目，被视为探测全球节目模式潮流的年度风向标，在为期一周的展览中，全球最新的电视模式趋势和世界最丰富的电视内容都会进行呈现。

每年，来自世界范围的数百家知名机构和企业，在这个视听内容交易市场，获知最前沿的行业趋势、深入交流，感知全球电视行业的现在和未来。戛纳电视模式节为每一类节目提供了展示和交易的多元化平台，聚集了世界电视产业的重要决策者，探寻创新盈利模式，讨论产业和技术的未来发展走向。对各大节目制作机构来说，这是无比重要的被全球行业"看见"的机会，对未来进一步开拓全球交易和合作的市场也有着极其深远的意义。

二、节目创意趋势及代表节目

1. 经典节目模式延续至今，成为常青树

在节目模式发展史上有着良好口碑的经典节目模式，代表作品如《老大哥》（*Big Brother*）、《顶级厨师》（*Master Chef*）、《巅峰拍档》（*Top Gear*）、《爱情岛》（*Love Island*）、《与星共舞》（*Dancing With the Stars*）、《达人秀》（*X Got Talent*）系列、《好声音》（*The Voice*）系列、《谁想成为百万富翁》（*Who Wants to Be a Millionaire*）、《龙穴》（*Dragons' Den*）等，在全球范围内都受到了热捧和关注。

这些节目之所以能够经久不衰，一方面是因为它们拥有独特的节目形式和内容，吸引了大量观众的关注和喜爱。例如，《好声音》系列盲选的歌唱比赛形式，让观众可以在享受音乐的同时，见证新星的诞生；《达人秀》系列则展示了各种才艺表演，普通人一夜成名，让观众感受到人类创造力的无限可能；《老大哥》则以真实生活为主题，让观众观察和了解参赛者的真实反应和行为。

另一方面，这些节目也通过不断的创新和改进，保持了其吸引力和新鲜感。《好声音》系列在不同的国家和地区举办了不同的版本，让当地观众能够更加深入地了解和参与节目；《达人秀》系列也通过与各国风土人情相结合的才艺比赛形式，为观众呈现了更加多样化的表演；《老大哥》则不断推出新的主题和规则，让观众始终保持对节目的兴趣和期待。20 多年前，英国第四频道开播的《我是明星让我出去》（*I'm A Celebrity*，*Get Me Out Of Here*！）。一直高居收视率榜首，至今每一季仅冠名权仍收入逾 4000 万英镑（约 3.6 亿元人民币）。这一常青树的背后，是不断创新研发带来的驱动力。

值得一提的是，英国有许多古老的电视节目虽然没有进入国际模式市场，但是至今依然在本土播放，如英国广播公司（BBC）从 1957 年开始制作的每月一部关于天文学的纪录片电视节目《仰望星空》，1963 年开始制作的科幻电视节目《神秘博士》，以及 IMG 媒体 1987 年开始在伦敦制作的与体育有关的电视节目《环球体育》等。这些经典节目之所以一直延续至今，是因为它们拥有独特的节目形式和内容，能够吸引大量观众的关注和喜爱。同时通过不断的创新和改进，让节目保持吸引力和新鲜感。

2. 重启过去的经典节目进行创新

近年来，很多已经停播的经典老节目重新回归，经过现代化的包装之后，再次吸引了观众的关注和喜爱。早在 2017 年，英国广播公司 BBC 就重启了 1970 年代的经典游戏节目 *The Generation Game*（《代际游戏》）。来自同一家庭的不同代人，每两人组成一个团队争夺奖品。2021 年，新西兰的 TVNZ 2 频道重启了经典音乐选秀模式 *Pop Idol*（《流行偶像》），*Pop Idol* 1999 年在新西兰只制作了一季，被业界认为是后来大热的 *Idol* 系列的创作来源。

20 世纪 70 年代，游戏节目变得更加流行，并开始取代昂贵的综艺节目。多年来，*The Generation Game* 一直是 BBC 周六晚间节目中排名第一的游戏节目，经常吸引超过两千多万的观众，甚至在哈利·波特系列电影（第三部）里也出现过，是英国的老牌经典游戏节目。南非、德国、荷兰、瑞典等国家都引进过这个节目。2017 年，BBC 重启的 *The Generation Game* 不仅延续了原版的元素，需要参赛选手完成有趣的表演任务，同时还会加入一些新的节目和挑战，适合所有年龄段观众收看。2021 年新西兰重启的 *Pop Idol* 在延续原模式的基础上，也加入了符合新世代的设计。节目允许选手以单人、双人组或组合的形式报名，通过海选的选手会住在一起，一同生活、练习和表演，而摄像机会 24 小时不间断地记录下他们的表现。

2023 年，国内有多档经典综艺 IP 陆续回归，如湖南卫视的《花儿与少年》《我想和你唱》《全员加速中》，东方卫视的《妈妈咪呀》，优酷网的《火星情报局》等。这些经典节目在停播后能够再次回归，很大一部分原因是它们在当时已经积累了大量的观众基础，这些观众对节目的内容和形式有着深厚的情感和记忆。

湖南卫视重启播出的《我想和你唱》，延续了将音乐和互动元素巧妙地结合在一起的特色。经过五年的沉淀和积累后，节目进行了全面的升级和创新，保留了原本的"星素合唱"环节，这一环节是《我想和你唱》的核心和亮点。同时还加入了全新的"百人合唱团"跨屏互动玩法，即对应每位歌手，邀请一百位合唱者来到现场，与嘉宾一起合唱，营造了一种即兴互动氛围。

湖南卫视重启播出的《全员加速中》，不仅再现了节目最初的"追与逃"模式，同时还创新打造出全虚拟、元宇宙空间的"加速之城"。这些节目在保留经典元素的基础上，都不约而同地引入了新的元素和形式，采用了更灵活的节目结构、更丰富的视觉效果、更生动的互动方式，技术上采用现代化的包装手段包括使用更先进的拍摄设备和特效技术，希望打造更加精美和震撼的视觉效果。

许多经典节目已经播出多年，在时间的推动下持续变革，而节目品类的不断增加使得观众的审美取向更加多元化。虽然观众的喜好会发生变化，但是在观看需求上，观众对于放松、娱乐感和精致创新内容的需求是不变的。老牌综艺的回归能够引起观众的情感共鸣，避免同质化、保持创新是创作的核心逻辑。内容的质量始终是综艺创作的核心，把握好情怀的温度、引入新的元素、强化内容的根基，才能实现节目的"焕新"，开拓更广阔的创作空间。

3. 融合多种元素的复合型节目

复合型节目是指融合了多种节目元素、形式和风格的节目。这类节目通常具有较高的创新性和多样性，能够吸引不同观众群体的关注。近年来越来越多从创作源头打破不同类型边界的创新节目出现。当人们发现单一的才艺、游戏或者益智表演难以充实节目内容后，就尝试将各式新元素加入创作中，形成"综艺+""文化+"的单元素混搭模式。如"综艺+美食""综艺+婚恋""综艺+网游""综艺+体育""文化+舞蹈""文化+戏剧""文化+文创"等。

复合型节目通过打破不同内容的表达形态，将不同的节目元素进行巧妙的结合，为观众带来全新的观看体验。法国班尼杰（Banijay Group）公司制作的演播厅游戏节目 *Catch！*（《抓住》），是一档融合了竞技、娱乐和名人元素的综艺节目。它将儿童游戏的概念引入到电视节目中，让观众能够在紧张刺激的比赛中感受到家庭的温馨和团队的力量。

在 *Catch！* 中，由名人队长、体育明星和自由跑者组成的团队进行有趣、快速、精彩的比赛，力争成为首个双打冠军。考验选手的速度、敏捷性、反应力和耐力。在高速回合中，各队攻守兼备，轮流追击、逃跑。球队在专业裁判的注视下赢得积分。德国、英国、奥地利、瑞士、匈牙利等国家都引进了这档节目模式。

德国 2020 年推出的节目 *Fame Maker*（《名气制造者》）是一个融合猜测和训练歌手的歌唱比赛。参赛的素人要在一个玻璃穹顶里为三位资深评委演唱。三位评委听不到参赛素人的歌声，只能从他们的表演上猜测他们的演唱能力。如果某位评委认为某个素人唱得好，就可以把他纳入自己的战队，此时玻璃穹顶会打开，参赛者实际唱得好不好，此时才能知道。但自己选的选手，就算唱得不好，也得把他教好。

不同门类艺术有其独特的规律，充分利用每种艺术的特性，可以增强观众的历史文化体验和对民族文化的认同感。文化综艺节目《国家宝藏》和《典籍里的中国》以戏剧舞台为主场景，通过刻画历史人物和讲述历史故事，让观众仿佛回到历史文化现场，体验庄重、仪式感的氛围。这种舞台艺术表现形式赋予节目厚重的历史质感，并让观众在独特的戏剧审美体验中产生对历史的敬畏感和民族文化认同感。《中国考古大会》和《舞千年》则利用舞蹈作为展现中华文化丰富内涵的有效手段。前者通过舞蹈复现古代人的生活图景，平衡了节目的专业性和通俗性；后者则通过古典舞来透视中华文明，结合舞蹈的表现性和影视艺术的叙事性，提升了节目的感染力。

4. 关注当下的现实题材节目

全球化使得不同国家和地区的经济、政治、文化和环境问题相互关联，人类命运共同体的概念应运而生。老龄化、人工智能、环保、社交媒体、年轻一代的心理健康等是全球共同面临的议题。这些议题不仅对各个国家和地区的经济、社会和环境产生深远影响，也与每个人的生活和发展息息相关。

在节目创意领域，"现实题材"成为一大热点。许多节目或以"社会关系"为切入点拓展创新空间，拷问社会价值观；或创新聚焦真实生活中的特殊人群，激发民众关切；或记录观察社会问题、生活"痛点"，引发社会思考。泛娱乐综艺的退潮，现实类节目的翻红，反映出电视节目生态的变化轨迹。

紧扣时代风向的节目创意领域一直在努力捕捉社会的热点和变化。近年来，中外现实题材的节目正是反映了这种趋势。像《交换家庭》《变形计》这样的节目，通过展现真实的人物和故事，深入探讨了社会现象和人性。不仅让观众了解到不同家庭的生活状态，还引发了人们对于家庭关系、社会价值观等方面的思考。国外的脱口秀节目如《奥普拉脱口秀》《艾伦秀》等，这些节目通过主持人与嘉宾的互动，探讨了各种社会问题和人生话题。它们不仅让观众在娱乐中获得思考，还为人们提供了交流和讨论的平台。

随着技术的不断进步和应用，现实题材节目的表现形式和内容也将更加丰富多样。美国真人秀节目《爱情岛》与社交媒体的紧密关联展示了社交媒体在当今娱乐产业中的重要性和影响力。《爱情岛》的选手每天在 Snap Chat 等社交平台上传自己的照片，展示他们的日常生活，与粉丝互动。节目组每天下午固定时间在推特等社交平台上传节目花絮，提升观众的期待和兴奋感。节目开发了 App，观众可以在 App 上投票支持自己喜欢的选手，还可以购买与节目相关的商品，如选手穿戴的服饰、使用的防晒霜等。这种商业模式不仅增加了节目的收入来源，也为赞助商提供了更多的曝光机会。

随着人口老龄化的加剧，社会对于老年人的关注度也在不断提高。一些节目以中老年群体为主要表现对象，涉及对中老年人生活的思考。腾讯视频推出的《忘不了农场》是一档关注认知障碍、聚焦中国老年群体的公益节目，"忘不了家族"成员为黄渤、佟丽娅和李嘉琦，节目以"共同经营一家忘记年龄的青春农场"为主题，通过记录爷爷奶奶们的日常运营和生活，把发生在这里有趣而温暖的故事讲述给大家，尝试为老人们打造一个远离都市、远离社会性偏见的理想养老环境。《忘不了农场》中，节目关注的是有不同程度脑力健忘的老年人，但没有采用刻意制造矛盾或是渲染悲观情绪的方式，反而以温暖关怀的色调去发现每个人认真生活的样子，让观众看到衰老并不可怕。

德国著名表演艺术家 Dieter Hallervorden 在 88 岁生日这天做客了一档跨时空访谈名人的节目《我与年轻时的我》。节目通过 AI 技术创建了一位 52 岁的"Dieter Hallervorden"，与现实中的 Dieter 共同回顾自己的人生与职业生涯中难忘的事件与时刻。从年轻时对未来的职业规划和愿景，以及与现任妻子相遇后的有趣故事等。这场跨时空的对话，给 Dieter 和观众都带来了惊喜。

随着网络和移动媒体的发展，电视媒体面临着来自各种媒体的冲击。在这个过程中，新媒体的普及使得老年人的生活方式发生了改变，他们不再只是电视媒体的受众。关于老年人的节目创意也呈现出了新时代的新气象，很多节目真实反映了当下中老年人生活状态，也吸引了年轻的观众。国内除了真人秀和纪实相结合的《忘不了农场》，还有反映中老年情感生活的相亲节目《缘来不晚》《爱的选择》等；关注和探讨养老方式的《养老也疯狂》《余生皆假期》《和你一起看夕阳》等。

5. 反映未来世界变化的节目

近年来，反映未来世界变化的元素在电视节目创意中的频率越来越高。国内热播的《最强大脑》《一站到底》《机智过人》等节目都加入了人工智能技术元素，展示了人工智能技术在娱乐、知识竞赛等领域的应用。《最强大脑》第四季邀请了百度的人工智能机器人"小度"作为嘉宾，每集编排一个人机对抗项目，展示人工智能在记忆、识别、计算等方面的强大能力。同样，美国脱口秀节目《吉米今夜秀》也多次邀请智能机器人索菲亚作为嘉宾。索菲亚以其精彩的回答和机智的反应，多次引爆社交媒体话题，吸引了大量观众的关注。

英国 BBC 热播的家装体验真人秀《打造完美居所》(*Your Home Made Perfect*)，利用了虚拟现实和视觉效果，使人们能够在现实中建造未来的家园之前看到它的样子。节目为了帮房主人将有问题的住宅改造成梦想中的家园，利用了尖端技术。在现实生活中进行重建之前，用建筑测绘和虚拟现实重新构想翻新工程，揭示普通房屋可以成为他们理想的样子。

2022 年，全球最大的线上流媒体平台 Netflix 推出了一档舞蹈竞技真人秀节目 *Dance Monsters*(《丛林怪兽争霸战》)，为了达到梦幻神秘又激情四射的节目效果，*Dance Monsters* 采用了国际顶尖的 Vicon 动作捕捉系统、全息影像和 CGI 等一系列顶尖技术。① 参赛舞者身穿动捕服，在动捕棚内尽情畅舞，通过 Vicon 动捕系统实时生成超精准的动捕数据，带动相应的 CGI 怪物角色完成优美的舞蹈动作，同时观众可以通过舞台上的全息影像实时看到 CGI 怪物角色们的舞蹈表演。

Dance Monsters 的舞者们在舞台上不仅展示舞蹈技巧，还分享了坚持舞蹈梦想的困境和艰辛。这个舞台让他们有机会避开世俗眼光与偏见，通过虚拟形象展示纯粹的舞蹈技巧，进行公平的编舞 PK，用坚持给予梦想二次成长的源源动力。参赛舞者们用自身的动作驱动怪物享受舞台，并在此过程中收获观众的掌声与肯定，凝聚起坚持舞蹈梦想的信心与勇气。怪物们也因为舞者们的故事和表演而越发鲜活，让观众见证了科技与梦想的奇妙碰撞。

未来，随着人工智能技术的不断发展和应用，会有更多的反映未来世界变化的优秀节目涌现。这些节目通过展示其应用场景和未来可能性，能让观众更深入地了解未来世界的可能性和挑战。

三、国外新节目模式介绍

Fame Maker

节目名称：*Fame Maker*(《名气制造者》)

节目类型：歌唱表演类真人秀

播出频道：德国电视二台

---

① Vicon 动作捕捉系统是一种用于捕捉人体动作的高科技设备。它通过在人体或头显上安装标记点，精确确定任意物体在三维空间中的位置和角度；全息影像是一种通过干涉和衍射原理来生成三维图像的技术。它可以在空气中呈现出立体的影像，让观众仿佛置身于一个虚拟的世界中；CGI(计算机生成图像)是一种通过计算机软件生成的图像技术。它可以生成逼真的场景、人物和特效，让观众仿佛置身于一个真实的世界中。

开播时间：2020 年 9 月

在演播厅的隔音玻璃穹顶之下，每位选手依次走进去歌唱，评审团能看到他们表演，却无法听到他们的声音。当聚光灯亮起，选手在唱歌，但声音静默，你能觉察到哪位将是闪耀的明星吗？由班尼杰公司（Banijay Group）制作的歌唱表演真人秀 *Fame Maker* 以这样一种新潮的形式抛出了这个问题。*Fame Maker* 于 2020 年 9 月在德国首播，是一档歌唱真人秀节目，节目比赛模式基本上与 *The Vocie*（《好声音》）入

组分队的模式相似。最大的差别是参赛者会在隔音的大玻璃穹顶中演唱，也就是观众和导师都无法听到他们唱得怎么样。盲选这一点和《好声音》也类似，只不过《好声音》是导师转动椅子进行盲选，*Fame Maker* 是导师在隔音瓶外看到选手表演而听不到声音的聋选，导师在选手表演过程中进行拉环，决定是否选择这位选手。选手入选后会分为三队，分别跟随三位导师进行训练，最后由观众选出歌唱比赛的冠军。

盲选过程同样是 *Fame Maker* 节目模式最核心的亮点。选手在玻璃穹顶内进行歌唱表演，要装成非常厉害的样子。直到导师拉环选人，大玻璃穹顶才会升上去；这个时候才会听到选手的歌声（如果过了特定时间都没有被选中，玻璃穹顶在乐曲最后一段也会打开让大家听到他们的声音）。也就是说，导师会因为选手的舞台动作而作出误选。玻璃穹顶打开，可能会是一个五音不全的选手。也有导师没有拉环入选的，开瓶后发现他们其实唱得极好。所以，导师以目测选手是否具有明星的潜质而拉环，选手为了获得导师拉环而使尽浑身解数。

Fame Maker 的导师由三位业界翘楚组成，节目中他们全神贯注地观察着候选人的表演。一旦他们拉动杠杆，穹顶升起，表演者的声音将随之释放，他们的才华或不足也将一览无余。节目里有很多唱得不理想的选手，但他们同样卖力地在舞台上表演，就算五音未全，导师仍然会随着他们的表演热情起舞。观众们将在家中作出决定，找出最佳的表现者，并成功地挖掘出真正的天才作为最终的胜出者。

The 1% Club

节目名称：*The 1% Club*（《百分之一俱乐部》）

节目类型：智力竞赛类真人秀

播出频道：英国独立电视台（ITV）

开播时间：2022 年 4 月

The 1% Club 是英国独立电视台播出的一档智力竞赛类真人秀节目，由 Lee Mack 主

持。节目现场有 100 名参赛者参加比赛，为了赢得高达 100000 英镑的奖金，他们需要回答一个全国只有 1% 的人能答对的问题。

比赛开始时，一百名参赛者每人获得 1000 英镑的赌注。主持人提出 15 道难度递增（90%—1%）的问题，每个问题有 30 秒的时间限制，参赛者在手机或平板电脑上秘密锁定答案。如果参赛者错过了一个问题，他们将被淘汰，其赌注将添加到最终奖池中。

到达第五个问题（50%）后，剩下的每位参赛者都可以选择通过除最后一个问题（1%）之外的任何一个问题。为了通过，参赛者必须将 1000 英镑放入奖池中。到达第九个问题（30%）后，任何尚未使用通行证的参赛者可以保留 1000 英镑并离开比赛，或者继续比赛；已使用通行证的人必须继续使用。

所有正确回答第 14 题（5%）的参赛者，或者如果所有 100 名选手都被淘汰，则在比赛中晋级最远的参赛者将成为决赛入围者。他们可以选择平摊 10000 英镑并退出游戏，或者尝试 1% 的问题。任何尝试该问题并正确回答的参赛者都将获得同等的奖金；错过它的人什么也得不到。然而，任何未使用通行证或未给出错误答案而完成 1% 问题的参赛者，无论最终结果如何，都将获得至少 1000 英镑的奖金。

The 1% Club 节目的风格是智商测试，节目中的问题不像许多节目那样基于常识，而是基于"逻辑和常识"。第一季共八集，平均收视人数为 439 万。第二季的播出日期为 2023 年 4—6 月。2023 年，*The 1% Club* 荣获英国国家电视奖智力竞赛/游戏节目类别。截至 2023 年 10 月，节目模式已经出售给法国、荷兰、西班牙、德国、以色列、美国六个国家。

The Piano

节目名称：*The Piano*（《钢琴师》）
节目类型：音乐真人秀
播出频道：英国第四频道（Channel 4）
开播时间：2023 年 2 月

2023 年 2 月，英国第四频道（Channel 4）播出了音乐真人秀 *The Piano*（《钢琴师》）。这是一档寻找顶尖业余钢琴家的节目。录制地点设在英国四个主要的火车站大厅——圣潘克拉斯火车站、利兹火车站、格拉斯哥中央火车站和伯明翰新街火车站。节目选取参赛选手的方式是在街头寻找钢琴天才。节目由克劳迪娅·温克尔曼（Claudia Winkleman）主持，她和流行歌手米卡（Mika）以及中国钢琴家郎朗一起在节目中寻找钢琴天才。

节目组将钢琴摆放在四个地点的火车站大厅，邀请业余音乐家在英国主要火车站大厅街头钢琴公开表演。表演涵盖多种流派，有些表演者还用人声伴奏。演奏的作品包括古典标准、当代排行榜热门作品和原创作品。竞争元素对表演者保密，评委在附近的房间观察表演，从每个地点选择一名表演者，四名获胜者将在伦敦皇家节日大厅为数千名观众表演一场盛大的压场音乐会。

The Piano 寻找的是街头的业余钢琴家，这些选手往往没有经过专业的音乐训练，但拥有非凡的钢琴演奏天赋。参与演奏的选手从 11 岁到 92 岁不等，他们的表演具有独特性和真实性，给观众带来了新鲜感和惊喜。而且这些选手往往通过钢琴演奏表达自己的情感和故事，他们的表演能够引起观众的情感共鸣。观众可以通过观看这些表演，了解选手们的内心世界和成长经历。节目也为观众提供了欣赏业余钢琴家才华的机会，通过观看选手们的演奏，感受音乐的魅力和力量。

The Piano 第一季于 2023 年 2 月 15 日至 3 月 15 日播出，共五集。除了四大火车站外，最后一期是在皇家节日音乐厅举行。2023 年 7 月，英国第四频道宣布该剧将制作第二季和第三季，同时推出节目的圣诞特辑和第一季获奖者露西·伊林沃斯（Lucy Illingworth）的纪录片。

21 Again

节目名称：*21 Again*（《重返 21 岁》）

节目类型：代际沟通类真人秀

播出频道：英国广播公司（BBC three）

开播时间：2019 年 5 月

21 Again 是由英国 Fremantle 公司制作的一档代际沟通类真人秀节目。节目共五集，在 BBC 第三频道播出。节目邀请了五位年龄在 40 岁以上的妈妈，她们都有一个 21 岁的女儿，为了理解女儿的世界，妈妈们进行变装卧底，进入女儿的生活圈，开始为期 21 天的独特社交试验，试验的内容从约会到工作再到行动，当试验结束时，妈妈们能更好地理解女儿吗？巨大的代沟是否已经弥合，在 *21 Again* 的最后一集里，揭晓了答案。

节目中的五个妈妈都是家庭主妇，平时过着几乎与世隔绝的生活。她们参加节目的地点是利物浦，女孩们陪她们的妈妈化妆，变身为 21 岁的卧底女孩。刚从化妆沙龙出来，妈妈们就进入了年轻女孩的世界，自拍、社交媒体和在线约会——所有这一切都在女儿们的注视下。

妈妈们接受了各种专属于年轻人生活方式的挑战：和年龄只有她们一半大的男孩约会，参加"Z 世代"的单身之夜，说一些专属于年轻人的词汇，并进入"Z 世代"的工作世界。妈妈们必须假装成年轻的 Instagram 用户，做各种超出她们能力范围的尝试。在女儿打零工的公司，妈妈们体验到了女儿工作的不容易，开始关注她们女儿这一代人最关心的重大问题——从素食主义到政治，再到为无家可归者提供食物。节目的试验将妈妈们一步步推向更高层级的挑战，来到利物浦的"酷儿区"，妈妈们探索"Z 世代"的新潮观念，从"双性恋"到"非二元性"，妈妈们对性和性别的偏见受到了挑战。五位妈妈在伦敦的妇女游行中，在数千人面前站在麦克风前，向她们的女儿和其他数千名"姐妹"证明自己的力量。在人群中，妈妈们也了解了 21 岁女性的生活。

实验即将结束，女孩们和妈妈们为她们在卧底实验中遇到的所有年轻人举办了一场活动。客人们并不知道过去 21 天里他们一直在和中年妇女一起出去玩，妈妈们向她们约会过的小伙子、她们愚弄的雇主，以及她们结识的 20 多岁的新朋友透露了她们的真实年龄。

21 Again 的节目模式在 2019 年的戛纳电视节上，引起了很多国家的关注和兴趣。这是一档代际沟通类真人秀，代际问题是全世界国家面临的共同问题，面对青春期的女儿，妈妈们该如何理解并进入她们的世界？其中的鸿沟并不是简单的语言沟通就能够解决的。21 Again 用试验的方式，展示了这种可能和答案。

Squid Game：The Challenge

节目名称：Squid Game：The Challenge（《鱿鱼游戏：真人挑战赛》）

节目类型：实景竞技真人秀

播出频道：Netflix

开播时间：2023 年 11 月

Squid Game：The Challenge（《鱿鱼游戏：真人挑战赛》）的节目灵感源自热播的电视剧《鱿鱼游戏》，节目中有 456 位来自世界各地的玩家接受终极考验，各凭实力角逐足以改变他们一生的 456 万美金大奖。这部实景竞技真人秀由英国的兰伯特工作室（Studio Lambert）和 ITV 工作室旗下的 The Garden 联合制作。

除了一名玩家外，所有进入鱿鱼游戏挑战的人都面临同样的命运：淘汰。在 10 集的时间里，456 名玩家竞相赢得改变人生的现金 456 万美元的奖金，最终将缩减至一名获胜者。虽然现实版的 Squid Game 不是生死攸关的问题，但仍有很多人面临着危险：通过一系列的游戏，每个玩家都将被推向极限，并被迫问自己要走多远才能获胜，随之而来的是玩家之间为了赢得游戏而发生的各种冲突，有机会主义者的互相联盟，有为了实现自己的目的而不顾及他人的感受或利益，还有丑陋的背叛。

为了给 456 名玩家创造一个安全的环境来玩这款经典的游戏，制作方使用了欧洲最大的室内空间——位于英国贝德福德的卡丁顿工作室以及伦敦巴金的六个巨型摄影棚。卡丁顿在 20 世纪 20 年代和 30 年代被用作建造齐柏林飞艇的飞艇机库，其室内空间超过 10 万平方英尺，每个机库的大小大约相当于四个传统摄影棚的大小。游戏的过程经历了制作团队和外部测试人员的多轮测试，现场配备了 16 个摄像头，用于跟拍球员的动作迹象，而且每个球员的衣服下都佩戴着跟踪装置。为了保密节目的细节，参加真人秀系列赛的 456 名选手不允许将装备带回家。节目中 Young-hee 娃娃的高度，由英国最大的 3D 打印公司制造。第一季在伦敦拍摄了 16 天。

Squid Game：The Challenge 是 Netflix 电视史上规模最大的真人秀节目。在上映后的前两周就在 Netflix 十大英语节目排行榜上排名第一。该剧首周观看次数为 2050 万次，第二周观看次数为 1140 万次，第三周观看次数为 660 万次，前 21 天内的总观看时长超过 2.24

亿小时。① 2023 年 12 月 6 日，在第一季大结局发布之前，Netflix 宣布了第二季订单。

Your Home Made Perfect

节目名称：*Your Home Made Perfect*（《打造完美住宅》）
节目类型：家装体验类真人秀
播出频道：英国广播公司（BBC one）
开播时间：2019 年 11 月

"安迪和埃丝特在苏格兰斯特灵的三居室房子里住了近四年。这对夫妇拥有田园诗般的景色，很喜欢他们居住的地方，但由于有 3 个小孩，他们的房子很拥挤，不再适合家庭生活。"很多家庭都会面临各种各样的居住问题，英国广播公司从 2019 年播出至今的家装体验类真人秀 *Your Home Made Perfect* 帮助很多家庭解决了这一难题。

这档家装体验真人秀由著名演员安吉拉·斯坎伦（Angela Scanlon）主持。利用尖端的虚拟现实和视觉效果，观众可以立即探索各种改造的可能性，而且参与家庭能够在真正的装修开始之前看到他们家的未来，这在电视界尚属首次。

在每一集中，两个非凡的建筑师会向一个家庭展示两种截然不同的设计。这些设计涵盖了各种风格和预算范围，让家庭可以根据自己的喜好和需求进行选择。节目使用尖端的虚拟现实和视觉效果技术，将家庭改造的过程生动地呈现在观众面前。建筑师会使用 3D 建模软件创建家庭改造的初步设计。这些设计包括房间的布局、家具的摆放、颜色的选择等。然后通过虚拟现实技术，这些设计可以被实时呈现出来。观众戴上虚拟现实头盔，就仿佛身临其境地走进这些改造后的房间，感受房间的空间感、光线和色彩。在虚拟环境中，建筑师还可以添加各种视觉效果，如动态的光影变化、逼真的材质和纹理等，使观众更加真实地感受到改造后的房间氛围。虚拟现实技术还支持观众与虚拟环境进行交互。例

---

① "Netflix 全球十大电视节目（2023 年 11 月 20—26 日）"，数据来自 Netflix Tudum。

如，观众可以通过手柄或手势来移动视角、选择不同的设计方案等，增加观众的参与感和沉浸感。

通过这些技术手段，*Your Home Made Perfect* 成功地将房地产改造的过程以一种前所未有的方式呈现给观众。观众可以在家中舒适地观看节目，同时体验到各种不同的装修风格和设计理念。例如，他们可以看到一个昏暗的休息室通过添加一个巨大的落地窗而变成一个引人注目的起居室。观众甚至可以在双高厨房中走动，感受那种令人难以置信的空间感。

最终，家庭将选择他们认为最完美的设计，而建筑师将按照这个选择进行实际的装修工作。这个节目不仅让人们看到了各种不同的装修风格，还让他们看到了虚拟现实和视觉效果技术在房地产行业中的应用。

四、结语

21 世纪，市场、用户和渠道都在经历着持续的变化，为电视节目带来了新的挑战和机遇。为了适应这些变化，电视从业人员需要保持专业、高效和资源整合的能力，以制作出多样化的节目类型并满足观众的需求。首先，电视节目制作需要有一支高素质的团队，具备丰富的行业经验和技能，能够应对各种复杂的制作任务。其次，在竞争激烈的市场中，高效是电视节目制作的关键。通过采用先进的制作技术和设备，优化制作流程和管理方式，可以提高制作效率和质量，降低成本，从而赢得更多的市场份额和观众的信任。最后，电视节目制作还需要紧密关注行业和社会的发展趋势，了解观众的需求和兴趣点，及时调整节目内容和形式，以保持节目的吸引力和价值。

通过学习和比较中外成功的电视节目，我们可以了解它们的制作理念、节目策划、内容创作和制作技术等方面的经验和技巧。这些经验和技巧可以为中国电视节目制作提供新的思路和灵感，帮助我们更好地适应市场和观众的需求，提高电视节目的质量和吸引力。